O FOGO DA LIBERDADE

Título original:
Feuer der Freiheit
Die Rettung der Philosophie in finsteren Zeiten (1933-1943)

Edição portuguesa publicada através de negociação estabelecida com
Michael Gaeb Literary Agency, Berlim

Tradução: Isabel Castro Silva

Revisão: Ana Matoso

Capa: Joana Carvalho

Imagem de capa: *A View of Paris, France,*
de James Webb
© Corbis Historical / Fine Art Photographic / Getty Images

Depósito Legal n.º 510617/23

Biblioteca Nacional de Portugal — Catalogação na Publicação

EILENBERGER, Wolfram, 1972-

O fogo da liberdade : a salvação da filosofia em
tempos sombrios 1933-1943. - (Extra coleção)
ISBN 978-972-44-2608-2

CDU 141

CDU 94(4)"19"

Paginação:
Aresta Criativa — Artes Gráficas

Impressão e acabamento:
Europress - Indústria Gráfica

para
EDIÇÕES 70
fevereiro 2023

EDIÇÕES 70, uma chancela de Edições Almedina, S.A.
Avenida Emídio Navarro, 81, 3D
3000-151 Coimbra
e-mail: editoras@grupoalmedina.net

O FOGO DA LIBERDADE

A Salvação da Filosofia em Tempos Sombrios 1933–1943

WOLFRAM EILENBERGER

Tradução de Isabel Castro Silva

70

Para Venla e Kaisa,
mulheres a caminho

ÍNDICE

VI
VIOLÊNCIA

VII
LIBERDADE

VIII
FOGO

NOTA DA TRADUTORA

Wolfram Eilenberger cita, ao longo do presente livro, várias passagens das diferentes obras, bem como da correspondência ou dos diários, das quatro filósofas cujo percurso intelectual e biográfico aqui acompanha. Usei, sempre que possível, as traduções para português já existentes, cuja referência bibliográfica é dada perto do final, na bibliografia primária, com o número de página indicado em nota de rodapé. Na ausência de referências bibliográficas, deverá supor-se que a tradução é minha. Quando não havia edições portuguesas, mas tive acesso aos textos na língua original, traduzi a partir destes, para evitar fazer a tradução de uma tradução.

Imaginaste talvez
Que eu odiaria a vida,
Que fugiria para os desertos…

Johann Wolfgang von Goethe
«Prometeu» (1789)

Fool me once, fool me twice
Are you death or paradise?

Billie Eilish
«No Time to Die» (2020)

I

FAÍSCAS

1943

Beauvoir está animada, Weil em transe,
Rand fora de si e Arendt num pesadelo

O PROJETO

«De que serve começar se depois temos de parar?»[1] Nada mal para começar. Era precisamente esse o tema do ensaio: a tensão entre a finitude da própria existência e a manifesta infinitude deste mundo. Em última instância, este era um abismo que, após breve reflexão, ameaçava reduzir ao absurdo todos os planos, todas as tentativas, todos os objetivos a que cada pessoa se propunha, fossem estes os de conquistar o mundo inteiro ou o de cuidar do jardim em frente de casa.[2] Num caso e noutro, o desfecho é o mesmo. A obra criada seria um dia destruída, se não por alguém, pelo próprio tempo, e cairia para sempre no esquecimento. Como se nunca tivesse existido. Um destino tão certo como a própria morte.

E, assim, para quê fazer alguma coisa em vez de nada? Ou, melhor dizendo, sob a forma de uma tríade clássica de perguntas: «Qual é então a medida de um homem? Que objetivos pode ele propor-se, e que esperanças lhe são permitidas?»[3] Sim, era isso mesmo. Ei-la, a estrutura que procurava!

Da sua mesa no canto no segundo piso do Café Flore, Simone de Beauvoir observava os transeuntes. Passavam por ela. Os outros.

---

[1] *Drei Essays*, p. 195. Todas as citações desta secção são retiradas do ensaio de Beauvoir *Pyrrhus und Cineas*. [Aqui e adiante traduzido do original em francês, *Pyrrhus et Cinéas*. (*N. da T.*)]

[2] *Ibid.*

[3] *Ibid.*

Cada um e cada uma com a sua própria consciência. Caminhavam com os seus medos e preocupações muito próprios, os seus planos e esperanças. Exatamente como ela também, um indivíduo entre milhares de milhões. Um pensamento que nunca deixava de lhe causar um calafrio.

Beauvoir não aceitara de ânimo leve. E a sua relutância devia-se desde logo ao tema que o editor lhe propusera. Jean Grenier queria um texto sobre «o existencialismo» para uma antologia dedicada às principais correntes intelectuais da época.[4] Nem ela nem Sartre tinham até então reivindicado este conceito. Tratava-se de uma invenção recente dos suplementos dos jornais, nada mais.

O tema proposto não podia ser mais irónico. Pois, se algum *Leitmotiv* determinara o seu caminho e o de Sartre nos dez anos anteriores, fora a recusa terminante em aceitar rótulos que outros criavam para eles. Esta espécie de revolta fora precisamente o cerne do projeto de ambos — até àquele dia.

A FORÇA DA IDADE

Os outros que lhe chamassem «existencialismo». Ela evitaria conscientemente este termo. E, em vez de se ocupar dele, faria enquanto autora o que mais gostava de fazer desde as primeiras entradas nos seus diários de juventude: concentrar-se o mais possível nas questões da sua vida que a preocupavam — e cujas respostas não conhecia. Estranhamente, eram ainda as mesmas questões. À cabeça, a questão do possível sentido da sua própria existência. Bem como a de saber quão importantes eram as outras pessoas para a sua vida.

Em todo o caso, Beauvoir nunca se sentira tão segura e livre nestas reflexões quanto agora, na primavera do ano de 1943. No auge de mais uma guerra mundial. No centro da sua cidade ocupada. A despeito das senhas de racionamento e da escassez de bens, da privação crónica de café e tabaco (Sartre andava tão desesperado que todas as manhãs se agachava no chão do Flore à procura de beatas da noite anterior), a despeito da importunação dos controlos diários e do recolher obrigatório, da censura omnipresente e dos soldados alemães que mesmo aqui, em Montparnasse, entravam nos cafés de rompante e com cada vez maior

[4] Cf. *BJ*, p. 167. [Aqui e adiante seguiu-se a tradução de Maria Auta Monteiro Costa in Beauvoir, Simone de, *A Força da Idade*, Lisboa, Livraria Bertrand, 1976, p. 461. (*N. da T.*)]

descaramento. Enquanto tivesse tempo e sossego para escrever, tudo o resto se toleraria.

No outono, a Gallimard publicaria o seu primeiro romance.[5] Um segundo estava já pronto na gaveta.[6] Uma peça de teatro também estava bem encaminhada.[7] Agora, deveria seguir-se o primeiro ensaio filosófico. A obra de mil páginas de Sartre, *O Ser e o Nada*, aguardava igualmente impressão por parte da editora. E, dentro de um mês, o seu drama *As Moscas*, a sua peça mais política até então, estrear-se-ia no Théâtre de la Cité.

Em boa verdade, tudo isto era a colheita intelectual de uma década inteira de trabalho, ao longo da qual ela e Sartre haviam criado de facto um novo estilo de fazer filosofia. Bem como — pois uma faceta era inseparável da outra — novas maneiras de guiar a própria vida: privada, profissional, literária e erótica.

Eram ainda estudantes de filosofia na École Normal Supérieure — Sartre convidara-a para sua casa para que Beauvoir lhe explicasse Leibniz —, quando firmaram ambos um pacto amoroso singular: prometeram honestidade intelectual e lealdade incondicionais e, ao mesmo tempo, uma total abertura para outras relações. Seriam absolutamente necessários um para o outro e contingentes para terceiros. Uma díade dinâmica na qual o mundo inteiro se espelharia de acordo com a vontade de ambos. Este desígnio conduzira-os sempre a novos começos e aventuras: de Paris a Berlim e Atenas; de Husserl a Heidegger, passando por Hegel; de tratados sobre romances a peças de teatro. Da nicotina às anfetaminas, passando pela mescalina. Da «pequena russa» ao «pequeno Bost» e à «pequenina russa». De Nizan a Merleau-Ponty e a Camus. E conduzia-os ainda, na verdade com mais firmeza e determinação do que nunca («Viver um amor significa lançarmo-nos através dele a novos objetivos»).[8]

Cumpriam a sua carga horária semanal (no máximo 16 horas) como professores de filosofia pouco empenhados. Em vez de se aterem ao programa, deixavam que os alunos, após uma breve apresentação, discutissem livremente — sempre um êxito. Chegava para pagar as contas.

---

[5] *L'invitée.* [*A Convidada.* (*N. da T.*)]

[6] *Le sang des autres.* [*O Sangue dos Outros.* (*N. da T.*)]

[7] Levada à cena pela primeira vez em Paris no outono de 1945 com o título *Les bouches inutiles.*

[8] *Drei Essays*, p. 207. [Aqui e adiante traduzido do original em francês, *Pyrrhus et Cinéas.* (*N. da T.*)]

Ou parte delas. Afinal, não eram responsáveis pelo seu sustento apenas, mas também pelo de uma grande parte da sua «família». Mesmo depois de cinco anos em Paris, a carreira de atriz de Olga ainda não arrancara. O pequeno Bost, jornalista independente, mal conseguia chegar ao fim do mês, e Wanda, a irmã mais nova de Olga, continuava a procurar desesperadamente qualquer ocupação com a qual realmente se identificasse. Apenas Natalie Sorokin, o mais recente membro da família, podia contar com os seus próprios recursos: especializara-se logo no início da guerra em roubar bicicletas que vendia em cada vez maiores números no mercado negro — com a evidente aquiescência dos nazis.

A SITUAÇÃO

As experiências da guerra e da ocupação tinham-nos aproximado ainda mais. Nos meses anteriores, a sua vida em comum atingira o equilíbrio ideal, ou assim parecia a Beauvoir, a verdadeira cabeça de casal. Cada um usufruía do seu papel sem se ver reduzido a ele. Cada um conhecia os seus direitos e deveres sem insistir neles rigidamente. Cada um era feliz por si, mas juntos também não se aborreciam.

E por esta razão a leitura iminente da sentença inquietava-a, não apenas pensando em si própria. Havia mais de um ano que os esbirros de Vichy a investigavam. A mãe de Sorokin descobrira por acaso numa gaveta a correspondência íntima entre a filha e a sua antiga professora de filosofia. Investigara o caso e dirigira-se às autoridades com o material resultante. O *modus operandi*, segundo a denúncia, era sempre o mesmo: primeiro, Beauvoir tornava-se, em privado, amiga das alunas, presentes e antigas, que a admiravam, seduzia-as sexualmente e, algum tempo depois, encaminhava-as para o companheiro, o filósofo e literato Jean-Paul Sartre. No centro das investigações estava assim o «incitamento a comportamentos dissolutos»[9], cujas consequências, no caso de uma eventual condenação, não se ficariam pela perda da licença de professora.

Sorokin, Bost e Sartre não tinham dito palavra quando foram convocados. Além das cartas mencionadas a Sorokin, que em última análise não eram incriminadoras, não havia provas diretas. Em contrapartida,

[9] Cf. a este respeito Kirkpatrick, K. (2019), p. 182.

não faltavam indícios que transmitissem aos esbirros do regime de Pétain de que lado do espectro político Beauvoir se encontrava enquanto professora — um lado que ela defendia com a própria vida.

Havia anos que viviam juntos em hotéis de Montparnasse, em vez de num apartamento. Aí, riam e dançavam, cozinhavam e bebiam, discutiam e dormiam uns com os outros. Sem pressões exteriores. Sem regras finais. E acima de tudo — na medida do possível — sem falsas promessas e renúncias. Um simples olhar, um toque ocasional, uma noite passada em branco — não poderiam ser a faísca que atearia o fogo de uma vida uma vez mais renovada? Queriam acreditar que sim. Com efeito, para Beauvoir e para Sartre, o ser humano só era ele próprio enquanto principiante.

> Nunca chegamos a lado nenhum. Só há pontos de partida. A humanidade tem um novo ponto de partida em cada homem. E é por isso que o jovem que procura o seu lugar no mundo de início não o encontra e se sente desamparado, inútil, sem justificação.[10]

Esta era também uma maneira de explicar por que razão tinham tomado Olga, Wanda, o pequeno Bost e Sorokin como protegidos, levando-os da província para a sua casa em Paris, onde os apoiaram, encorajaram e financiaram. Para conduzir estes jovens do seu evidente desamparo em direção à liberdade. Para os encorajar a criar o seu próprio lugar no mundo, em vez de ocuparem um lugar preexistente. Tratava-se de um ato de amor, não de submissão, de Eros vivo, não de deboche cego. Um ato de preservação da humanidade. Pois «o homem só é quando se escolhe; se recusar escolher, aniquilar-se-á».[11]

PECADOS MORTAIS

Se, nesta sua nova filosofia, alguma coisa podia ocupar o espaço do «pecado», que ficara livre após a morte de Deus, era precisamente a recusa voluntária desta liberdade. Urgia evitar a todo o custo esta aniquilação autoinfligida. Tanto pessoalmente como para terceiros. Tanto privada como politicamente. E isso aqui e agora, em nome e em celebração

---

[10] *Drei Essays*, p. 222. [Traduzido do original em francês, *Pyrrhus et Cinéas*. (*N. da T.*)]
[11] *Ibid.*

da própria vida. E não em nome de um «ser para a morte», como parecia ensinar Martin Heidegger, o putativo «existencialista» alemão da província. «O ser humano existe sob a forma de projetos, que não são projetos dirigidos à morte, mas projetos dirigidos a fins singulares. [...] Um *para* a morte não existe, portanto.»[12]

A única existência que contava era a existência neste mundo. Os únicos valores fundamentais eram os terrenos. A sua origem verdadeiramente fundamental era a vontade de um sujeito livre de conquistar a sua liberdade. Era isso que realmente significava *existir* enquanto pessoa.

O alvo de Hitler e dos seus sequazes era justamente esta forma de existir, que queriam aniquilar e extinguir. Quando haviam atacado o país de Beauvoir três anos antes, o seu objetivo fora esse: ditar e impor à última pessoa que restasse na Terra após a vitória final como deveria escrever o seu ensaio ou cultivar o seu jardim.

Não, realmente ela tinha coisas mais importantes a fazer do que se preocupar com a sentença daqueles burgueses fascistas. Eles que lhe tirassem a licença de professora! Ela saberia recriar-se pelos seus próprios meios! Sobretudo agora que tantas portas pareciam abrir-se ao mesmo tempo.

A MORAL

A expectativa de futuras discussões entusiasmava Beauvoir. Nessa noite, decorria o ensaio geral da última peça de Sartre. De seguida, como sempre, esperava-os a boémia. Camus anunciara que estaria presente. O curso dos seus pensamentos levava-a a considerar a possibilidade de uma nova definição do ser humano como agente. Uma definição, em particular, que não era em última instância desprovida de conteúdo, como a de Sartre, nem seria sempre necessariamente absurda, como a de Camus. Com o seu ensaio, tentaria mostrar uma outra alternativa. Um terceiro caminho — o seu próprio caminho.

Tanto quanto conseguia discernir, a medida da ação genuinamente humana era exteriormente delimitada por dois extremos: de um lado, o extremo da imposição totalitária; do outro, o extremo da abnegação absoluta e associal. Em termos concretos, encontrava-se assim entre o objetivo necessariamente solitário de conquistar o mundo inteiro e o

12 *Ibid.*

fim igualmente solitário de cultivar o próprio jardim. Afinal, existiam mais pessoas para lá de nós próprios, bastava olhar pela janela para as ver. Portanto, assentando nesta base, também os objetivos do empenho moral tinham de ser balizados por dois extremos apenas: o extremo da compaixão por *todas* as pessoas em sofrimento — uma compaixão esvaziada de ego e necessariamente sem objeto; e a preocupação exclusiva pelos interesses puramente privados. Como cenário da vida real: «Uma jovem mulher irrita-se porque tem buracos nos sapatos que deixam entrar água. [...] Entretanto, eis uma outra mulher que chora o horror da fome na China.»[13]

Beauvoir vivera esta mesma situação em tempos. A jovem mulher com buracos nos sapatos era ela (melhor dizendo, uma versão anterior dela). Já a outra mulher que chorava era a sua antiga colega de faculdade Simone Weil. Nunca voltara a cruzar-se com alguém que irrompesse espontaneamente em pranto ao inteirar-se de uma catástrofe a uma distância remota, que parecia não ter nada que ver com a sua vida. Esta outra Simone continuava a ser um mistério na sua vida.

Beauvoir deteve-se, olhou para o relógio. Eram horas. Amanhã cedo, regressaria ao Café Flore para meditar sobre o seu enigma outra vez do início.

A MISSÃO

No começo do ano de 1943, muito à semelhança de Simone de Beauvoir, Simone Weil está firmemente decidida a encetar caminhos radicalmente novos. A gravidade da situação não lhe deixa outra alternativa. Com efeito, a francesa de 34 anos nunca estivera mais certa do que nesta primavera de que enfrentava um inimigo que justificava os maiores sacrifícios. Para uma pessoa profundamente permeada pela religião como Weil, esses sacrifícios não consistiam em dar a própria vida, mas em assumir uma outra.

«Se estou pronta», anota ela no caderno desta primavera, «em caso de necessidade estratégica, a matar alemães, não é por ter sofrido por sua causa. Não é por eles odiarem Deus e Cristo. É por serem os inimigos de todas as nações da Terra, incluindo da minha, e é porque,

[13] *Ibid.*

infelizmente, com grande sofrimento meu, com grande pesar meu, não se pode impedi-los de fazer o mal a não ser matando alguns deles.»[14]

Em Nova Iorque, onde se encontrava depois de ter acompanhado a fuga dos pais para o exílio, subiu a bordo de um cargueiro no final de outubro de 1942, destinado a Liverpool, para se juntar em Inglaterra às forças da França Livre dirigidas pelo General Charles de Gaulle.[15] Nestas semanas e meses decisivos para o desfecho da guerra, nada é para Weil mais doloroso do que se encontrar longe da sua pátria, longe do seu povo. Por esta razão, assim que chega ao quartel-general em Londres, informa os responsáveis do seu desejo ardente de receber uma missão em solo francês, para aí, se necessário, morrer como mártir pela pátria. Como para-quedista, por exemplo — afinal, estudara aturadamente os manuais relevantes. Ou como agente de ligação com os camaradas no local, alguns dos quais ela conhecia pessoalmente, pois nos anos anteriores participara ativamente no grupo católico de resistência das Testemunhas Cristãs em Marselha. Mas de preferência como responsável por uma missão especial, concebida por ela própria, e que poderia, na sua inabalável opinião, ser decisiva para o desfecho da guerra. O plano de Weil consiste na formação de uma liga especial de enfermeiras que seriam destacadas exclusivamente para os lugares mais perigosos da frente, para aí prestarem primeiros-socorros diretamente no campo de batalha. Ela dispunha já dos conhecimentos médicos necessários graças aos cursos da Cruz Vermelha de Nova Iorque. Este comando especial poderia salvar muitas vidas valiosas na linha da frente, declara Weil aos membros da direção, e, para sustentar o seu parecer, apresenta-lhes uma lista de publicações especializadas sobre cirurgia.

Porém, o verdadeiro valor do comando residiria na sua força simbólica, no seu valor *espiritual.* Como todas as guerras — prossegue ela inspiradamente —, também esta é antes de mais uma guerra de valores do espírito — e, logo, de talento para a propaganda. Contudo, neste domínio em particular, o inimigo revelava-se malignamente superior às forças da resistência. Bastava pensar nas SS de Hitler e na fama que as precedia por toda a Europa:

«Os agentes das SS expressam na perfeição o espírito de Hitler. Na frente, gozam do heroísmo da brutalidade. [...] Nós, porém, podemos e

---

[14] *Cahiers 4,* p. 324.

[15] Sobre os pormenores biográficos desta fase da vida de Simone Weil, cf. Pétrement, S. (1973), pp. 643–673.

devemos demonstrar que possuímos um outro tipo de coragem. A deles, é brutal e baixa, nasce da vontade do poder e da destruição. Mas nós temos outros fins, e por isso a nossa coragem nasce de um espírito inteiramente diferente. Nenhum outro símbolo poderá expressar melhor o nosso espírito do que esta liga de mulheres aqui proposta. A simples perseverança de certos serviços humanitários em plena batalha, no ponto culminante da barbárie, seria um estrondoso desafio lançado a esta barbárie que o inimigo decidiu seguir e à qual também nos obriga. O desafio seria tanto mais flagrante quanto estes serviços humanitários fossem prestados por mulheres, envolvidos numa dedicação maternal. É certo que as mulheres seriam poucas e que o número de soldados de que cuidariam seria relativamente pequeno, mas a eficácia moral de um símbolo não se mede pela quantidade. [...] Esta seria a mais contundente representação dos dois rumos entre os quais a humanidade tem hoje de escolher.»[16] Uma vez mais na história do país, era necessário, segundo Weil, opor salvificamente ao espírito da idolatria uma forma autêntica de fé. Em suma, a sua intenção era a de criar uma espécie de anti-SS femininas no espírito da donzela de Orleães: o plano já estava detalhado por escrito. Quando Simone Weil o entrega pessoalmente a Maurice Schumann, este promete à sua antiga colega de faculdade que o encaminhará a de Gaulle, para que este se pronuncie. E acompanha-a ao quartel, onde está alojada.

Como Schumann esperava, de Gaulle não precisa de mais de três segundos para formar uma opinião definitiva sobre o «comando das enfermeiras». «Mas ela é louca!»[17] Razão pela qual se decide também que, no caso de Weil, está absolutamente excluída qualquer hipótese de uma missão em solo francês. Seria demasiado perigoso. Bastava olhar para ela. Só pele e osso, praticamente cega sem os óculos. Fisicamente, nunca estaria à altura dos obstáculos. Psicologicamente, nem valia a pena falar.

A despeito da excentricidade da proposta, Schumann frisa que Weil é uma pessoa de grande integridade e, acima de tudo, intelectualmente única: tem um curso de filosofia da École Normale Supérieure, uma universidade de elite, é uma poliglota que fala fluentemente várias línguas, tem um grande talento matemático e uma experiência de anos

---

[16] *KuG*, pp. 199 sqq.

[17] Pétrement, S. (1973), p. 667. [Aqui e adiante traduzido do original em francês. (*N. da T.*)]

no jornalismo e no sindicalismo. Seria bom que aproveitassem estas qualidades.

Assim, em vez de ser destacada para a frente, onde poderia morrer pelos seus ideais, Weil recebe dos seus superiores uma missão especial inteiramente diferente: cabe-lhe esboçar planos e cenários para a reconstrução política de França na fase posterior à vitória sobre Hitler e à tomada do poder por parte do governo no exílio.

Profundamente desiludida, mas sem protestar abertamente, Weil aceita a missão, isola-se num quarto de hotel na Hill Street 19 convertido em escritório expressamente para ela — e lança-se ao trabalho de pensar.

INSPIRADA

Na história da humanidade, terá havido poucos indivíduos mais intelectualmente criativos, no lapso de escassos quatro meses, do que Simone Weil, a filósofa que lutava pela Resistência, nesse inverno de 1943 em Londres: ela escreve tratados sobre doutrina constitucional e teoria da revolução, sobre um reordenamento político da Europa, uma investigação das raízes epistemológicas do marxismo, sobre a função dos partidos numa democracia. Traduz partes dos *Upanixades* do sânscrito para o francês, redige ensaios sobre a história da religião na Grécia e na Índia, sobre a teoria dos sacramentos e o caráter sagrado da pessoa no cristianismo e ainda expõe, nas 300 páginas da obra *O Enraizamento*[18], uma nova visão da existência cultural do ser humano na modernidade.

Como o «plano para uma liga de enfermeiras na frente» deixa adivinhar, era no domínio do ideal e da inspiração que urgia agir, segundo Weil. Na sua análise, os valores e ideais culturais e políticos da Europa — continente que estava na origem de duas guerras mundiais em apenas duas décadas — sofriam uma devastadora erosão havia já bastante tempo. Na verdade, em fevereiro informa os líderes da Resistência francesa, num documento com o mesmo título, que esta guerra é «uma guerra de religiões».[19]

---

[18] = *Verwurzelung*.

[19] Cf. «Dieser Krieg ist ein Krieg der Religionen» in: *KuG*, pp. 205–214.

> A Europa permanece no centro do drama. Do fogo que Cristo lançou sobre a terra e que era talvez o fogo de Prometeu, sobraram algumas brasas candentes em Inglaterra. O que evitou o pior... Se destas brasas e faúlhas que brilham no continente não nascer uma chama que alumie a Europa, estamos perdidos. Se só o dinheiro e as fábricas americanas nos libertarem, voltaremos a cair de uma maneira ou de outra numa servidão semelhante à presente. Não esqueçamos que a Europa não foi subjugada por hordas vindas de outro continente ou de Marte e que escorraçá-las não seria suficiente. A Europa padece de uma doença interior. Precisa de ser curada. [...] Os países subjugados só podem opor ao vencedor uma religião. [...] As linhas do inimigo [...] soçobrariam se o fogo de uma fé verdadeira se espalhasse por toda esta região.[20]

Para pôr em marcha este processo de cura, primeiro militar, depois também político e cultural, teria de se «soprar» uma nova «inspiração»[21] ao continente europeu — retirada, segundo Weil, sobretudo dos textos de Platão e do Novo Testamento. Pois quem procura uma cura verdadeira tem de se ater, sobretudo em tempos sombrios, a fontes que não sejam apenas deste mundo.

Isto valia antes de mais para a sua pátria, França, que, como país que estivera na origem do ímpeto libertador de 1789, era, entre as nações beligerantes, a que mais decaíra espiritualmente. No verão de 1940, depois de se ter rendido a Hitler no lapso de poucas semanas e praticamente sem oferecer resistência, a libertação de França dependia agora de ajuda estrangeira, e o povo perdera toda a fé em si mesmo. Por outras palavras, a mais importante e profunda de todas as necessidades da alma humana sofrera um abalo: precisamente a necessidade de «enraizamento».

> O enraizamento talvez seja a necessidade mais importante e mais ignorada da alma humana. É uma das mais difíceis de definir. Um ser humano cria raízes devido à sua participação real, ativa e natural na existência de uma coletividade que mantém vivos alguns tesouros do passado e alguns pressentimentos do futuro. Participação natural, isto é, criada automaticamente pelo lugar, pelo nascimento, pela profissão, pelo meio ambiente. Todo o ser humano precisa de ter múltiplas raízes, precisa de receber

---

[20] *KuG*, p. 212 sqq.

[21] *Verwurzelung*, p. 173.

> a quase totalidade da sua vida moral, intelectual, espiritual, por intermédio dos ambientes a que normalmente pertence. [...] Há desenraizamento sempre que há uma conquista militar [...]. Mas, quando o conquistador se mantém estrangeiro no território de que se tornou possuidor, o desenraizamento é uma doença quase fatal para as populações submetidas. E atinge um grau mais profundo quando há deportações em massa, como na Europa ocupada pela Alemanha [...].[22]

É esta a avaliação que Simone Weil faz da situação, enquanto filósofa designada do governo-sombra do General de Gaulle na primavera de 1943. Nascida na fé judaica, mas há muitos anos profundamente cristã, esta análise de um défice espiritual como sendo a verdadeira causa da matança serve-lhe de motor da sua produção intelectual aparentemente sobre-humana.

EM TRANSE

Ao longo destes meses, como num transe, o seu espírito singular parece verter-se em toda a sua largueza para a folha de papel. Hora após hora, dia após dia. Sem dormir o suficiente. E, sobretudo, como já acontecera nos anos anteriores, sem comer o suficiente. No seu diário de Londres, Weil anota: «Mas, considerando a situação geral e duradoura da humanidade neste mundo, é porventura sempre um erro comer até à saciedade. (Erro que muitas vezes cometi.)»[23]

A 15 de abril de 1943, o êxtase tem um fim abrupto. Weil sofre um colapso no seu quarto e perde a consciência. Passam-se horas até que uma camarada a descobre. Ao recobrar os sentidos, Weil proíbe-a categoricamente de chamar um médico. Ainda não perdeu a esperança de que lhe atribuam uma missão de combate. Em vez disso, liga diretamente a Schumann, que, inquirido, lhe assegura repetidas vezes que ainda não foi tomada nenhuma decisão definitiva sobre uma missão em França — e, portanto, que tudo é ainda possível. Mas desde que ela convalesça rapidamente. É só então que Weil se deixa conduzir ao hospital.

---

[22] *Ibid.*, p. 43 sqq. [Aqui e adiante seguiu-se a tradução de Júlia Ferreira e José Cláudio *in* Weil, Simone, *Enraizamento*, Lisboa, Relógio D'Água, 2014, pp. 45–46. (*N. da T.*)]

[23] *Cahiers 4*, p. 204.

IDIOTIA

Se Ayn Rand, escritora e filósofa nova-iorquina, quisesse conceber uma outra personificação de todos os valores que, na sua opinião, eram responsáveis pela catástrofe da Segunda Guerra Mundial, nenhuma candidata seria mais apropriada do que Simone Weil em Londres. Pois para Rand, com efeito, nesta primavera de 1943, nada parece ser mais desastroso do que a prontidão para sacrificar a própria vida em nome de uma nação. Moralmente, nada parece ser mais fatal do que a vontade de ajudar os outros acima de tudo. Filosoficamente, nada é mais errado do que a confiança cega em Deus. Metafisicamente, nada é mais confuso do que a tentativa de ancorar valores conducentes da ação num domínio transcendente. Existencialmente, não há nada de mais louco do que praticar uma ascese pessoal em nome da salvação do mundo.

O inimigo é precisamente esta atitude e a ética que a guia. Urge superá-las e lutar contra elas incondicionalmente, onde quer que se deem a ver. Este irracionalismo não deveria avançar nem mais um passo. Sobretudo quando estava em jogo a própria sobrevivência.

Rand aprendera dolorosamente, ao longo de dez anos como escritora independente, que, nos EUA, estas questões eram em última instância questões comerciais. É por isso que, numa carta de 6 de maio de 1943 ao seu editor Archibald Ogden, ela dá largas à sua raiva como nunca acontecera antes na correspondência entre ambos: «*Fé*... *Fé*, nem sei o que esta palavra significa. Se com ela te referes à fé em sentido religioso, ou seja, no sentido de uma aceitação cega, então não tenho fé em nada nem em ninguém. Nunca tive e nunca terei. As únicas coisas a que me atenho são o meu discernimento e os factos», diz Rand, explicitando o verdadeiro fundamento da sua visão do mundo. E confronta de imediato Ogden com os seus interesses mais prementes: «Que indícios objetivos existem hoje de que a editora Bobbs-Merrill será bem-sucedida a colocar o meu livro no mercado? Em quem exatamente deverei fazer fé? E por que motivo?»[24]

Trabalhou sete anos neste romance. Pôs nele toda a sua energia vital, a sua criatividade e, acima de tudo, a sua filosofia. E agora a editora pretende publicitar *The Fountainhead* [*A Nascente*] — muito discretamente, ainda por cima — como uma história de amor que se desenrola no meio da arquitetura. O departamento de comunicação nem sequer consegue

---

[24] *Letters*, pp. 67 sqq.

anunciar que a autora do livro é uma mulher, não um homem: «É bastante claro que a única fé que se pode ter em colaboradores como estes é a fé dos idiotas. [...] É mesmo essa espécie de fé que esperas de mim?»[25]

A pergunta era evidentemente retórica. Rand já fora apodada de tudo na sua vida. Mas nunca de idiota. Pelo contrário, os seus interlocutores percebiam passados poucos minutos que estavam diante de um intelecto de uma clareza singular e que nunca se deixava comprometer. Nesta perspetiva, o problema fundamental a resolver neste mundo não era para ela o da sua existência, mas o da existência de todos os outros. Para Rand, o que os seus semelhantes pensavam e faziam não era enigmático, enigmática era *a razão* por que o faziam: porque não podiam eles pensar e sobretudo agir convincentemente? O que era ao certo que impedia sempre as pessoas de seguirem o seu próprio juízo, baseado estritamente em factos? Afinal, ela conseguia.

DESAVERGONHADA

Porque se coibia o seu editor de dizer o óbvio, sobretudo agora, a um dia da publicação oficial do livro? Os dois ou três anúncios eram meramente ornamentais. A verdade era que a editora não acreditava no livro. O departamento de *marketing* decidira que *The Fountainhead*, a singrar, teria de fazer o seu próprio caminho até às livrarias ou às listas de *bestsellers*. Afinal, bastava ler uma única página desta obra de mais de 700 páginas, com o arquiteto Howard Roark como protagonista, uma figura aparentemente sobre-humana, para perceber que se tratava antes de um manifesto filosófico tornado romance. Um impressionante monumento de ideias com páginas e páginas de monólogos, que além disso tinha a característica, dificilmente vendável, de desafiar todas as intuições morais sobre as quais presumivelmente assentava a sensibilidade moral do público americano em geral.

Para Rand, era precisamente essa a promessa singular da sua obra. E era assim que deveria ser apresentada e publicitada: como um ato de leitura *transformador* que oferece aos seus leitores uma visão do mundo fundamentalmente diferente e os leva da caverna para a luz, de maneira que vejam o mundo e a si mesmos pela primeira vez com clareza! Assim, a autora revela ao seu círculo mais estreito de amizades que está

---

[25] *Ibid.*, p. 69.

convencida de que no mínimo se venderiam 100 000 exemplares[26] — e também de que Hollywood depressa faria a adaptação ao cinema com o seu ator preferido, Gary Cooper, no papel de Howard Roark.

De um ponto de vista *puramente racional*, o que poderia pôr em causa estas expectativas? Decerto, não a qualidade do seu romance. Decerto, não a atualidade da sua mensagem! Não era evidente o estado do mundo e mesmo dos EUA? Não sentia cada cidadão individual deste país que se assistia nele a um qualquer desequilíbrio fundamental? Que era mais urgente do que nunca proteger todo um meio cultural de um declínio autoinfligido? De o submeter a uma terapia, com o poder da liberdade de expressão, da concisão da argumentação e com uma força narrativa capaz de mudar o mundo, capaz de o resgatar da profunda confusão que ameaçava engoli-lo, na primavera de 1943, numa orgia mundial de violência?

POSIÇÃO DE COMBATE

O objetivo que Rand se propusera com o seu romance era o de elucidar «a luta entre individualismo e coletivismo, não no domínio da política, mas no da alma humana»[27]. Era *esse* o verdadeiro tema: por outras palavras, a luta entre ser autónomo e ser definido por terceiros, entre pensar e obedecer, entre coragem e humildade, entre criar e imitar, entre integridade e corrupção, entre progresso e declínio, entre o eu e todos os demais — entre liberdade e opressão.

As obras de Max Stirner e de Friedrich Nietzsche tinham constituído não mais do que princípios rapsódicos no caminho para a verdadeira libertação do indivíduo do jugo da moral altruísta de escravo. Só a filosofia de Ayn Rand apresentaria um fundamento objetivamente justificado para o egoísmo esclarecido! É neste espírito que a autora põe o seu protagonista no banco dos réus no julgamento decisivo no final do romance. Como personificação pioneira de uma existência guiada pelo amor à liberdade e pela razão pura e criadora. O credo de Roark era também o de Rand:

---

[26] Entretanto, estima-se que em todo o mundo tenham sido vendidos mais de oito milhões de exemplares deste título (até à data de hoje, em 2020). Já os romances filosóficos no seu conjunto ascendem atualmente a mais de 20 milhões de exemplares.

[27] Cf. Heller, A. C. (2009), p. 117.

> O criador vive para a sua obra. Não precisa de mais ninguém. O seu objetivo primeiro está dentro de si [...]. O altruísmo é a doutrina que exige que o homem viva para os outros e os coloque acima de si mesmo [...]. O que mais se lhe aproxima na realidade — o homem que vive para servir os outros — é o escravo. Se a escravatura física é repulsiva, o que dizer do conceito de servidão do espírito? O escravo conquistado tem um vestígio de honra. Tem o mérito de ter oferecido resistência e de execrar a sua condição. Mas o homem que se escraviza voluntariamente em nome do amor é a mais ignóbil criatura. Degrada a dignidade do homem e degrada o conceito de amor. Mas a essência do altruísmo é esta.[28]

Rand sabia do que falava o seu protagonista em tom admonitório. Sentira no próprio corpo como era viver numa sociedade de escravos engendrados pelo Estado. Como muitas famílias judias em tempo abastadas, também os Rosenbaums de São Petersburgo tinham sido expropriados durante a Revolução de Outubro. Depois de a farmácia do pai ter sido saqueada e destruída (Lenine: «Saqueiem os saqueadores!»), no final de 1918, Ayn, na altura ainda tratada por Alissa, refugiara-se com os pais e as duas irmãs na Crimeia. Percorreram milhares de quilómetros, de início de comboio, pouco depois a caminhar. É verdade que a família pôde regressar a São Petersburgo (Petrogrado, a partir de 1924 Leninegrado) em 1921. Mas o pai, agora desvalido, já não podia continuar a trabalhar como farmacêutico, por em tempos ter sido representante da «burguesia».[29]

No outono desse ano, Rand matricula-se na universidade para estudar história e filosofia e, uma vez concluídos os estudos, passa em 1924 para a Escola de Artes Aplicadas para estudar cinema. Porém, nesta época o seu verdadeiro objetivo é já outro: a refugiada de 19 anos não quer senão escapar da União Soviética, não quer ter nada que ver com a sua utopia do «novo homem», quer, sim, tornar-se pelos seus meios aquilo que verdadeiramente é: uma criadora dos seus próprios mundos. Quer a liberdade, quer ir para a terra das suas estrelas de cinema e realizadores preferidos — a América!

No início de 1926, os pais conseguiram enviá-la para Chicago, para casa de parentes, graças a um visto de férias. Seis aventurosas semanas

---

[28] *Ursprung*, pp. 988 sqq. [Aqui e adiante traduzido do original em inglês, *The Fountainhead*. (*N. da T.*)]

[29] Para os pormenores biográficos dos anos de juventude de Rand, cf. Heller, A. C. (2009), pp. 22–52.

mais tarde (Riga, Berlim, Le Havre, Nova Iorque), ela parte de autocarro para Hollywood, para aí viver como escritora e guionista. Alissa Rosenbaum tem então 21 anos, não sabe uma palavra de inglês e doravante quer ser sempre tratada por «Ayn Rand». Se o Velho Mundo não podia ser salvo, Alissa podia tornar-se outra no Novo Mundo. Jurou a si mesma que mais valia morrer a regressar ao seu país natal.

APENAS LÓGICO

A partir de então, lutou todos os dias ao longo de 17 anos pelo seu sonho americano. Quando Rand acredita estar mais perto do que nunca do objetivo da sua vida com a publicação de *The Fountainhead*, os pais e as duas irmãs mais novas correm o risco de morrer à fome em Leninegrado, cidade então cercada pela Wehrmacht de Hitler. Se é que viviam ainda. Rand não tem como saber. Os poucos relatos que chegam do outro lado do Atlântico sob a forma de rumores acerca da luta crua pela sobrevivência dos sitiados transcendem os limites do humanamente concebível. Segundo esses relatos, cerca de um milhão de habitantes terá aí morrido até à primavera de 1943. Todos os cães e gatos já tinham sido comidos havia muito. Já se falava até de canibalismo sistemático.[30] Não, não era preciso dizerem-lhe mais nada. Ela já vivera tudo isso. A fome. O tifo. Os mortos. Desde então, vivia de olhos bem abertos. E a filosofia aguçara-lhe entretanto a visão.

Na perspetiva de Rand, a ânsia assassina tanto de Hitler quanto de Estaline obedecia a uma e a mesma lógica: a lógica da subjugação violenta de cada indivíduo pelo Estado em nome de um coletivo elevado a ideal. Quer este coletivo se chamasse «classe» ou «povo», «nação» ou «raça», a diferença era meramente superficial. Pois, nos seus impulsos, métodos e sobretudo no seu desprezo pelas pessoas, estes «totalitarismos»[31] — para usar o conceito com que Rand, no início dos anos 1940, designava as ameaças políticas — tinham os mesmos efeitos. O totalitarismo conquistara primeiro a Rússia, depois Itália e por fim a Alemanha. Nenhum país lhe era imune, portanto. Nem mesmo os EUA, sobretudo os EUA. Afinal, o verdadeiro segredo do êxito das forças totalitárias

---

[30] Adamowitsch, A. e Granin, D. (2018) oferecem impressionantes testemunhos oculares dos habitantes da cidade.

[31] *Journals*, p. 347. [Aqui e adiante traduzido do original em inglês. (*N. da T.*)]

residia no facto de o processo de subjugação sistemática não depender de modo algum do apoio expresso das massas, mas tão-somente da sua indiferença.

Por esta razão, com a entrada dos EUA na guerra com Roosevelt, o presidente do New Deal, o mundo inteiro corria o risco, aos olhos de Rand, de sucumbir por causa de uma ideia errada, de um mal-entendido filosófico fundamental: o enobrecimento do autossacrifício em nome de terceiros, em nome de um coletivo incensado pela propaganda. Era precisamente este bloqueio altruísta ao pensamento que urgia quebrar. Esta guerra era uma guerra de ideias!

> Estes horrores são possíveis *exclusivamente* por causa de homens que perderam todo o respeito pelos seres humanos individuais, que aceitam a ideia de que as classes, as raças e as nações são importantes, mas não os indivíduos, que uma maioria é sagrada, mas uma minoria é pó, que os rebanhos contam, mas o Homem é nada. Qual é a sua posição sobre este ponto? Não há aqui meios-termos.[32]

Rand já tinha escrito estas linhas em 1941 para um manifesto político. Dada a situação política mundial, considerava agora transformar o texto num livro de ensaio o mais brevemente possível. Na primavera de 1943, sente-se decidida como nunca a lançar-se com toda a sua força intelectual a esta guerra de ideias. E fá-lo unicamente por fins egoístas. Pela sua própria liberdade e integridade, que estão sob ameaça. Por tudo aquilo que, para ela, é mais caro e sagrado neste mundo e em nenhum outro. Por que ou quem mais haveria de o fazer?

A ESTRANGEIRA

A pouca distância do apartamento de Ayn Rand em Manhattan, também Hannah Arendt vê chegar a altura de uma redefinição intelectual fundamental. Só que num espírito muito menos combativo. «São muito poucos os indivíduos», escreve a filósofa de 36 anos num artigo de janeiro de 1943, «com o vigor necessário para conservar a sua integridade quando o seu estatuto social, político e legal se encontra

---

[32] *Ibid.*, p. 350.

completamente confundido.»[33] Exatamente dez anos após a sua expulsão da Alemanha de Hitler, Arendt, olhando-se ao espelho, não está certa de encontrar em si mesma a energia necessária para continuar. Nunca antes na sua vida se sentira tão isolada, tão completamente vazia e desprovida de sentido, como nas semanas anteriores: «Tínhamos perdido a nossa pátria, o que significa que perdêramos a familiaridade com a nossa vida quotidiana. Tínhamos perdido os nossos empregos, o que quer dizer que perdêramos a confiança de quem sabe ter alguma utilidade no mundo. Tínhamos perdido a nossa língua, o que representa que perdêramos a naturalidade das reações, a simplicidade dos gestos, a expressão não afetada dos sentimentos. Tínhamos deixado os nossos parentes nos guetos polacos, e os nossos melhores amigos tinham sido mortos em campos de concentração, e isso significa a rutura das nossas vidas privadas. [...] Se alguém nos salva, sentimo-nos humilhados, e quando somos ajudados sentimo-nos rebaixados. Combatemos como doidos pelas nossas existências privadas, cada qual com o seu destino individual.»[34]

Com efeito, a descrição que Arendt faz do seu estado de espírito é um exemplo comovente daquele mal de alma que Simone Weil descreve como consequência necessária do «desenraizamento» existencial. Só que Arendt, nessa altura, não vive num país permanentemente ocupado nem foi vítima de deportações em massa. Este trecho do seu ensaio *Nós, Refugiados* descreve antes a enorme perda que os refugiados judeus alemães sentem com particular acuidade no Novo Mundo em 1942/1943. Ao longo de semanas, ela e o marido fitam o céu cinzento e vazio de Nova Iorque no inverno. Fumam. Calam. Como as últimas pessoas na Terra.

SEM APOIO

Arendt, cronicamente solar por natureza, aceitara a sua situação nos dez anos precedentes com iguais doses de tenacidade e de criatividade. Sempre que fora necessário, encontrara em si mesma o fogo interior que lhe permitira abrir caminho para uma nova vida. De Berlim para

---

[33] *Flüchtlinge*, p. 26. [Aqui e adiante seguiu-se a tradução de José Miranda Justo *in* Arendt, Hannah, *Nós, Refugiados*, Antígona, Lisboa, 2021, p. 36. *(N. da T.)*]

[34] *Ibid.*, p. 10 e p. 21. [*Ibid.*, pp. 16–17, 28. (*N. da T.*)]

Paris, de Paris para Marselha, por fim para Nova Iorque. Sempre com o objetivo de «viver sem recurso a todas essas artimanhas e astúcias de adequação e assimilação».[35]

Entretanto, na primavera de 1943, a única coisa que salvara da sua vida privada fora o seu «Monsieur» Heinrich, com quem vivia num quarto mobilado de um bloco de apartamentos esquálido na 95th Avenue, bem como, no mesmo andar, a sua mãe, Martha Beerwald, viúva de Paul Arendt, sempre achacada e perdida no Novo Mundo. Claro que isso era mais do que muitas *displaced persons* tinham conseguido salvar na fuga. Porém, também estava longe de ser um destino autodeterminado digno do nome.

Em tempos aluna de Karl Jaspers e de Martin Heidegger, mesmo nos anos de exílio não perdera a sua intuição especial para se colocar no centro das encruzilhadas. Com efeito, as pessoas em cuja ajuda podia realmente confiar contavam-se pelos dedos de uma mão: o seu mentor, Kurt Blumenfeld, em Nova Iorque, bem como o judaísta Gershom Scholem, em Jerusalém. O seu ex-marido Günther Stern, na Califórnia, e o teólogo Paul Tillich, também em Nova Iorque. Não sabia se os Jaspers viviam ainda e, se sim, onde — era impossível descobrir. Já transcorrera uma década desde a última carta. Ela própria não sabia porque se quebrara o contacto tão cedo. Retrospetivamente, Jaspers é o único verdadeiro professor que alguma vez teve. A sua antiga relação tempestuosa com Heidegger terminara em 1933 por razões bem diferentes, quando este se inscreveu no NSDAP e proclamou aos estudantes, no seu discurso de reitor em Freiburg nesse mesmo ano: «O próprio *Führer*, e ele apenas, é a realidade alemã presente e futura e a sua lei.»[36] Ainda não ganhara coragem para bater à porta de Ernst Cassirer, que lecionava agora em Yale e que sabia de Arendt por intermédio de amigos comuns.

A RUTURA

Desde a entrada dos EUA na guerra, tornara-se ainda mais difícil obter informações sobre o destino dos conhecidos e familiares que tinham ficado para trás na Europa — e quase impossível ajudá-los a fugir.

---

[35] *Ibid.*, p. 33. [*Ibid.*, p. 43. (*N. da T.*)]

[36] Heidegger, M. (2000), p. 184.

Arendt sofreu assim um golpe particularmente duro quando, a 18 de dezembro de 1942, leu no jornal de língua alemã *Der Aufbau* — um periódico direcionado para os exilados no qual ela própria fora colunista durante mais de um ano — um relato sobre o dia da deportação para o campo de internamento de Gurs, no sul de França, seguido por longas listas com os nomes dos deportados.[37] Também Arendt aí estivera presa — e reconheceu alguns nomes.

Neste inverno, o artigo do *Aufbau* era apenas um de muitos que davam conta de uma nova fase na maneira de lidar com os judeus europeus, presos pelos nazis em campos de concentração em números que agora ascendiam aos milhões. Manifestamente, segundo a «solução final da questão judaica» proclamada por Hitler e por Goebbels, passara-se agora a assassinar estas pessoas em moldes industriais, em campos de extermínio expressamente construídos para o efeito — passara-se a gaseá-las. Nem Arendt nem o marido alimentavam então quaisquer dúvidas acerca do antissemitismo incondicional dos nazis — nem acerca da sua irrefreada brutalidade na prossecução dos objetivos anunciados. Mas até para eles foi de início difícil dar crédito a estes relatos. O procedimento descrito parecia demasiado monstruoso, uma medida sem sentido. Desde logo, de um ponto de vista logístico e estratégico. Precisamente agora que o exército de Hitler tinha de aparar golpe após golpe. Só na URSS perdera, ao que se dizia, um milhão de soldados neste inverno.

Não obstante, era verdade, era isso mesmo que se estava a passar. Os relatos eram demasiado numerosos, e as fontes demasiado diversas. Nas semanas que se seguiram, Arendt sentiu como nunca antes a perda do mundo [*Weltverlust*]. Este sentimento de perda não se reportava a determinados grupos ou comunidades, a um lugar ou tempo concretos, mas à sua existência como pessoa. Fora tomada por um estranhamento metafísico. Como se se tivesse aberto um abismo no centro deste mundo, no centro de si mesma, que nada nem ninguém poderia colmatar.

O que era ao certo isto em que não queriam acreditar? O que era ao certo isto que consideravam impossível? Que um povo inteiro — mesmo que espalhado pelo mundo inteiro — tivesse sido declarado inimigo figadal não tinha em si nada de estranho à humanidade. Como não o tinham esta guerra nem a bestialidade das suas batalhas. A história

[37] Cf. Young-Bruehl, E. (2018/1982), p. 261.

conhecia outras ocasiões semelhantes, na verdade, compunha-se quase só delas. Mas *isto*... O sinal mais evidente da impotência de Arendt era ver-se incapaz há já bastante tempo de formular o que acontecia com as suas próprias palavras.[38]

PRESENTE

O melhor seria simplesmente esquecer o seu antigo eu, agir como se fosse inteiramente livre de decidir quem é e como quer continuar a viver neste mundo: certas pessoas, certos filósofos até, declararam que isso era possível. Mas ela nunca fora jovem o bastante para acreditar nessas ilusões. Na verdade, sabia que «a reaquisição de uma nova personalidade é tão difícil — e tão sem esperança — como uma nova criação do mundo»[39]. Ninguém começava nunca do zero. Ninguém era assim tão livre ou inconstante. Por mais que alguém o desejasse ou fantasiasse — fosse por megalomania ou por causa do mais fundo desespero.

Pensando bem, esta era uma maneira de esclarecer como se chegara ao espetáculo infernal do presente. Na sua origem estava o desejo megalómano de certos indivíduos de reconfigurar o mundo segundo a sua vontade, de literalmente o recriar: a partir de um molde único e unificado. Era a visão maníaca de um mundo que doravante seria determinado por um único rosto. Um mundo, por outras palavras, que não precisaria de outras pessoas para a sua constante recriação, nem de corpos que resistissem: o pesadelo político do domínio total.

Porém, mesmo nestes tempos sombrios permanecia claro que um pesadelo é qualquer coisa de que se pode despertar. Bastava encontrar-se a coragem interior de abrir os olhos — de os manter abertos — para se tomar consciência, de espírito alerta, dos abismos do presente. Para «dizer a verdade, mesmo até ao nível da "indecência"».[40] Para assim dar testemunho das profundezas de que eles tinham nascido até entrarem no mundo. Ou seja, para não se ser vítima nem do passado nem do futuro. Para não se seguir cegamente nem o próprio juízo nem o

---

[38] Cf. Entrevista de Arendt com Günter Gaus: https://www.youtube.com/watch?v=dVSRJC4KAiE.

[39] *Flüchtlinge*, p. 23. [*Nós, Refugiados*, pp. 37–38. (*N. da T.*)]

[40] *Ibid.*, p. 35. [*Ibid.*, p. 46. (*N. da T.*)]

de terceiros. Para se encontrar a coragem de recorrer à própria razão. De se orientar livremente no pensamento.

Precisamente agora, talvez tivesse chegado o momento — Arendt reunia novas forças — de «ser inteiramente presente»[41]. Por outras palavras: de fazer filosofia.

---

[41] Cf. a este propósito a epígrafe do livro posterior de Arendt *Elemente und Ursprünge totaler Herrschaft* (= *EuU*) [*As Origens do Totalitarismo*]. Trata-se de uma citação de Karl Jaspers: «Não ser presa nem do passado nem do futuro. Há que ser inteiramente presente.»

II

EXÍLIOS

1933/1934

Arendt abandona a sua terra natal, Weil o partido,
Beauvoir o ceticismo e Rand o seu guião

QUADRÍCULA

«Normalmente, quando tenho alguém à minha frente, basta-me consultar o seu registo nos nossos arquivos e já sei o que fazer. Mas o que será suposto eu fazer consigo?»[42] Claramente, o nome dela ainda não estava registado em nenhum ficheiro da Gestapo. E, mesmo que ela quisesse ajudar o jovem comissário, também Hannah Arendt não sabia exatamente por que razão ela e a mãe, nesta manhã de maio, enquanto tomavam o pequeno-almoço num café perto da Alexanderplatz em Berlim, tinham sido forçadas a entrar num carro e levadas para interrogatório.

Não faltavam razões. Ao longo de toda a primavera, o seu apartamento na Opitzstraβe servira de esconderijo a perseguidos políticos. E depois havia ainda o pedido de Kurt Blumenfeld, um amigo de uma geração mais velha, de que fizesse «uma recolha de todos os pronunciamentos antissemitas locais», que ela levava a cabo dia após dia na hemeroteca da Preuβische Staatsbibliothek. Também a recolha de materiais semelhantes fora entretanto proibida.

Por vezes, contudo, as tentativas de intimidação limitavam-se a seguir listas de nomes — bem como listas criadas a partir dessas listas. Como, por exemplo, a agenda de Bertolt Brecht. Poucos dias após a chegada de Hitler ao poder, a Gestapo confiscara-a no apartamento deste.

---

[42] Young-Bruehl, E. (2018/1982), p. 164. As descrições subsequentes seguem também Young-Bruehl.

Um *Who's Who* da *intelligentsia* de simpatias comunistas em Berlim, a que também pertencia o marido de Arendt, Günther Stern.

Com medo de cair nas mãos da polícia auxiliar prussiana recentemente criada, Brecht fugira de Berlim para Paris logo no início de fevereiro. E, com efeito, duas semanas mais tarde, como se o incêndio do Reichstag na noite de 27 para 28 de fevereiro de 1933 tivesse sido o sinal de partida havia muito combinado, começaram as vagas de prisões arbitrárias, de deportações para campos de concentração provisórios na periferia, até se converteram ginásios municipais em câmaras de tortura. Só em Berlim, neste verão, havia mais de duzentas instalações deste género. O terror nazi chegara ao quotidiano. O número de vítimas ascendia já aos milhares.

Era mais do que provável que neste preciso momento uma unidade da Gestapo estivesse a revistar o seu apartamento. Mas o que encontrariam aí os papalvos — além de dúzias de cadernos com citações transcritas do grego, os poemas de Heine e de Hölderlin, bem como inúmeras obras sobre a vida intelectual de Berlim no início do século XIX?

No que tocava aos registos públicos, Arendt era uma respeitável doutorada em filosofia, com uma bolsa da Notgemeinschaft der deutschen Wissenschaft que terminara no ano anterior. A clássica existência berlinense: uma académica sem rendimentos, uma publicista sem leitores. Claro que passava todos os dias na biblioteca. Que mais havia de fazer? Afinal, a investigação não tem fim.

Era igualmente impossível obter da mãe de Arendt alguma informação valiosa. Questionada sobre as atividades da filha, Martha Beerwald (viúva de Paul Arendt) respondeu oficialmente com uma frase da mais bela solidariedade materna: «Não, não sei o que ela faz, mas o que quer que tenha feito está certo e eu teria feito o mesmo.»[43]

Ambas são libertadas no próprio dia da detenção.[44] Nem sequer tiveram de chamar um advogado. Pura sorte. Desta vez. Não obstante, Arendt tomou uma decisão. Neste país, já não há futuro. Pelo menos, não para pessoas como ela.

---

[43] *Ibid.*

[44] Thomas Meyer, que escreve neste momento uma nova biografia de Arendt, comunicou-me em conversa que Arendt — ao contrário do que a própria diz — esteve apenas um dia sob custódia policial.

O CASO DE RAHEL

Neste primeiro verão após a chegada ao poder de Adolf Hitler, poucos teriam uma consciência mais clara do que Hannah Arendt de que ninguém podia decidir só por si quem era e o que era. Tomando o exemplo da berlinense Rahel Varnhagen, havia três anos que investigava as complexas dinâmicas identitárias de uma intelectual e judia alemã na transição do século XVIII para o século XIX. Daí resultara o psicograma de uma mulher em cuja existência se condensavam exemplarmente as tensões da história dos judeus alemães cultos — sobretudo no que tocava à questão da assimilação. Neste livro — disposto em grande medida como uma antologia de citações, reminiscente de uma colagem —, Arendt traça o processo de tomada de consciência de uma mulher que, tendo negado ofensivamente a sua origem judaica, durante muito tempo não consegue edificar uma relação estável consigo mesma e com o mundo. Lançada, como pessoa da sua época, numa situação de tripla marginalização — como mulher, como judia e como intelectual —, à semelhança de Arendt, a recusa de Rahel de se identificar socialmente como aquilo que aos olhos dos outros inevitavelmente é e sempre será condu-la a uma situação de tormentosa perda do eu: «A luta de Rahel contra os factos, sobretudo o facto de ter nascido judia, depressa se torna uma luta contra si mesma. É a si mesma que tem de negar o consenso, é a ela, a discriminada, que tem de renegar, mudar, rodear de mentiras, pois não pode simplesmente disputar a sua existência. [...] No momento em que se diz pela primeira vez não a si mesmo, deixa de haver escolha. Passa a haver uma única coisa: ser-se sempre e a cada momento quem não se é.»[45]

O caso de Rahel é, para Arendt, paradigmático de uma era, na medida em que na sua vida colidem duas formas de coragem exigidas: a coragem iluminista de nos servirmos da própria razão e de nos determinarmos por esta via como seres racionais, bem como a coragem de reconhecer que a liberdade desta autocriação é sempre condicionada pelas circunstâncias históricas e culturais de que nenhum indivíduo consegue distanciar-se inteiramente. Na época de Rahel, esta ideia expressa-se na tensão entre os ideais iluministas e os ideais românticos de formação do eu: entre a razão e a história, o orgulho e o preconceito, entre pensar e obedecer, entre o sonho da autodeterminação perfeita do eu e da determinação do eu, em última instância incontornável, às mãos de terceiros.

---

[45] *Var*, p. 26 sqq.

Segundo Arendt, a razão iluminista pode, é certo, «libertar-nos dos preconceitos do passado e guiar o futuro do ser humano. Infelizmente, porém, é claro que isso não basta: a razão só pode libertar individualmente, e só um Robinson Crusoe tem o futuro nas suas mãos. O indivíduo libertado embate sempre num mundo, numa sociedade cujo passado tem poder, sob a forma de "preconceitos", embate num mundo que lhe mostra que a realidade passada também é realidade. Nascer como judia pode apontar, segundo Rahel, para um passado longínquo, pode até se ter apagado do pensamento; mas, como preconceito na cabeça dos outros, é o mais penoso presente.»[46]

Pessoa alguma escapa a esta tensão — nem sequer deveria desejar sensatamente fazê-lo. Pois o preço dessa fuga seria não menos do que a perda daquilo que merece ser chamado mundo e realidade.

ESCLARECIDA

O exemplo de Rahel é, para Arendt, uma admoestação quanto ao risco de perda do mundo em nome de uma autodeterminação que pretende ser demasiado racional. Nisto segue conscientemente o trilho filosófico dos dois mais marcantes professores que tivera na universidade: Martin Heidegger e Karl Jaspers. Quando ainda estudava em Marburgo, Arendt tornou-se sensível aos pontos cegos da imagem moderna do mundo e do ser humano graças a Heidegger, com quem, a partir de 1925, teve uma relação amorosa prolongada. Pois o ser humano, tal como Heidegger o descreveu na sua obra *Ser e Tempo*, que marcou toda uma época, estava longe de ser um «sujeito» notoriamente dotado de razão, era antes um *Da-Sein*[47] infundado e lançado ao mundo. Além disso, também não vivia como criatura pensante e sobretudo agente numa «realidade» muda a que primeiro tem de conferir os conteúdos dos seus sentidos, mas sim num «ambiente» que para ele foi sempre dotado de sentido. A verdadeira autonomia humana, para Heidegger,

---

[46] *Ibid.*, p. 23 sqq.

[47] Optei por não traduzir este termo da filosofia heideggeriana por coerência com a minha tradução do livro anterior de Wolfram Eilenberger, *O Tempo dos Mágicos*. Como aí digo na nota da tradutora, o termo foi ganhando diferentes sentidos em diferentes fases da filosofia de Heidegger, que Eilenberger bem explica ao longo da obra. Algumas das traduções já existentes para este termo, propostas por tradutores portugueses e brasileiros, são «pre-sença», «aí-ser», «existência», «ser-o-aí», entre outras. (*N. da T.*)

não tinha quase nada que ver com decisões racionais, cálculos ou prescrições, tinha que ver com a coragem de se colocar em situações-limite ou extraordinárias que fossem existencialmente marcantes.

Nos anos 1920, todos estes motivos ocupavam igualmente Karl Jaspers, em tempos confidente intelectual de Heidegger, quando Arendt se lhe apresentou em Heidelberg para fazer o doutoramento. Em contraste com Heidegger, contudo, a «filosofia existencial» de Jaspers sublinhava menos o poder de estados de espírito sombrios e marcadamente individualistas, como a angústia ou a proximidade da morte, e mais a possibilidade de o ser humano encontrar o caminho para uma vida mais livre e mais luminosa através da comunicação e da dedicação aos outros. Esta dedicação deveria ser concebida idealmente sempre em moldes dialógicos, assim frisando a necessidade de um interlocutor real e excluindo um interlocutor sem rosto, como o «homem anónimo», a «esfera pública» ou mesmo a «humanidade».

Permeada por estes impulsos, Arendt concebe, no final dos anos 1920, o seu próprio fundamento para interpretar a situação humana, um fundamento cuja forma e conteúdo lhe possibilitam uma abordagem muito própria do caso de Rahel Varnhagen: não parecia a situação de Rahel criada de propósito para demonstrar de modo exemplar as relações de forças que na verdade condicionam a existência moderna?

POLIFONIA

Reconhecer-se em Rahel como ser humano implica, para Arendt enquanto filósofa, rejeitar uma conceção da razão que a vê como estando fora do mundo e, logo, como sendo a-histórica. Implica reconhecer que uma pessoa só se pode verdadeiramente encontrar por intermédio de outras, significa também renunciar à designação abstrata de uma «pessoa em si». É, assim, apenas natural que Arendt preferisse casos de estudo concretos a análises e tratados puramente abstratos: uma filosofia existencial sob a forma de uma reportagem polifónica da existência.

Logo com as primeiras frases do seu livro sobre Rahel Varnhagen, Arendt oferece um exemplo impressionante deste modo de procedimento e apresenta-se como autora a escrever no ano de 1933 — exatamente cem anos depois da morte de Rahel —, de novo um momento de viragem decisivo para a história dos judeus alemães.

Como um D. Quixote, preso desde sempre a descrições falsas, a vaguear pelo mundo numa busca idealizada de si mesmo, também a romântica Rahel Varnhagen atinge no leito da morte o verdadeiro conhecimento e descobre-se a si mesma: «Que história! — Aqui, sou uma fugitiva do Egito e da Palestina, e encontro a vossa ajuda, o vosso amor e cuidados! [...] Penso com sublime arrebatamento nesta minha origem e em toda esta concertação do destino, graças ao qual as mais antigas memórias da espécie humana estão ligadas ao estado de coisas mais recente, como estão ligados os mais remotos tempos e espaços. Por tanto e tanto tempo, ter nascido judia foi a maior ignomínia, o mais duro sofrimento e infelicidade da minha vida, mas agora não o trocaria por nada.»[48]

Quando Arendt escreve estas linhas, também ela se encontra diante de um corte profundo e ominoso da sua vida. Pois, assim como Rahel Varnhagen, a filha protegida de uma família burguesa, só com a subida ao poder de Napoleão ganhara consciência de que «também a sua existência estava sujeita às condições políticas gerais»[49], também Arendt enquanto pensadora só se tornou sensível à esfera política com a subida ao poder de Hitler. À semelhança de Varnhagen, que por fim afirmou com gratidão a sua identidade de judia, também Arendt, enquanto trabalha neste livro, se vai tornando mais alerta e atenta às exigências específicas, aos perigos e às oportunidades quase marginais que resultam do facto, por tanto tempo não tematizado, de ser judia.

Com efeito, os seus processos de politização e de sensibilização coincidiram com a pressão exercida pela ascensão do regime nazi e conduziram desde logo ao seu compromisso, instado pelo sionista Kurt Blumenfeld, de investigar exemplos dos insultos antissemitas, que agora eram quotidianos, em toda a Alemanha.

Quem ela verdadeiramente era e queria ser no futuro continuava em aberto. Só uma coisa era para si clara: que esta determinação não estava nunca apenas nas suas mãos; e que a necessidade de encontrar uma resposta inequívoca se tornava cada vez mais premente. Como se a vontade da polícia de identificar de forma absolutamente clara todos os cidadãos tivesse tomado conta de uma sociedade inteira da noite para o dia.

---

[48] *Ibid.*, p. 17.
[49] *Ibid.*, p. 133.

A ESSÊNCIA ALEMÃ

No início do ano de 1933, a correspondência que troca com o seu orientador, Karl Jaspers, gira precisamente em torno destes temas. À semelhança de Arendt, também Jaspers se sentia inspirado pelo *Zeitgeist* a elaborar um psicograma singular. E também ele tem em primeiro plano a questão da identidade. Concretamente, via na «juventude nacionalista tanta boa vontade e genuíno ímpeto, expressos numa garrulice confusa e perversa», que, seguindo o exemplo do seu colega da Universidade de Heidelberg, o sociólogo Max Weber, que morrera em 1919, queria desenvolver a questão de saber «em que consiste ser alemão».

No outono de 1932, Jaspers enviou a Arendt o seu estudo — propositadamente publicado numa editora nacionalista, «para chegar aos leitores que precisam e anseiam por este impulso pedagógico (!)» — com uma dedicatória. O título rezava *Max Weber — Deutsches Wesen im politischen Denken, im Forschen und Philosophieren*[50] [*Max Weber — A Essência Alemã no Pensamento Político, na Investigação e na Filosofia*]. Arendt levou meses a pensar numa resposta:

Berlim, 1 de janeiro de 1933

Estimado Professor, caro amigo,

O meu sincero obrigada pelo livro sobre Max Weber, que me trouxe uma grande alegria. Há uma razão concreta para só hoje lhe agradecer: o próprio título e introdução dificultam à partida que eu tome posição sobre ele. Não me refiro aqui ao facto de o Professor ver em Max Weber o grande alemão, mas que personifique nele a «essência alemã», identificando-a com a «racionalidade e a humanidade nascidas da fonte da paixão». [...] Como compreenderá, eu, enquanto judia, não posso dizer sim nem não a esta proposição, e o meu assentimento seria tão desadequado como a minha contestação. [...] Para mim, a Alemanha é a língua materna, a filosofia e a poesia. Estas três coisas eu posso e tenho de defender. Mas vejo-me forçada a manter a distância, sem poder ser contra ou a favor, quando leio a grandiloquente frase de Max Weber segundo a qual, para reerguer a Alemanha, ele estaria disposto a fazer um pacto com o Diabo. E esta frase parece-me

[50] Jaspers, K. (1932).

> tornar manifesto o ponto realmente decisivo. [...] Apesar das incumbências domésticas, o trabalho avança bem. Uma grande parte do livro sobre Rahel está praticamente concluída.[51]

É certo que, entre 1932 e 1933, já se desenhava com cada vez maior clareza a forma que o pacto com o Diabo assumiria para que a Alemanha se «reerguesse», mas o que a resposta de Arendt tem de verdadeiramente visionário é a sua recusa em assumir uma posição unívoca. Ela só se revê na língua materna, assim como numa tradição à qual devia a sua vida como intelectual. Mas não se revê em atitudes ou ideais específicos ou sequer em territórios. Pessoas como Arendt carregam antes a pátria mundo afora no coração (e dentro em breve em malas, sob a forma de livros).

E, precisamente porque uma «Alemanha» determinada por processos de leitura e de reinterpretação tem de ser constantemente elaborada e trazida à vida, não é possível definir uma sua «essência» fixa e intemporal. O seu «reerguer redentor», a acontecer, só se pode concretizar em atos de apropriação compreensiva e, logo, benevolente — atos que, pela sua própria natureza, excluem qualquer pacto com o Diabo.

Na carta seguinte, Jaspers admoesta a antiga aluna, alegando que não é possível ter uma existência cultural «vivendo apenas da negação, das problemáticas e das ambiguidades»[52]. Porém, no início do ano de 1933 Arendt quer tão pouco ouvir conversas sobre a missão histórica e política da Alemanha, como sobre uma inclusão unilateral dos judeus de língua alemã nessa mesma tradição. Na sua resposta a Jaspers de 6 de janeiro de 1933, pode-se ler:

> Sou, é claro, alemã no sentido que já descrevi. Mas não posso simplesmente acrescentar o destino histórico e político. Sei demasiado bem como foi tardia e lacunar a participação dos judeus nesse destino, como entraram acidentalmente numa história que então lhes era estranha. [...] A Alemanha e o seu antigo esplendor são o seu passado, caro Professor; que passado seja o meu é coisa que não sou capaz de condensar numa palavra; além do mais, todas as posições inequívocas — sejam elas o sionismo, a assimilação ou o antissemitismo — apenas ocultam a verdadeira problemática da situação.[53]

---

[51] Arendt/Jaspers, p. 52.
[52] *Ibid.*, p. 56.
[53] *Ibid.*, p. 58.

Todavia, como se poderia conceber uma vida — precisamente como judia alemã ou como alemã judia — que não caísse na armadilha reativa de viver «apenas da negação» e que ao mesmo tempo se furtasse à imposição característica daquele tempo de uma univocidade absoluta? Como seria uma vida que escapasse à armadilha representada por Rahel, sem cair no assentimento incondicional e logo na cooptação política? Uma vida amparada, mas não cercada? Quaisquer que fossem as respostas que Arendt encontraria ou conceberia para estas questões, essa vida já não poderia continuar a decorrer na Alemanha.

PORTA TRASEIRA

Juntamente com a mãe, Arendt escolhe a rota clássica: da cordilheira Erzgebirge para a Checoslováquia, atravessando a floresta que faz fronteira entre os dois países. Os perseguidos políticos costumavam ficar em Praga, onde se havia formado, na primavera de 1933, uma rede poderosa de resistência sobretudo social-democrática. Já os intelectuais preferiam por regra seguir para França passando pela Suíça. No verão de 1933, já cerca de 40 000 pessoas fugiram desta maneira, 20 000 das quais em direção a Paris.

O salto da fronteira, como se dando corpo ao novo estatuto de estar «entre», decorria na casa de uma simpatizante alemã, «cuja porta de entrada ficava na Alemanha e cuja porta traseira ficava na Checoslováquia: a alemã recebia os "hóspedes" durante o dia, dava-lhes de comer, e à noite, protegidos pela escuridão, fazia-os sair pela porta traseira»[54]. Deixando para trás a Alemanha, rumo a uma nova vida.

FURIOSA

No verão de 1933, também a professora de liceu e ativista sindical Simone Weil se despedia definitivamente da Alemanha. Apenas um ano antes, decidira viajar de Paris para Berlim com o intuito de aí se demorar algumas semanas e formar a sua própria opinião acerca da situação. Pois, como se lê na introdução à reportagem em dez partes que escreveu para um jornal sindical, «todos aqueles que depositaram as suas

[54] Young-Bruehl, E. (2018/1982), p. 166.

esperanças numa vitória da classe trabalhadora [...] têm agora de pôr os olhos na Alemanha»[55].

O que ela vê *in loco* é uma nação de rastos. «Na Alemanha, antigos engenheiros ganham uma refeição fria por dia alugando cadeiras em parques públicos; velhos de colarinho engomado e chapéu de coco mendigam à saída das estações de metro ou cantam na rua com voz quebrada. Os estudantes abandonam a universidade para irem vender amendoins, fósforos e atacadores [...] cada um espera vir a ser lançado na ociosidade forçada que é já o destino de quase metade da classe trabalhadora alemã.»[56]

Por outras palavras, o ânimo do país que dispõe do movimento operário mais numeroso e bem organizado da Europa é claramente revolucionário. A esquerda local, no entanto, revela-se desesperadamente dividida e tolhida. Em vez de se opor resolutamente aos nacionais-socialistas, o KPD [Partido Comunista Alemão] e a Internacional Comunista, guiados por Estaline e pelo Comité Central russo, preferem travar uma «luta sectária contra a social-democracia, vista como "principal inimigo"». As consequências são, para Weil, facilmente previsíveis: «Na Alemanha», escreve ela no outono de 1932 a um amigo que é funcionário do sindicato, «perdi o último respeito que tinha pelo Partido. [...] Todo o compromisso com ele, toda a reticência nas críticas são criminosos.»[57]

Escasso ano depois, o prognóstico de Weil nos seus artigos revela-se exato. Hitler venceu em toda a linha, as ondas de saneamento sucedem-se rapidamente. A União Soviética não concede asilo sequer aos camaradas em fuga. Para Weil, já não se podia fazer intelectualmente nada por quem continuava a acreditar na revolução proletária conduzida por Moscovo.

REVOLUCIONÁRIA

Para a «Simone vermelha», como já os colegas do curso de filosofia a tratavam, esta é apenas mais uma razão para intensificar o seu ativismo político: na ajuda aos refugiados, na formação sindicalista, como publicista.

---

55 «Die Lage in Deutschland», in *UuF*, p. 55.

56 *Ibid.*

57 Pétrement, S. (1973), p. 212. [Traduzido do original francês. (*N. da T.*)]

Após algumas querelas no seu antigo liceu em Auxerre — apenas quatro das suas onze alunas passam na prova final de filosofia —, Weil é colocada como professora na pequena cidade de Roanne (perto de Lyon) no outono de 1933. O ministério prefere ter a ativista numa região mais pacata e burguesa. Com uma pequena carga horária de 12 horas semanais e apenas cinco alunas, Weil tem tempo e espaço suficientes para se dedicar ao que lhe parece verdadeiramente importante e urgente. Sempre que pode, apanha o comboio para os bairros operários de Saint-Étienne, onde leciona cursos noturnos e apresenta conferências aos mineiros locais. Noções básicas de geometria, introdução à literatura francesa, «fundamentos do socialismo científico» — a sociedade vindoura não podia renunciar a nenhum destes conhecimentos. Com pouco mais de metro e meio, as mãos constantemente enfiadas nos bolsos do casaco sempre cheios de tabaco, corre da estação ferroviária para as instalações do sindicato. Para as aulas, não precisa de mais do que alguns apontamentos.

Não raro, ainda vai com os camaradas para um apartamento a pouca distância, onde, no centro de um círculo de cadeiras, continua a prelecionar sobre o aumento da produção e os meios de produção, onde ilustra as tentações do demónio cartesiano ou recita de memória trechos de Homero e de Ésquilo. Uma vez por outra, junta-se ao coro de canções operárias de letras ordinárias. Só se recusa a dançar. «Não sei como se faz»[58], diz ela, mais de si para si, e esgueira-se para fora da casa.

Quando chega o fim de semana, marcha à cabeça dos protestos, embrulhada numa bandeira vermelha, e entoa a plenos pulmões a *Internacional*. Não, não é nada fácil silenciar «la Simone». Nem sequer para os rufias da fação estalinista, que aparecem cada vez mais amiúde nas suas sessões para tentar forçá-la a sair do palco vaiando-a.

Mesmo no Lycée de jeunes filles em Roanne, a luta não para. Quando uma colega anuncia que nessa tarde vai coordenar um grupo de leitura onde serão analisados materiais da organização juvenil Action Catholique, Weil manda vir expressamente de Paris as brochuras e, depois de as estudar aturadamente, anuncia aos colegas: «Se isto for em frente, amanhã coordeno um grupo de leitura sobre o racionalismo.» A contenda chega à direção. Não se conhecem os resultados da mediação do conflito.[59]

---

[58] *Ibid.*, p. 274.

[59] OCVII-1, nota 5, p. 140.

PREOCUPAÇÃO

Mas há sempre também uma outra Simone. E não apenas quando as enxaquecas regressam. De olhos fechados e as mãos a pressionar as têmporas, ela fica noites a fio sentada sozinha no seu quarto, insone por causa das cefaleias, presa da dor. À semelhança do que acontecera nas outras colocações como professora em Le Puy e em Auxerre, os pais acompanham-na também até Roanne nos primeiros dias, ajudam a filha de 24 anos a procurar um novo pouso, arranjam e equipam o quarto. A mãe «Mime» e o pai «Biri» conhecem melhor do que ninguém a verdadeira fragilidade da filha, o seu distanciamento autodestrutivo da vida quotidiana e o seu temperamento ascético.

Nas cartas quase diárias, repetem-se as mesmas preocupações elementares: o apartamento está aquecido? Podemos enviar-te roupa? Perguntas às quais Simone reage em tom de rejeição agressiva: «Minha querida Mime, [...] *proíbo-te* categoricamente de me comprares o que quer que seja sem a minha autorização expressa — a menos que não tenha comido nada durante mais de quinze dias ou algo do género.»[60] Além disso, os pais sabem o que Simone há anos faz com o seu salário: retira para si mesma exatamente a mesma soma que os operários fabris desempregados recebem do Estado como rendimento mínimo, o resto dá aos camaradas necessitados ou aos refugiados.

Com o desenrolar do ano de 1933, a mãe de Weil assume paulatinamente o papel de secretária particular do trabalho a solo de Simone de ajuda aos refugiados. Além da casa da família, os Weils têm um outro apartamento vazio, no sétimo andar de um prédio na Rue Auguste Comte, perto do Jardin du Luxembourg, que agora serve de centro de acolhimento aos refugiados.

Semana após semana ao longo deste outono, Weil anuncia por carta à mãe a chegada para breve de refugiados alemães, que deverão ser acolhidos e apoiados financeiramente sem mais perguntas. Os pais fazem sempre o que lhes é ordenado. Há muito que capitularam perante a vontade da filha e consideram que o seu papel — o pai «Biri» é um médico conceituado — consiste primordialmente em apoiar o melhor que sabem a vida extraordinária da sua filha extraordinária e em evitar qualquer atrito até ao momento em que ela previsivelmente sofresse mais um colapso físico.

---

[60] *Ibid.*, p. 150.

Ambos terão lido com particular discernimento — e preocupação — as últimas frases do ensaio da filha, que, no outono de 1933, terá caído como um meteoro na paisagem intelectual da esquerda francesa: «Nada no mundo nos pode proibir de sermos lúcidos. Não há nenhuma contradição entre esta tarefa de esclarecimento teórico e as tarefas que a luta efetiva impõe; pelo contrário, há uma correlação, pois não podemos agir sem saber o que queremos e que obstáculos temos de vencer. Não obstante, uma vez que o tempo de que dispomos é limitado, somos forçados a reparti-lo entre a reflexão e a ação, ou, falando mais modestamente, a preparação para a ação. [...] Em todo o caso, a nossa maior desgraça seria morrermos sem vencermos e sem compreendermos.»[61]

TERCEIRA VIA

A análise de Weil, publicada pela primeira vez a 25 de agosto de 1933 numa revista sindical[62] sob o título *Perspetives. Allons-nous vers la révolution prolétarienne?*, representa uma tremenda afronta. Em particular, o facto de ela assinalar muito explicitamente a semelhança estrutural entre a Alemanha tornada fascista e a União Soviética de Estaline. Em apenas poucos meses, Hitler instalara na Alemanha...

> um regime político cuja estrutura é mais ou menos a mesma do regime russo como definida por Tomsky: «um partido no poder e todos os outros na prisão». Acrescentemos que a subordinação mecânica do partido ao líder é a mesma nos dois casos, e garantida, nos dois casos, pela polícia. Mas a soberania política não é nada sem a soberania económica; assim, o fascismo tende a aproximar-se do regime russo também no terreno económico, pela concentração de todos os poderes, tanto económicos quanto políticos, nas mãos do chefe de Estado.[63]

Além disso, o regime historicamente inédito de um Estado totalitário assenta, segundo Weil, numa nova forma de opressão, sustentada pela tecnologia e resultante do tremendo aumento de poder de uma nova

---

[61] «Perspektiven: Gehen wir einer proletarischen Revolution entgegen?», in *UuF*, p. 137. [Traduzido do francês in *Œuvres*, p. 271. (*N. da T.*)]

[62] No outono de 1933, foi ainda várias vezes reimpressa e até traduzida para o espanhol e para o neerlandês.

[63] *UuF*, p. 119. [*Ibid.*, p. 257. (*N. da T.*)]

classe de funcionários vigilantes. Funcionários esses que não exercem o seu poder em prol «da felicidade dos súbditos, mas para aumentar esse mesmo poder»[64]. Com o que a imagem marxista da luta de classes é definitivamente posta em causa.

Nos novos sistemas totalitários de Hitler e de Estaline, que, na sua forma económica externa tendiam para o capitalismo estatal, mas que, segundo a sua estrutura interna, tendiam para o Estado repressivo de vigilância, instala-se uma «ditadura burocrática», na expressão de Weil, por intermédio da classe de funcionários que visam sobretudo servir os próprios interesses. O exemplo mais devastador era, até à data, a União Soviética de Estaline.

Nada, portanto, poderia estar mais distante de uma democracia operária. Afinal, era perfeitamente irrelevante saber a quem pertenciam nominalmente os meios de produção (aos trabalhadores, aos grandes capitalistas, ao Estado) se as circunstâncias factuais da opressão não mudassem. A brutalização do quotidiano dos trabalhadores acentuara-se ainda mais com Estaline, acompanhada por catastróficos défices de aprovisionamento.

Através de cartas e de conversas pessoais com refugiados russos, Weil, neste outono de 1933, está parcialmente informada sobre as circunstâncias no regime de Estaline. Numa carta à mãe «Mime», resume nos seguintes termos as informações que tem recebido: «Em cidades como Magnitogorsk — uma cidade que não tem desemprego —, veem-se pessoas a desenterrar com as mãos batatas podres e a comê-las cruas, veem-se os trabalhadores a dormir em barracas sem aquecimento com quarenta graus negativos, na Ucrânia aldeias inteiras morrem à fome, a tal ponto que foi preciso decretar por lei que o consumo de cadáveres seria punido com pena de morte [...] e, por medo das táticas de terror da polícia secreta (GPU), ninguém confia em ninguém com quem se cruza no caminho, e fala-se de filas onde as pessoas esperam das oito da manhã às duas da tarde com trinta e cinco graus negativos por uma ração de batatas.»[65]

Weil só conhece parcialmente o terror épico do chamado Holodomor — a morte pela fome — dos anos 1932 e 1933. Presumivelmente, cerca de quatro milhões de ucranianos morreram penosamente de fome, numa medida intencionalmente implementada pela administração

[64] *Ibid.*, p. 128.

[65] OCVII-1, p. 154.

estalinista.[66] Não obstante, as suas cartas demonstram que, em França, no ano de 1933, quem quisesse, podia conhecer o que realmente se passava na URSS. Um conhecimento silencioso, sinistro, que influencia as análises e avaliações de Weil.

A perspetiva, diz Weil concluindo o texto, é que este novo regime, com os seus «monstruosos aparelhos», precise de levar cada vez mais longe a opressão do povo, fazendo-o em nome desse mesmo povo — o mais eficaz truque de propaganda —, a perspetiva é que tenha de subordinar tudo o que produza com o seu trabalho a uma luta sem tréguas pela sobrevivência contra um inimigo externo. Só então se fechará o círculo da opressão do indivíduo dentro de um coletivo inteiramente anónimo, cujo único rosto visível é o do líder.

Weil não vê nenhuma maneira de deter esta dinâmica nem expõe nenhuma no seu ensaio. Como boa socialista, no fim contenta-se com recordar a verdadeira missão do socialismo: «Não esqueçamos que queremos fazer do indivíduo o valor supremo, e não do coletivo. Queremos fazer homens inteiros suprimindo esta especialização que a todos nos mutila. [...] O indivíduo viu-se brutalmente desapossado dos meios de combate e de trabalho; nem a guerra nem a produção são agora possíveis sem uma subordinação total do indivíduo às ferramentas coletivas. [...] A subordinação da sociedade ao indivíduo: é essa a definição da verdadeira democracia, e é também a definição do socialismo.»[67]

EXÉRCITO DE SALVAÇÃO

Excessiva burocratização, alheamento do aparelho do partido em relação à base, unanimidade cega... Simone Weil não é a única à esquerda que aponta estas críticas ao curso da Revolução Russa. Estes são exatamente os mesmos pontos que também Leon Trotski apresenta desde o final dos anos 1920 ao seu antigo camarada de luta Josef Estaline. Estigmatizado na União Soviética ora como «conspirador judeu», ora como «lacaio do fascismo», Trotski é primeiro banido para o Cazaquistão e, em 1929, tem de se refugiar na Turquia. Em julho de 1933, acompanhado pela mulher Natalia Sedova e pelo filho mais velho Lev Sedov, exila-se em Barbizon, uma pequena cidade a sul de Paris.

---

[66] Cf. a este propósito os impressionantes estudos de Applebaum, A. (2019).

[67] *UuF*, p. 133. [Traduzido do francês in *Œuvres*, p. 268. (*N. da T.*)]

Em permanente carestia financeira e, por decreto de Moscovo, privado da sua nacionalidade, vive como publicista independente, sempre com sérias restrições e medo dos esbirros dos serviços secretos soviéticos. Em segredo, trabalha para criar uma Quarta Internacional, cujo objetivo declarado continua a ser a revolução comunista mundial.

O governo de Daladier proíbe-o terminantemente de se imiscuir nos assuntos internos de França, bem como de se alojar em Paris. Tratava-se, portanto, de um caso arriscado, que exigia um cuidadoso planeamento e o mais estrito segredo. Como se não bastasse, «Biri» insurge-se várias vezes; porém, como se esperaria, acaba por ceder à insistência de Simone.

Na passagem de ano, tudo está pronto. Com um novo penteado, a cara rapada e o colarinho dobrado para cima até lhe tapar parte da cara, Leon Trotski — acompanhado por dois guarda-costas, assim como pelo filho e mulher — apresenta-se no já mencionado sétimo andar da Rue Auguste Comte. Após breve inspeção, torna-se claro que o apartamento dos Weils serve. Pedem apenas uma poltrona adicional em que se possam sentar os guarda-costas que, de revólver destravado e pronto a disparar, vigiam por turnos o quarto do casal Trotski.

Graças ao trabalho de Weil de ajuda aos refugiados e aos seus contactos anteriores com o filho de Trotski, Lev (que todos tratavam por «príncipe da coroa»), é no apartamento dos Weils que um novo executivo da revolução mundial vindoura se reúne pela primeira vez. Weil e Lev trocam correspondência já desde julho, o que não impediu o pai Leon (tratado por «Papá» nos círculos de Weil) de reagir muito pessoalmente às teses que Weil publicou sobre a chamada «revolução proletária». A 13 de outubro de 1933, Trotski publica na revista *La Verité* «A Quarta Internacional e a URSS», em que rejeita contundente e resolutamente as análises e conclusões de Simone Weil. «Desiludida com as "experiências" infelizes da "ditadura do proletariado"», escreve ele, «Simone Weil encontrou consolo numa nova missão: defender a sua personalidade contra a sociedade. Fórmula do antigo liberalismo que se apresenta renovada por uma exaltação anarquista barata. E pensar que Simone Weil fala majestosamente das nossas "ilusões"! São precisos ainda muitos anos para que ela e outros como ela se libertem dos seus preconceitos reacionários de pequeno-burgueses.»[68]

---

[68] Pétrement, S. (1973), p. 258.

O «Papá» claramente não tinha achado graça. Não é, portanto, difícil imaginar a relutância com que terá recebido a oferta de alojamento. Mas também Weil se sente recalcitrante. Ainda que este corajoso homem tenha em tempos comandado um exército revolucionário com milhões de soldados, nada disso substitui uma boa troca de argumentos!

A voz de Trotski ouvia-se nos andares de baixo.[69] E sempre tão exaltada que Natalia Sedova, então a tomar chá com «Mime» e com «Biri», só consegue abanar a cabeça e dizer: «Esta criança atreve-se de facto a enfrentar Trotski...»

Os apontamentos de Simone Weil, escritos logo após esta conversa com Leon Trotski a 31 de dezembro de 1933, concentram-se com efeito em todos os pontos polémicos que marcariam o discurso da esquerda ao longo de anos e até de décadas. Que meios eram permitidos — ou exigidos — para atingir o objetivo revolucionário final? Em particular, no tocante à questão do valor incondicional de cada vida humana individual, quantos ovos se podia ou devia partir para fazer a omelete revolucionária? Ou seria esta maneira desumanizadora de falar uma quebra decisiva do tabu que abriria a porta ao maior terror que se pudesse imaginar?

Simone Weil estava firmemente convencida de que sim. Quanto a Trotski, já provara várias vezes — e provavelmente fora obrigado a isso — que era muito flexível quanto a esta questão. Algo com que Weil o confrontou diretamente logo no início da conversa entre ambos, a propósito da revolta dos marinheiros de Kronstadt em 1921 — na esteira da qual Trotski dera pessoalmente instruções para que 1500 dos «contrarrevolucionários» amotinados fossem executados de imediato. «Pois, se é isso que pensa, porque me acolhe aqui? Acaso trabalha no Exército de Salvação?»[70]

Uma pergunta que em retrospetiva se revelou profética, mas que apenas marcou o tom de uma discussão ao longo da qual Trotski se viu forçado a assumir o papel paradoxal de defender, em nome da revolução, precisamente aquelas pessoas que atentavam contra a sua vida. «Não tenho nada a censurar a Estaline (à parte alguns erros da sua política). [...] Alcançou-se muito: para os trabalhadores (para as mulheres, para as crianças) [...], o trabalhador russo controla o governo na medida em

[69] O decurso do encontro e as citações são retirados de Pétrement, S. (1973), pp. 278 sqq., e de *Trotski*, pp. 9–12.

[70] Pétrement, S. (1973), p. 279.

que o tolera, pois prefere este governo a um regresso dos capitalistas. É esse o selo da sua soberania!»

Ah sim, riposta Weil, pode-se então concluir que os trabalhadores também noutros países controlam os seus governos tolerando-os, por exemplo, em França ou na Alemanha... «A senhora, uma idealista, diz então que a classe dominante é uma classe escravizada... Porque tem de duvidar de tudo?»

Seja como for, no final desta conversa, Trotski mais uma vez revela a sua certeza inabalável: «Não me limito a acreditar que a nova oposição de esquerda irá fazer a revolução, tenho a certeza disso!» E é também esta a mensagem que transmite aos pais de Weil ao despedir-se deles após um encontro conspirativo bem-sucedido com os seus camaradas de luta: «No vosso apartamento, teve início a Quarta Internacional!»[71]

TESTAMENTO

Com a chegada do novo ano de 1934, também Simone Weil encontrou uma nova segurança. Claro que com uma orientação inteiramente diferente. A 6 de fevereiro de 1934, ocorrem graves motins e lutas de rua em Paris, com inúmeras vítimas mortais e vários milhares de feridos. Enquanto se vivia uma profunda crise económica, descobrira-se uma fraude bancária e bolsista de grande envergadura. Servindo-se de um esquema de Ponzi, um certo Alexandre Stavisky embolsara vários milhões de francos de dinheiros públicos, com o conhecimento, ao que tudo indicava, de membros do governo de esquerda e de políticos locais. Um verdadeiro achado para a imprensa militante de direita, que não se coíbe de mencionar os amigos socialistas do charlatão, bem como a sua origem judaico-ucraniana. Um dia após os desacatos, o primeiro-ministro Édouard Daladier, membro do Partido Radical Socialista, demite-se do seu cargo de líder do agora denominado «governo de assassinos», após apenas seis dias da sua entrada em funções. O que em nada contribui para estabilizar a situação política.

Poucos dias mais tarde, Weil escreve à sua amiga próxima (e mais tarde biógrafa) Simone Pétrement de Paris para a Suíça: «Aqui não há

[71] A 21 de agosto de 1940, Leon Trotski sucumbe na Cidade do México (Coyoacán) aos ferimentos que dias antes o agente soviético Ramón Mercader lhe infligira com uma picareta de gelo. O assassino foi ainda nesse ano condecorado por Estaline com a Ordem de Lenine.

novidades, salvo que o nosso país está a caminho do fascismo ou, no mínimo, de uma ditadura muito reacionária: mas isso tu já sabes bem. Todas as informações que chegam da Rússia são igualmente arrasadoras. E, quanto à Alemanha, é melhor nem falar. [...] Decidi retirar-me completamente da política, com exceção de investigações teóricas. Isto não exclui de modo algum a minha participação ocasional num grande movimento de massas que surja espontaneamente (como simpatizante, como mulher-soldado), mas doravante não quero assumir mais responsabilidades, por pequenas que sejam, nem sequer indiretamente, pois estou certa de que todo o sangue que será derramado será derramado em vão e de que a batalha está perdida de antemão.»[72]

Nos meses seguintes, Weil quer dedicar toda a sua energia a um ensaio que aos amigos diz ser o seu «testamento intelectual». Tem então vinte e cinco anos. O título poderia ser também uma descrição profética da década que se seguiria: *Reflexões sobre as Causas da Liberdade e da Opressão Social.*[73]

AMEAÇADA

Quando o liceu de Simone de Beauvoir aderiu, à semelhança de quatro milhões de franceses, ao apelo dos sindicatos a uma greve geral, ela nem sequer pensou «se deveria juntar-me a elas, de tal modo estava longe de qualquer atividade política»[74]. Fazer greve significa mostrar-se solidário com os interesses de outros trabalhadores. Mas Beauvoir não tem esse impulso interior. Nem se sente preparada para «coincidir com [a professora] que era»[75] nem consegue compreender, nesta fase da sua vida, para que serve a existência de outras pessoas. «A existência dos outros», escreve ela em retrospetiva, «era ainda para mim um perigo [...] mantinha-me à defesa. Adaptei-me a Sartre declarando: "Somos um só." Instalei nós próprios no centro do mundo; à nossa volta, gravitavam personagens odiosas, ridículas ou divertidas, que não tinham olhos para me ver: o único olhar era o meu. Do mesmo modo, desprezava frontalmente a opinião alheia.»[76]

---

[72] Pétrement, S. (1973), p. 291.
[73] *UuF*, p. 151–240.
[74] *BJ*, p. 140. [*A Força da Idade*, p. 140. (*N. da T.*)]
[75] *Ibid.* [*Ibid.* (*N. da T.*)]
[76] *Ibid.*, p. 110. [*Ibid.*, p. 110. (*N. da T.*)]

Há pouco mais de cinco anos que Jean-Paul Sartre e ela formam um casal singular: unidos em perfeita entrega intelectual e ao mesmo tempo abertos a outras experiências e aventuras. No ano de 1929, tinham conseguido os primeiros lugares[77] nas provas finais para professores de filosofia (*agrégation*) e, conforme as regras do sistema, foram enviados de Paris para a província para os primeiros anos de ensino.

Pelo menos a este respcito a colocação de Beauvoir em 1932 em Rouen, deixando para trás Marselha, representava um regresso ao centro da sua existência. Pois Sartre, por esta altura, dava aulas na cidade portuária de Le Havre, no norte do país, a apenas uma hora de distância de comboio. Também se tornava muito mais fácil visitar Paris nos fins de semana.

Porém, mesmo esta proximidade reencontrada não bastava para colmatar o abismo que sentia ter-se aberto na sua vida. Desde logo, a escrita literária parecia estagnada. Uma e outra vez, concebia romances nos cafés de Rouen para, volvidas poucas semanas, deitar fora as primícias; estes romances deveriam descrever a opressão social que as mulheres do seu meio sentiam quando lutavam por uma existência verdadeiramente livre.

A OUTRA

Também podemos descrever noutros termos, bastante mais prosaicos, a situação existencial desta professora de filosofia de 26 anos intelectualmente muito dotada: apesar da sua relação profunda e singular com Jean-Paul Sartre, dois anos mais velho, ela ainda não encontrou a sua própria voz, o seu lugar na vida. Nem profissional, nem literariamente. Nem política, nem filosoficamente. Nem sequer eroticamente.

Dentro dela, fermentava manifestamente um eu muito diferente, inaudito. E ela sofre, desde logo porque no seu círculo conhecia mulheres da mesma idade que já estavam muito mais avançadas. Por exemplo, Colette Audry, muito envolvida em grupos comunistas — a única colega cuja amizade Beauvoir procura. Bem como, é claro, a camarada mais próxima de Audry:

---

[77] A Sartre, que no ano anterior chumbara, foi atribuído o primeiro lugar após uma longa discussão. Beauvoir, a mais jovem finalista da história, recebeu o segundo lugar.

> Colette [...] falava-me às vezes de Simone Weil, e, se bem que sem grande simpatia, a existência desta estranha impunha-se-me. Era professora [...]; contava-se que morava numa pensão de camionistas e que no primeiro dia do mês punha em cima da mesa o dinheiro do seu ordenado: quem quisesse podia servir-se. [...] A sua inteligência, ascetismo, extremismo e coragem inspiravam-me admiração, mas sabia que se ela me conhecesse não teria sentido a mesma coisa por mim. [Não] podia [anexá-la] ao meu universo e sentia-me vagamente ameaçada.[78]

Logo aos dezanove anos, quando entra na Sorbonne para estudar filosofia, Beauvoir descreve a oposição entre o «eu e os outros» como sendo a questão que realmente a impele.[79] E assim como Sartre, um homem solidamente assente na sua própria criatividade, se torna aos seus olhos, durante a licenciatura, um «grande igual» que contribui para a sua felicidade, a existência da sua colega Simone Weil assume, nesta época, a posição de «grande outra».

Como dois ímanes, ambas se repeliram bruscamente logo no primeiro encontro: «A fome devastara a China, e tinham-me contado que ao saber desta desgraça [Simone Weil] soluçara; estas lágrimas, mais do que os seus dons filosóficos, forçaram o meu respeito. Invejava um coração capaz de bater através de um universo inteiro. Consegui um dia acercar-me dela. Já não me lembro como começou a conversa; declarou secamente que só uma coisa contava hoje em dia nesta terra: a Revolução que daria de comer a toda a gente. Respondi de modo não menos perentório que o problema não era fazer os homens felizes, mas sim encontrar um sentido para a sua vida. Mediu-me dos pés à cabeça: "Vê-se bem que você nunca teve fome", disse. As nossas relações pararam aí.»[80]

A vontade de Weil de absoluta identificação com o sofrimento de todas as outras pessoas, mesmo das mais distantes, embate contra a identificação absoluta que Beauvoir almeja entre ela própria e os que lhe são próximos — contra todos os outros. Para Beauvoir, por trás do desafio de «encontrar um sentido para a existência do ser humano» esconde-se na verdade um duplo problema. Em primeiro lugar, qual é o fundamento de uma existência vivida com sentido? E, em segundo, que papel

[78] *BJ*, p. 111. [*A Força da Idade*, p. 111. (*N. da T.*)]

[79] Kirkpatrick, K. (2019), p. 143.

[80] *Memoiren*, p. 323 sqq. [Aqui e adiante seguiu-se a tradução de Maria João Remy Freire in Beauvoir, Simone de, *Memórias de Uma Menina Bem-Comportada*, Lisboa, Bertrand Editora, 1987, p. 216. (*N. da T.*)]

desempenha ou deve desempenhar aí a existência de outras pessoas? Em suma, a manifesta existência de outras pessoas — que sentido oferece ela à nossa própria existência?

Quanto a ela e ao sentido da sua vida neste mundo, a existência de Sartre é perfeitamente suficiente. Às restantes pessoas, podia-se reservar uma ironia indiferente; mas, quando isso não era possível, os outros distinguiam-se pelo seguinte traço: incomodavam muitíssimo.

ENCAPSULADA

A relutância de Beauvoir até à data de se pôr na pele de outras pessoas empaticamente ou sequer de reconhecer que elas também existem, uma relutância determinante da sua vida, é mais do que uma peculiaridade psicológica. De facto, todo o edifício da filosofia moderna — a partir de René Descartes — se verga ao peso da seguinte dúvida: como posso eu saber, enquanto sujeito encapsulado no meu próprio pensamento, que também existem outros sujeitos pensantes? Afinal, era literalmente impossível entrar neles. Tudo o que restava a respeito da vida e da consciência de outras pessoas eram inferências baseadas nas minhas experiências próprias e únicas. É isso que transmite a expressão: «No seu lugar, eu experimentaria, pensaria, sentiria isto ou aquilo.» Porém, como Descartes parecia ter demonstrado de uma vez por todas na sua obra fundamental *Meditações*[81], estas conclusões podiam ser falsas — em casos extremos, podiam até não ter nenhuma base fundamentável. Uma vez suficientemente treinados na arte do ceticismo filosófico, não há nada no comportamento manifesto de outras pessoas nem há ninguém que nos possa dar a certeza de que essas outras pessoas são criaturas igualmente pensantes e sencientes. Afinal, podem ser simples autómatos ou robôs sem uma verdadeira vida interior. Nas palavras de Descartes no século XVII:

> Eis que, por acaso, observo pela janela homens que passam na rua, os quais [...] também digo que vejo: porém, o que vejo além de chapéus e vestes, sob os quais podem esconder-se autómatos?[82]

---

[81] Descartes, R. (1965).

[82] Descartes, R. (1965), *Zweite Meditation*, p. 29. [Seguiu-se a tradução de Gustavo de Fraga *in* Descartes, *Meditações sobre a Filosofia Primeira*, Coimbra, Almedina, 1992, p. 131. (*N. da T.*)]

Literalmente, uma descrição da atitude que também Beauvoir e Sartre arvoravam nos cafés de Rouen, Le Havre e Paris, como casal com profundas afinidades intelectuais. Para eles, os outros não existem realmente como pessoas. Eles são os únicos seres realmente sencientes. O resto da humanidade não é mais do que o cenário onde se desenrolam os seus jogos filosóficos. Uma ideia tão atraente quanto empobrecedora, como Sartre e Beauvoir bem pressentem, pois a proteção absoluta de uma singularidade imaginada paga-se necessariamente com a perda de imediatez e de uma possível plenitude no domínio da realidade.[83]

Por conseguinte, nesta fase, o problema central para o casal de filósofos (um problema típico da idade de ambos) é o de saber como se pode evitar este embotamento da realidade, sem com isso pôr em causa a intocável soberania da própria consciência. Por outras palavras, como se pode sair do encapsulamento no próprio cérebro, qual caverna platónica, sem se ter de submeter aos ditames do mundo dos outros? Como aceitar o mundo e as suas imposições sem abdicar de toda a distância irónica?

POÇÃO MÁGICA

Na passagem de ano de 1932/1933, ambos combinam encontrar-se com um antigo colega de faculdade, Raymond Aron, para uma bebida. Aron acabava de regressar de Berlim, onde era aluno bolseiro, para uma visita rápida a Paris. Quando se encontram no Bar Bec de Gaz, na Rue du Montparnasse, Aron dá a conhecer a ambos uma novíssima corrente filosófica alemã, chamada «fenomenologia». Beauvoir recorda: «Encomendámos a especialidade da casa: *cocktails* de pêssego. Aron apontou para o copo: "Estás a ver, se fosses fenomenologista podias falar deste *cocktail* e isso ser filosofia!" Sartre empalideceu de emoção, ou quase; era exatamente isso o que ele desejava há anos: falar das coisas tal como as via e que isso fosse filosofia. Aron convenceu-o de que a fenomenologia respondia exatamente às suas preocupações: ultrapassar a oposição entre o idealismo e o realismo, afirmar ao mesmo tempo a soberania da consciência e a presença do mundo, tal como ele se nos apresenta.»[84]

---

[83] Cf. *Memoiren*, p. 311: «O idealismo subjetivista ao qual eu aderia privava o mundo da sua espessura e da sua singularidade.» [*Memórias de Uma Menina Bem-Comportada*, p. 208. (*N. da T.*)]

[84] *BJ*, p. 118. [*A Força da Idade*, p. 118. (*N. da T.*)]

Eis que surgia, inesperadamente, a possibilidade há tanto procurada: uma terceira e nova via do pensamento, entrando numa quotidianidade livremente vivida, que não tinha de abdicar nem da ductilidade mercurial da vida do pensamento próprio nem do contacto não deformado com a chamada realidade. Mas em que consistia esta via precisamente? Em que se distinguiam os seus fundamentos?

Como Sartre e Beauvoir descobriram, em leituras tão intensivas como linguisticamente exigentes, o matemático e filósofo Edmund Husserl tinha estabelecido em Göttingen e em Freiburg, antes ainda da Primeira Guerra Mundial, uma nova forma de investigação filosófica. Com a palavra de ordem «De volta às coisas em si», Husserl incitava os seus adeptos a simplesmente descreverem da forma mais precisa, não deformada e sobretudo livre de preconceitos tudo aquilo que se apresentasse como dado à consciência. Como se mostram as coisas à consciência na realidade?

A atitude característica do método de Husserl de uma concentração, próxima da meditação, no que é dado à consciência — evitando sempre acrescentar ou retirar alguma coisa — recebeu o nome «redução». E uma das suas principais conclusões era a seguinte: a consciência, qualquer que seja a sua forma concreta ou qualquer que seja o seu objeto, é sempre consciência de alguma coisa ou sobre alguma coisa! Saboreamos a doçura do licor, somos incomodados pelo ruído do carro que passa velozmente por nós, recordamos as férias em Espanha, esperamos que o tempo esteja bom. Assim, compreender a consciência é compreendê-la como consciência *de alguma coisa.* A consciência, portanto, orienta-se *para* ou trata *de* alguma coisa — e a isto Husserl chama «intencionalidade». Na verdade, bastou um *cocktail* de alperce no centro de Paris para tornar clara esta verdade.

Husserl reconheceu uma segunda característica marcante da consciência, estreitamente associada à primeira: na medida em que é orientada (intencional), a consciência lida sempre com coisas que, pela sua natureza, lhe são exteriores e diferentes (o licor, o carro, a paisagem, o tempo). Assim, a consciência, simplesmente para poder sê-lo, abre sempre caminho para fora de si e na direção dos outros. Por outras palavras, é-lhe intrínseco o impulso de se superar — ou, na expressão de Husserl, de se «trans-cender».

Aron estava assim bastante certo nas suas explicações a Sartre e a Beauvoir, capturara bem a força explosiva desta abordagem: a fenomenologia oferecia uma maneira radicalmente nova de entender a própria existência. Pois no mundo de Husserl a consciência não se dirige passivamente às coisas (realismo) nem é uma bússola que as mapeia (idealismo). Na verdade, o realismo e o idealismo estão irremediavelmente ligados sem nunca se poderem tornar um só. Nem o mundo desaparece inteiramente na consciência, nem a consciência se dissolve inteiramente no mundo. Como um par que dança, ambos são eles mesmos, mas um sem o outro não é nada.[85]

MUROS

Diz muito acerca do entusiasmo de Sartre que, apenas meio ano mais tarde, no verão de 1933, ele decidisse passar um ano na Maison de France, em Berlim, para estudar a nova teoria no seu país e língua de origem. Quis, portanto, entrar no olho da tempestade intelectual, numa nova realidade. Também Beauvoir, ainda em Rouen, se dedica mais intensamente às suas investigações filosóficas: tem aulas de alemão com um refugiado, estuda Husserl no original e mantém uma troca intensa de leituras com Sartre. Literariamente, na esteira de Virginia Woolf, faz experiências com novas técnicas narrativas, metodicamente sugeridas pela fenomenologia, como por exemplo a «corrente de consciência».

As coisas estavam em movimento, portanto, desde logo a respeito da sua relação com Sartre. Já passara o tempo da unidade absoluta e da intimidade dialógica. Sobretudo no ponto de vista de Sartre, já se tinham suficientemente conhecido um ao outro. De acordo com os novos preceitos filosóficos, era agora altura de dispersarem também fisicamente. Sartre deu o primeiro passo e — como o exigia expressamente o pacto de confiança que ambos tinham assumido em 1929 — no inverno dá a conhecer a Beauvoir, ao pormenor, a sua relação com a mulher de um aluno bolseiro em Berlim. É certo que Beauvoir não trai nenhum

---

[85] Num texto tardio de 1938, Sartre dá a seguinte forma poética à relação husserliana entre mundo e consciência: «A consciência purificou-se, é clara como um vento forte, não há nada nela senão um movimento de fuga, um deslizar para fora de si; se, por absurdo, você entrasse "numa" consciência, seria engolido por um turbilhão e deitado fora, perto da árvore, na poeira, porque a consciência não tem um "lado de dentro"; ela não é senão o lado de fora de si mesma [...]. Quando a consciência tenta apreender-se, tenta coincidir finalmente consigo mesma, no calor, com as janelas fechadas, é então que se aniquila. A esta necessidade da consciência de ser consciência de qualquer coisa que não ela própria Husserl deu o nome "intencionalidade".» *In* Sartre, J.-P. (2010/1947), p. 34.

sinal de ciúmes, mas o sucedido é pretexto suficiente para, no final de fevereiro de 1934, pedir baixa médica de duas semanas a um psiquiatra parisiense (por motivos de exaustão mental) e para apanhar o comboio expresso para o inverno de Berlim. Tudo atabalhoadamente. A «mulher-lua» de Sartre — como ambos a designam — não é uma ameaça séria. E Berlim e a Alemanha merecem uma viagem. Mesmo, ou sobretudo, em 1934.

As descrições de Beauvoir daquele tempo na Alemanha são até hoje exemplos impressionantes de como uma consciência filosófica desperta, e descomplicadamente admirável, pode ser acompanhada por uma cegueira quase total para as realidades políticas — sobretudo quando se comparam estas notas com as reportagens que Simone Weil trouxera da mesma cidade de Berlim apenas dezoito meses antes.

Em todo o caso, as consequências mundiais da tomada do poder por Hitler praticamente não são mencionadas nos registos de Beauvoir. Ambos visitam a casa de Leibniz («muito bonita com as suas janelas cor verde-garrafa»), o centro histórico de Dresden («ainda mais feio do que Berlim») e a rua Reeperbahn de Hamburgo («onde mulheres pintadas e de cabelos frisados se expunham por trás das janelas de vidros bem lavados»[86]). O foco incide sobre impressões arquitetónicas e culinárias e acerca da vida noturna, como esta passagem: «Cantin levou-nos a *boîtes* duvidosas, nas proximidades da Alexanderplatz. Diverti-me com um cartaz pendurado na parede: *Das Animieren der Damen ist verboten* [É proibido o "engate" de senhoras]. [...] Bebi cerveja em muitas cervejarias; numa delas, havia uma enfiada de salas e tocavam lá três orquestras ao mesmo tempo. Às onze horas da manhã, as mesas estavam todas ocupadas, as pessoas davam o braço e balançavam-se a cantar. "É a *stimmung* [o ambiente animado]", explicou-me Sartre.»[87]

De volta a Rouen, o estado de espírito de Beauvoir, no verão, torna-se de novo depressivo. Em vez de se sentir liberta, o seu olhar embate «por toda a parte em muros»[88]. O tempo do grande «nós» já passou, assim como os anos de uma adolescência despreocupada. Politicamente desinteressada, profissionalmente entediada, com a vida privada em crise e literariamente estagnada, o único sentimento que subsiste em relação ao seu meio social é um vago ódio «à ordem burguesa». Entretanto,

---

[86] Citações retiradas de *BJ*, p. 155 sqq. [*A Força da Idade*, p. 156 sqq. (*N. da T.*)]

[87] *Ibid.*, p. 156. [*Ibid.* (*N. da T.*)]

[88] *Ibid.*, p. 174.

o olhar do seu superego ao espelho só lhe devolve pensamentos negativos: «Sem marido, filhos, lar, nenhuma situação social e com vinte e seis anos: nesta idade, sente-se desejo de ter algum peso no mundo!»[89]

Enquanto Sartre, em Berlim, conseguia explorar um novo mundo a cada dia, ela corria o risco de perder na monotonia do quotidiano todo o sentido de si mesma e do mundo. Beauvoir não estava apenas sozinha, sentia-se sozinha. Como se o Universo quisesse escarnecer dela, estava alojada num hotel chamado La Rochefoucauld, lecionava numa escola chamada Jeanne d'Arc, e tudo isto numa cidade cuja estreiteza provinciana servira a Gustav Flaubert de cenário perfeito para o suicídio da sua *Madame* Bovary. Tudo menos a narrativa e sobretudo a realidade que ela em tempos idealizara para si. Tudo menos a salvação que a filosofia prometia.

MÁQUINA DE ESCREVER

Na primavera de 1934, a Grande Depressão atinge por fim também o casal Rand. Julgando pela fachada da sua casa, reminiscente de um castelo do Loire, tudo parece estar em ordem, mas na verdade os recursos financeiros dos jovens artistas — ele ator de cinema, ela guionista — estão praticamente exauridos. Há anos que a carreira de Hollywood de Frank O'Connor está estagnada num baixio. O maior êxito do ator de 37 anos, filho de um operário metalúrgico do Ohio — alto, moreno, elegância esguia —, consistira num papel secundário no *King Kong II*.[90] Também na vida de Ayn Rand se abre um abismo cada vez maior entre ambição privada e reconhecimento público.

No caso dela, tal não se deve a fraqueza de vontade. «De agora em diante, não te permitirás pensar mais em ti mesma, só no teu trabalho. Tu não existes. Não és mais do que uma máquina de escrever. O segredo da vida consiste em ser pura vontade. Consiste em saberes o que queres — e em fazê-lo! [...] Tudo uma questão de vontade e de controlo. Tudo o resto pode ir para o Diabo»[91], jurara ela em 1929, numa entrada do seu diário. Desde então, todas as semanas havia progressos.

---

[89] *Ibid.*, p. 136 sqq. [*Ibid*, p. 137. (*N. da T.*)]

[90] Para os pormenores biográficos desta fase, cf. sobretudo Heller, A. C. (2009), p. 71 sqq.

[91] *Ibid.*, p. 71.

Escrevendo contos e *treatments*[92], ganhava mão para as grandes formas literárias — drama, guião, romance —, numa língua que continuava a ser-lhe estranha.

Como autora, a questão decisiva, antes e agora, é a de saber como podem obras ficcionais tratar de problemas filosóficos exigentes, sem com isso perder o interesse do público mais amplo. A certeza de que tal era possível, pelo menos em princípio, acompanhava-a desde a mais tenra infância na Rússia. O que eram os romances de Dostoiévski e de Tolstói senão *blockbusters* metafísicos cuja profundidade e *suspense* deleitavam todo um círculo cultural? Ou os dramas de Tchékhov? Agora, era preciso recriar estes milagres também no século XX, e de preferência no verdadeiro *medium* do futuro: o cinema.

Após sete anos em Hollywood, a receita é clara: a trama teria de ser apresentada em várias camadas. «É preciso dispor as coisas», escreve ela ao produtor e realizador Kenneth MacGowan a 18 de março de 1934, «de tal modo que a mesma história funcione como uma coisa desprovida de profundidade, pois assim aqueles que não tendem para obras intelectuais ou artísticas mais profundas não a sentirão como um fardo, e como uma história profunda, para aqueles que esperam encontrar profundidade no mesmo material.»[93]

Por exemplo, sob a forma de um triângulo amoroso no qual uma mulher se tem de entregar a um segundo homem para assim salvar ou conquistar o homem que verdadeiramente ama. Esta situação é já bastante empolgante só no domínio da ação pura — o espectador quer saber como surgiu e como se desenrolará. Num segundo nível, a mesma trama oferece um vislumbre mais profundo sobre a vida emocional e os desafios específicos das personagens. Num terceiro nível, filosófico, esta trama lida com a tensão existencial entre «dever» e «inclinação», «sacrifício» e «vida feliz» ou entre «meio» e «fim».

É certo, concede Rand na mesma carta, que de início a ideia poderá causar estranheza: «tentar desenvolver temas filosóficos num filme. Mas se a filosofia só chamar a atenção daqueles que a procurem sem incomodar nem entediar os outros [...] porque não?»[94] Em todo o caso, Rand tem bem claro diante dos olhos o objetivo artístico da sua obra: filosofia

---

[92] Em inglês no original. *Treatments* são textos preliminares à escrita de um guião que condensam as principais ideias, personagens e ações deste. (*N. da T.*)

[93] *Letters*, p. 7.

[94] *Ibid.*, p. 8.

para todos, ao mais alto nível — apresentada sob a forma de guiões e de romances com potencial de *bestsellers*! Era isso que ela queria. E não descansaria enquanto não visse o seu desejo concretizado.

HERMÉTICO

A sua luta por este ideal depressa teve os seus primeiros êxitos. Assim, em 1932 vários estúdios demonstraram interesse pelo seu primeiro guião, intitulado *Red Pawn* [*Peão Vermelho*], no qual ela desenvolve a história de uma americana tão bonita quanto corajosa que se deixa levar de barco para uma ilha remota que servia de *gulag*, para aí libertar o seu marido encarcerado — um engenheiro russo difamado na União Soviética por causa do seu talento notável e demasiada iniciativa própria. O plano da protagonista passa por ter um caso amoroso com o chefe do campo de concentração, conquistar-lhe o coração e por fim abrir-lhe os olhos quanto ao valor incondicional de cada pessoa, em particular, naturalmente, do seu marido prisioneiro.

Tudo segundo a receita de Rand: um triângulo amoroso clássico, com a tónica filosófica e ideológica sobre a natureza misantropa do sistema soviético, bem como a força libertadora do sonho de *pursuit of happiness* — o último já em moldes estritamente americanos. Quando Rand terminou o guião, em 1932, ainda trabalha a tempo inteiro na secção de adereços do estúdio RKO: 14 horas diárias de trabalho logístico estupidificante. Escrevia à noite e aos domingos.[95]

Por fim, o estúdio Universal comprou *Red Pawn* por 700 dólares, mais 800 para uma versão final que a autora escreveria. Rand teria preferido ver a sua obra nas mãos da Metro-Goldwyn-Mayer. Marlene Dietrich, atriz contratada por este estúdio, entusiasmara-se com o material, mas o seu antigo mentor e realizador Josef von Sternberg rejeitara-o liminarmente. Pois apenas poucos meses antes um guião de tema russo revelara-se um fiasco total.[96]

Logo na semana em que assina o contrato, Rand demite-se do seu odiado trabalho mercenário e arrisca, naquele que era então o pico da crise económica, dar o salto e passar a viver como escritora independente. Agora ou nunca!

---

[95] Heller, A. C. (2009), p. 72.

[96] *Ibid.*, p. 74.

No entanto, dois anos mais tarde *Red Pawn* aguarda ainda pela adaptação ao grande ecrã. E o seu primeiro grande romance, a que dedicou quase toda a sua energia criativa, também não encontra interessados. *Airtight* [*Hermético*] é o título provisório do livro que, na primavera de 1934, vai já a meio. Uma vez mais, trata do desejo de autorrealização, de amor e felicidade por parte de indivíduos de vontade forte. O lugar de permanente privação da liberdade já não é um *gulag* siberiano, mas a União Soviética no seu todo. Já só o título expressa certeiramente a atmosfera característica da obra, uma atmosfera resultante da economia de escassez, da delapidação quotidiana, do medo omnipresente e do abuso institucionalizado do poder.

Rand apresenta *Airtight* como a primeira obra da pena de uma pessoa que viveu na própria pele as condições da União Soviética, mas que as descreve numa perspetiva e com uma atitude distintamente americanas. Deveria haver maneira de reconciliar uma e outra coisa! Desde logo, porque o leitor americano, como escreve Rand à sua agente Jean Wick em Nova Iorque, «não faz a mais pequena ideia das condições de vida em Leninegrado. Caso contrário, não haveria aqui um número tão repulsivamente alto de bolcheviques secretos e de simpatizantes idealistas do sistema soviético, esses *liberals* [aqui no sentido de pessoas de esquerda] gritariam de horror se soubessem a verdade acerca das condições de vida na União Soviética. Este livro foi escrito precisamente para essas pessoas»[97].

No fundo, o romance é mais rico e mais profundo do que a descrição das condições de vida na Rússia ou da luta pelo amor e pela liberdade da protagonista: «*Airtight* não é *de modo algum* a história de Kira Argounova. É a história de Kira Argounova *e* das massas. [...] O indivíduo contra as massas: é este o verdadeiro e único tema do livro. Pois é este o grande problema do nosso século — pelo menos, para todos aqueles que o querem compreender.»[98]

Os editores responsáveis pela leitura de originais nas principais casas editoriais de Nova Iorque muito claramente não se contam entre os últimos. E, se se contassem, a respeito desta questão decisiva no ano de 1934, estariam mais do lado das massas do que do indivíduo.

O sonho americano tornou-se cinzento nos anos da crise económica, mesmo na terra da liberdade. Quando o democrata Franklin

---

[97] *Letters*, p. 17 sqq.

[98] *Ibid.*, p. 8.

Delano Roosevelt vence as presidenciais de 1932, derrotando o conservador Herbert Hoover, o desemprego está nos 25 por cento. Roosevelt depressa põe em marcha a sua promessa eleitoral de um New Deal: regulação estrita dos mercados financeiros, programas estatais de criação de emprego, redistribuição da riqueza por via do aumento dos impostos, proibição de posse particular de ouro para estabilizar o dólar.

Ninguém precisava de explicar a Ayn Rand como a própria vida está estritamente ligada às condições políticas e económicas. É precisamente por causa das experiências traumáticas que ela e a família viveram no início da revolução em São Petersburgo que o novo pacote de medidas presidenciais, bem como a retórica que o acompanha, lhe parece suspeito. Não faltou muito para que ela temesse o pior. Que, além disso, o seu manuscrito fosse recusado, é algo que Rand vê como um sinal inequívoco de que as elites criativas da costa leste já tinham sido infiltradas pelo comunismo.

Seria possível que, mesmo aqui, ninguém quisesse compreender e lutar contra o que agora estava diante dos olhos de todos como um cenário mundial: a subjugação do indivíduo sob o *Diktat* das massas revoltosas, da populaça? Já não se tratava de uma ficção, bastava abrir o jornal: fosse em Moscovo, Berlim, Paris e agora também em Washington, praticamente todos os dias o coletivismo ganhava mais uma batalha! Como nunca antes desde a sua chegada aos EUA, sentia que os seus anseios e esperanças tinham sido frustrados. Nas palavras dramáticas da sua protagonista Kira: «Era eu contra 150 milhões.»[99]

IDEAIS

Recolhendo-se sobre si mesma, nessa primavera marcada pela crise do ano de 1934, Rand dá início a um «diário filosófico»[100]. Nele propõe-se a esmiuçar as questões que, na vida de cada pessoa, representam um fundamento ou um abismo: o problema do livre-arbítrio, a relação entre sentimento e razão, a essência da linguagem, a existência de valores incondicionais, a tensão ética entre egoísmo e altruísmo.

As duas primeiras entradas de 9 de abril de 1934 testemunham a peculiar autoconfiança com que reflete sobre estas questões da humanidade:

---

[99] Cf. *We the Living*, p. 423.

[100] = *Journals*.

Estas são as vagas primícias de uma filósofa amadora. A serem confrontadas com o que eu aprender quando dominar a filosofia — para ver então quanto do que penso já foi dito e se tenho alguma coisa nova para dizer ou alguma coisa antiga para dizer melhor do que já foi dita.

A raça humana tem apenas duas capacidades ilimitadas: para sofrer e para mentir. Quero combater a religião enquanto única raiz de toda a mentira humana e único pretexto para o sofrimento.

Acredito — e quero coligir todos os factos que ilustram este ponto — que a pior maldição a recair sobre a humanidade é o poder de considerar os ideais como qualquer coisa inteiramente abstrata e desligada da nossa vida quotidiana. O poder de *viver* e de *pensar* de forma muito diferente, assim eliminando o pensamento da nossa vida concreta. Isto não se aplica a hipócritas conscientes e deliberados, mas àqueles mais perigosos e impossíveis de salvar que, sozinhos consigo mesmos e para si mesmos, toleram uma quebra total entre as suas convicções e as suas vidas, ainda assim acreditando que têm convicções. Para estes indivíduos, ou os seus ideais ou as suas vidas não valem nada — geralmente uns e outras.[101]

NIETZSCHE E EU

Um declarado ódio à religião; um elitismo indisfarçado; a rejeição da ideia de que é preciso sofrer; a injunção de integrar os ideais afirmados na vida prática: muito claramente, os primeiros passos de Rand traem a influência de Nietzsche, que foi, com efeito, o único autor filosófico a cujas obras ela se dedicou intensamente.

O primeiro livro que comprara em inglês ao chegar à América fora *Assim Falou Zaratustra*, de Nietzsche, que com o passar dos anos se tornara uma espécie de Bíblia para Rand. Nas horas mais difíceis, é a ele que regressa para ganhar coragem e afirmar a sua própria missão. Assim, muito antes de ter começado o seu «diário filosófico», os seus apontamentos já são muitas vezes acompanhados por expressões como «Nietzsche e eu pensamos» ou «como Nietzsche diz».[102] Na verdade, o primeiro contacto mais próximo com os escritos de Nietzsche deverá ter ocorrido logo na juventude, em São Petersburgo, onde as obras do

---

[101] *Ibid.*, p. 66. [Aqui e adiante traduzido do original em inglês. (*N. da T.*)]
[102] Burns, J. (2009), p. 25.

pensador alemão que elaborara o conceito de *Übermensch* eram muito admiradas nos círculos de empresários e de artistas vanguardistas. E não menos nos círculos progressistas judeus da metrópole.

À semelhança de milhões de outros jovens que encontraram um caminho para a filosofia através do autor do conceito de *Übermensch*, no caso de Rand, além do conteúdo rebelde e do estilo brilhante de Nietzsche, também o momento psicológico terá desempenhado um papel decisivo. Afinal, os escritos de Nietzsche oferecem, aos jovens intelectualmente muito atentos, mas bastante isolados na sua faixa etária, uma justificação existencial para a sua marginalidade social nesta fase crítica de formação do eu: uma espécie de matriz que permite compreender a própria alteridade e que tem ainda o efeito sedutor de permitir ver esta exclusão como um sinal de pertença a uma elite.

Um impulso não isento de perigos, pois é sempre acompanhado de laivos narcísicos. Mesmo Ayn Rand, então com 29 anos, mostra no seu diário filosófico estar ciente do viés que esta aparência elitista comporta:

> 15.5.1934
>
> Um dia, hei de descobrir se sou um espécime raro da humanidade na medida em que os meus instintos e a minha razão são inseparavelmente unos, com a razão guiando os instintos. Serei invulgar ou meramente normal e saudável? Estarei a tentar impor as minhas próprias peculiaridades sob a forma de um sistema filosófico? Serei invulgarmente inteligente ou apenas invulgarmente honesta? Penso que seja o último caso. A menos que a honestidade seja uma forma de inteligência superior.[103]

Linhas de um surpreendente autoquestionamento, cujo impulso fundamental poderia ter partido também de Simone Weil, Hannah Arendt ou Simone de Beauvoir. Todas elas são atormentadas desde jovens pela mesma pergunta: o que será que em última análise me torna tão diferente dos outros? O que será que, em contraste com todos os outros, eu não consigo compreender ou viver? Serei realmente eu quem conduz em contramão na estrada da vida — ou serão antes as massas de pessoas que buzinam selvaticamente e que, uma após outra, passam por mim ofuscando-me com os seus faróis? Uma dúvida que subjaz a todas as vidas que se guiam pela filosofia.

---

[103] *Journals*, p. 73.

TENSÃO SOCRÁTICA

Uma pessoa que faz filosofia parece ser por natureza um pária com pontos de vista desviantes e também um profeta da vida verdadeira, cujos indícios podem ser descobertos e decifrados mesmo na mais profunda falsidade. Em todo o caso, esta é uma maneira possível de definir o papel que Ayn Rand, assim como as suas contemporâneas Weil, Arendt e Beauvoir, assumem de forma cada vez mais consciente no início dos anos 1930. Não que tenham feito uma escolha intencional. Mas sentem que estão no mundo de maneira fundamentalmente diferente. E estão intimamente convencidas de que o problema a submeter a terapia não são elas próprias, mas as outras pessoas. Ou porventura todas as outras pessoas.

Nesta perspetiva, o verdadeiro impulso de admiração no início de todo o pensamento filosófico não consistiria em estranhar que «exista alguma coisa em vez de nada», mas na sincera perplexidade sentida por uma pessoa perante o facto de as outras viverem como vivem. Por outras palavras, o desacoplamento original que acompanha o ato de fazer filosofia não seria ontológico ou epistemológico, mas social. Não diria respeito à relação do eu com o mundo mudo, mas do eu com os outros seres falantes.

No momento histórico do ano de 1934, em que Roosevelt põe finalmente em marcha o seu New Deal, podemos imaginar que Ayn Rand se sente tão distanciada da conduta dos seus conterrâneos como Hannah Arendt numa esquadra em Berlim, como Simone Weil nas discussões nos seus círculos comunistas ou como Simone Beauvoir enquanto membro honorário do Liceu Jeanne d'Arc em Rouen.

Era manifesto que havia qualquer coisa errada neste mundo — e nas pessoas que o habitavam. Talvez sempre tivesse existido. Mas o que poderia ser? E como poderia um indivíduo, no início dos anos 1930, pôr em palavras este mal-estar cada vez mais premente?

III

EXPERIÊNCIAS

1934/1935

Rand vai para a Broadway, Beauvoir para junto de Olga,
Weil para a fábrica e Arendt para a Palestina

NO BANCO DOS RÉUS

Todos estavam presentes: o realizador Frank Capra, bem como Pola Negri, Gloria Swanson e Marlene Dietrich — a par dos exilados russos em Los Angeles na primeira fila, sob a égide de Ivan Lebedeff, antigo general do czar, também ele evidentemente disposto a apoiar a nova menina-prodígio neste dia decisivo. Expressamente em honra de Rand, Lebedeff convidara todos para uma festa à noite no White Eagle — o café onde se reunia a diáspora russa.[104]

Mas agora era a vez dos jurados. Absolveriam eles a protagonista, assim provando que neste país ainda havia uma verdadeira defesa da liberdade, ainda havia um resquício redentor de benevolência por pessoas que são elas próprias, ambiciosas, romanticamente audazes e arrebatadoramente independentes? Ou o veredicto iminente revelaria uma vez mais a vitória da moral convencional da maioria, das massas, com as suas regras e medos mesquinhos, o seu formalismo oco e decoro aprendido, a sua repugnância sub-reptícia a tudo o que é grande e ousado?

A tensão na sala era nítida. Só Ayn Rand, a verdadeira protagonista dos acontecimentos, se mostrava estranhamente distanciada. Como se não lhe dissesse respeito. Com considerável destreza, distribuíra os indícios de modo que o júri não pudesse sustentar o seu veredicto apelando apenas aos factos. O que dizem os factos afinal? A questão decisiva da vida não é antes a de saber como nos posicionamos nós quanto aos factos?

---

[104] Cf. Heller, A. C. (2009), p. 77.

Segundo Rand, a capacidade humana de assumir uma posição autónoma assenta fundamentalmente no que ela chama *sense of life*, uma conceção inicialmente apenas sentida e mais tarde argumentada daquilo que é realmente importante para dada pessoa: uma conceção do seu lugar no mundo e, logo, também dos seus ideais e objetivos. Em que ponto estava este *sense of life*? Como estava ele efetivamente distribuído e armazenado nesta sua nova pátria, a terra «da liberdade»? E como podia ser potenciado? São estas as perguntas de Ayn Rand, o seu verdadeiro ensaio experimental.

A peça de teatro já fora concebida em 1933 como um crime quase perfeito. Nesta noite de final de outubro de 1934, conhecia agora a sua estreia mundial no Hollywood Playhouse, em Los Angeles, com o título *Woman on Trial*, um drama judicial em três atos. É a primeira peça de Rand a subir ao palco. Na verdade, é a sua primeira apresentação pública nos EUA!

ANTES DO VEREDICTO

Há menos de oito anos, chegara a esta cidade sem conhecer a língua e com apenas uma mala na mão. Agora, o seu nome brilha em letras de néon nos *boulevards* de Hollywood! Exatamente como profetizara à sua família e a si própria em Leninegrado, exatamente como prometera a si mesma. Qualquer outra pessoa estaria a rebentar de orgulho perante esta conquista. Rand, porém, que temia mais a festa da estreia do que a própria representação, sentia nesta noite uma estranha mistura de exaustão e asco. Não obstante, a atriz principal, uma antiga estrela do cinema mudo chamada Barbara Bedford, é convincente no papel da protagonista, a secretária Karen Andre no banco dos réus. E, ainda que a encenação de baixo orçamento deixasse muito a desejar quanto aos adereços e à adaptação, o encenador e produtor Edward E. Clive seguira fielmente o texto de Rand. Acima de tudo, o truque com o júri parecia resultar bem: antes do início da peça, tinham sido escolhidos doze voluntários da plateia, que depois, como parte do espetáculo, pronunciavam o seu veredicto, em nome do povo e sobre o palco, pouco antes do fim da peça. Isto nunca tinha sido feito. Era realmente novo. E era uma ideia de Rand.

O pretexto para a peça *Woman on Trial* (título inicial: *Penthouse Legend*), que Rand escreveu em apenas poucas semanas, foi o caso real e muito badalado do magnata do fósforo e especulador Ivan Kreuger. Assumindo riscos comerciais e financeiros extremos, este sueco criara uma corporação de mais de cem empresas com a qual presumivelmente acumulara uma riqueza formidável. Na primavera de 1932, confrontado com a sua insolvência e ainda possível condenação por fraude financeira, Kreuger decide suicidar-se e enfia uma bala na cabeça num hotel de luxo em Paris. Por causa da vida extrovertida de *playboy* que Kreuger levava, o caso foi também exaustivamente acompanhado pela imprensa sensacionalista.

Na versão ligeiramente romanceada de Rand, Kreuger passa a ser o infame homem de negócios Björn Faulkner. A questão decisiva do drama é a de saber se Karen Andre, a secretária de há muitos anos de Faulkner, sua parceira de negócios e amante apaixonada, é responsável pela sua queda mortal da varanda da *penthouse* de luxo e, em caso afirmativo, por que motivos. Tanto a jovem viúva de Faulkner como o pai deste, um banqueiro profundamente enredado nos negócios do filho, testemunham em tribunal que Andre assassinou Faulkner a sangue frio, levada pela sua desilusão amorosa. A ré, em contrapartida, contesta com veemência o ato e o desenrolar dos eventos, embora a sua presença no local do crime e o seu envolvimento na queda de Faulkner fossem indisputáveis, como afirmavam algumas testemunhas. Quando fala em tribunal com uma impressionante autoconfiança, Andre repudia qualquer insinuação de desilusão ou mesmo de ciúmes em relação ao homem que amava e admirava profundamente, e cujos negócios criminosos, casos amorosos e casamento de fachada ela ocultara e facilitara anos a fio.

Um típico processo baseado em indícios, portanto, com declarações contraditórias e factos nem sempre conclusivos. O drama segue a fórmula preferida de Rand: um triângulo amoroso clássico e uma tensão superficial induzida pela pergunta «Quem cometeu o crime?». Todavia, numa camada mais profunda, encontra-se o conflito fundamental, que cada espectador deverá julgar por si, entre uma «personalidade forte» e o «homem que cumpre as normas», entre «independência e conformidade»[105]. O júri tem de decidir em quem acredita e por quem tem mais simpatia. Na ausência de factos claros, tudo depende do *sense of life* de cada jurado. À semelhança de todos os verdadeiros veredictos, também este julgaria antes de mais os julgadores.

---

105 *Three Plays*, p. 3 sqq.

EGOÍSTA

Rand não hesitaria em escolher um lado. Animada pelo seu nietzschianismo precocemente interiorizado, sente um fascínio especial por pessoas de ação que não fazem compromissos, mesmo que no mundo real se trate de malabaristas financeiros criminosos ou mesmo de assassinos. Uma vez identificada a moral convencional das massas invejosas como o verdadeiro inimigo, qualquer pessoa que se oponha implacavelmente a essas normas torna-se uma aliada. A premissa condutora deste *sense of life* de um *Übermensch* é muito simplesmente: tudo menos o meio-termo! Tudo menos a modéstia!

O que explica a sua desilusão na manhã seguinte. É certo que a peça é de um modo geral elogiada, com destaque para o considerável talento da sua autora. Os críticos deleitaram-se sobretudo com o truque do júri ao vivo. Mas não dizem uma palavra sobre aquele que para Rand era o verdadeiro tema da peça. Não dizem uma palavra sobre a luta, que a seu ver abala o mundo, entre os «indivíduos heroicos» e as massas[106]. Qual era o interesse de conquistar o reconhecimento das massas quando esse se devia a razões erradas? Só pessoas sem noção do seu valor intrínseco ficam contentes com semelhantes êxitos. E Rand não se contava entre elas. De facto, estava convencida de que a manifesta incapacidade de apreciar obras de arte pelas razões certas afetava toda a cultura. E com consequências devastadoras — desde logo, para a autoconfiança criativa dos próprios artistas.

Apenas poucos meses antes, registara no seu diário filosófico, após uma leitura intensiva de *A Rebelião das Massas*[107], de Ortega y Gasset:

> O chamado homem «egoísta» de hoje usa as «ideias» apenas como meio para atingir o *seu* fim. Mas que fim é esse? O que se ganha se o homem ganhar poder e preeminência fazendo concessões às massas? Não é ele que triunfa, não são as suas ideias e critérios. É apenas a sua constituição física. Essencialmente, um escravo dessas massas. Isto explica o que quero dizer quando considero que o homem «egoísta» e ambicioso de hoje é essencialmente *não-egoísta* [*unselfish*] ou mesmo *desprovido de eu* [*selfless*]. O verdadeiro egoísmo é aquele que exige o direito de ter *as suas próprias* ideias e valores mais altos. O «supremo egoísmo» é aquele que se apropria de coisas pelo seu valor *essencial*, e não pelos seus valores secundários.

---

[106] *Ibid.*

[107] Ortega y Gasset, J. (1956/1929).

> Um exemplo da minha própria experiência, o exemplo que, neste momento, mais me afeta, é o facto de poucos homens terem a capacidade *ou o desejo* de julgar obras literárias pelo seu valor *essencial*. Para a maioria dos homens, essa obra só ganha valor depois de este ter sido reconhecido por outrem. Quanto a eles, não têm critérios próprios (nem sentem a sua falta).[108]

Apenas quem é dono de um eu independente e consolidado pode ser um bom egoísta. Já o egoísmo vulgar de um astuto manipulador das massas que esteja potencialmente disposto a fazer e a dizer tudo o que for necessário para obter êxito, preeminência ou poder é, na verdade, interiormente demasiado oco e desorientado para poder reivindicar o título de supremo egoísta.

Não menos importante é o facto de as sociedades que idealizam incondicionalmente estes heróis ocos perderem todos os critérios fundamentais para aferir o seu próprio valor, o que manifestamente põe em perigo a sua própria subsistência: desde logo, sob a forma de uma ditadura do reconhecimento, cuja legitimidade é democrática apenas na aparência, e em cujo topo se instalou um indivíduo particularmente dotado para a manipulação das massas. Um autêntico pesadelo para Rand na sua terra da liberdade.

SECOND HAND

Mas o que se escondia verdadeiramente detrás da compulsão de um indivíduo para se abandonar voluntariamente às massas? Que mecanismos psicológicos e sociais eram decisivos? Uma conversa de circunstância com a sua vizinha foi para Rand um abrir de olhos sobre este ponto. A jovem, também ela a trabalhar em cinema e bastante bem-sucedida profissionalmente como assistente de David O. Selznick, já chamara a atenção de Rand por ser particularmente ambiciosa e orientada para a sua carreira. Certo dia, Rand perguntou-lhe diretamente qual era o seu objetivo de vida. Marcella Bannett não teve de refletir muito: se ninguém tivesse um carro, ela também não quereria ter. Se alguns tivessem e outros não, ela quereria ter. Se alguns tivessem dois carros e outros apenas um, ela quereria ter dois. Além disso, era

---

[108] *Journals*, p. 71.

para ela muito importante que os outros soubessem que ela tinha mais do que eles.[109]

Rand mal conseguia apreender o que ouvia: esta mulher manifestamente orientava as suas intenções pessoais pelos objetivos que outras pessoas do seu meio perseguiam, e isto visando destacar-se dessas pessoas e superá-las em todos os domínios possíveis. Tudo o que lhe parecia desejável dependia dos desejos e, logo, dos objetivos de outras pessoas, tudo era, portanto, secundário por natureza.

E se as pessoas por quem os desejos da dita secretária se guiavam não fossem, elas mesmas, guiadas senão pelos desejos que viam noutras pessoas? Na mente de Rand, surgiu a imagem em abismo de uma sociedade supostamente livre, cuja ambição e individualismo na verdade eram alimentados apenas por uma autodeterminação de empréstimo e por uma compulsão pervertida para o reconhecimento. Ela não podia, ela não queria viver assim. Ninguém deveria viver assim.

PRONTA PARA O CINEMA

Não obstante, o chamado êxito chegara. Os direitos de adaptação ao cinema da peça foram também vendidos, e um dos mais famosos realizadores da época, Samuel «Sam» Grosvenor Wood, propõe-lhe apresentar o seu drama na Broadway, em Nova Iorque. Desde que ele pudesse intervir autonomamente no texto. E desde que Rand trabalhasse com ele *in loco* para levar a peça ao grande palco.

O que a retinha ainda em Hollywood? Seguramente, não o clima californiano. E claramente também não a carreira falhada do marido, Frank O'Connor. Uma semana após a assinatura do contrato, o casal deixa para trás a antiga vida em Hollywood e põe-se a caminho da costa leste numa velha carrinha. Ao longo da viagem, Rand contacta pela primeira vez com uma outra América: as pequenas cidades empobrecidas, os agricultores indigentes, a enorme pobreza da população negra, assim como as infraestruturas decrépitas.

Na Virgínia, quando Frank deixa passar um camião que quer ultrapassá-los, o carro em que seguiam capota e fica imobilizado na berma. Ilesos, mas sem um tostão, chegam a Nova Iorque num autocarro da Greyhound Lines, e as coisas começam de imediato a correr da pior

[109] Episódio descrito em Heller, A. C. (2009), p. 109.

maneira possível. O financiamento para a encenação de *Woman on Trial* na Broadway, sob o título *A Noite de 16 de Janeiro*, malogrou-se, condenando Rand, no início de 1935, a um estado de penúria persistente. Para poupar nos custos, o casal partilha casa com Nick, o irmão de Frank, também ele a viver da mão para a boca em Nova Iorque. Os três ficam assim confinados a um espaço exíguo em torno de um pequeno nicho para cozinhar, à espera de melhores dias. Rand teve de admitir que as suas circunstâncias em pouco diferiam das da sua família em Leninegrado. Como se podia deduzir das suas cartas, o pai, em tempos tão orgulhoso, vagueava dias inteiros pelas ruas da cidade, sempre sem trabalho e sem rendimentos, à procura por exemplo de uma lâmpada. Se chega um quilo de maçãs a casa, o dia já é de festa. A mãe e as irmãs, que falam fluentemente várias línguas e têm uma excelente educação, têm de prestar rigorosa atenção para não falharem nenhum dos eventos organizados ao final do dia pelo partido comunista para não porem em perigo o seu trabalho de guias de comitivas estrangeiras.

A vontade de viver da família Rosenbaum dirige-se sobretudo ao lendário êxito da sua Alissa emigrada. Para que o pai também possa regozijar-se com as suas obras, a mãe traduz para o russo o texto de *A Noite de 16 de Janeiro*. O pai Zinovy não poupa elogios e compara o drama, na sua estrutura e uso da linguagem, aos de Shakespeare. A irmã Nora acrescenta às cartas desenhos de enormes reclames luminosos nos quais ressalta o nome de Ayn. E a mãe Anna expressa o seu contentamento afirmando que, mesmo na superficial Hollywood, era impossível negar que «branco é branco».[110] Todos eles já o sabiam: onde quer que haja liberdade, um talento excecional consegue sempre singrar. Mesmo que por caminhos tortuosos. Ou mesmo muito tortuosos.

A par das palavras de consolo do produtor, semanalmente renovadas, seguem-se nesta fase outras tantas recusas do manuscrito, agora concluído, do romance *Airtight*. Para não cair na passividade a este respeito, Rand despede aquela que fora até então a sua agente. Sem receitas próprias meses a fio — também Frank procura em vão um trabalho remunerado numa Nova Iorque vergada pela crise —, Rand tem de se dar por contente por regressar no início do verão ao seu antigo estúdio, RKO, para aí trabalhar mercenariamente como leitora de guiões. De volta à casa da partida, portanto. Quase como num filme.

---

[110] *Ibid.*, p. 79.

COSTUMES DA PROVÍNCIA

No outono de 1934, também em Rouen, no norte de França, se desenrola um drama particularmente tenso. É levado à cena todos os fins de semana nos cafés, espeluncas e hotéis com quartos alugados à hora desta cidade da província. Os principais atores são uma escandalosa professora de filosofia de 26 anos do colégio interno de meninas, bem como o seu amante apenas dois anos mais velho, regressado de Berlim poucas semanas antes, também ele professor de filosofia a trabalhar durante a semana na cidade portuária de Le Havre, a uma hora de comboio. Por fim, uma antiga aluna do colégio interno, de 18 anos, a sensual Olga Kosakiewicz, com raízes familiares na alta nobreza russa, que explora a vida noturna da cidade com os cada vez mais numerosos refugiados ucranianos e polacos.

Tanto a professora que vivia em Rouen como o seu companheiro, notoriamente mais baixo, cortejam as graças, desde logo sexuais, da mais jovem, com variável êxito e destreza. Trata-se, portanto, de um clássico triângulo amoroso. Numa segunda camada, porém, esta constelação condensa tensões cuja força afeta todas as vidas vividas em consciência: liberdade *versus* necessidade, momento presente *versus* futuro, sujeito *versus* objeto, autenticidade *versus* inautenticidade.

Todos estes conceitos são explicitamente introduzidos no decurso da ação, sobretudo pelas mãos do casal de filósofos de Paris. O ponto de partida pode ser descrito da seguinte maneira: Jean-Paul Sartre e Simone de Beauvoir, no limiar da vida adulta, veem-se forçados a admitir que ficaram muito atrás das próprias esperanças e expectativas. Em tempos os melhores alunos da mais prestigiada universidade do país, são agora apenas dois professores de filosofia entre vários milhares na província francesa. A desilusão de Jean-Paul ao reconhecer a situação em que se encontra arrasta-o para uma depressão duradoura e encarniçada, sobretudo porque o ano passado em Berlim como bolseiro lhe abrira novos horizontes intelectuais e sensuais.

Os seus pensamentos e comentários ao longo desses meses giram em torno da previsível monotonia da sua existência: a sua vida firmemente ancorada na de Simone; as poucas amizades verdadeiras já encetadas; a carreira profissional já claramente delineada. «Ainda não tínhamos trinta anos e já nada de novo nos acontecia!»[111]

---

[111] *BJ*, p. 178. [*A Força da Idade*, p. 178. (*N. da T.*)]

Até o cabelo de Sartre começa a rarear visivelmente. À semelhança do que lhe acontecera na infância, quando lhe cortaram os caracóis louros aos cinco anos e ele tivera de se identificar com uma imagem desagradável de si mesmo ao espelho, também agora a perda se transformava em trauma, tanto mais premente por antecipar a última e insuperável ferida da sua existência: a morte.

Sempre que Simone encontra forças, contradiz o diagnóstico que Sartre traça da sua decadência, elogia uma e outra vez a sua originalidade filosófica e, convencida do talento único do companheiro, aconselha-o a ter paciência, perseverança e realismo. Não tem nenhum êxito visível, desde logo porque também ela, cada vez mais amiúde com lágrimas a correrem-lhe pelo rosto, medita sobre a distância intransponível entre a felicidade do momento e a irredutível vanidade de todo o esforço. Sobretudo quando bebia demasiado, uma vez mais.[112]

O dia a dia vivido a dois na província tem agora um sabor cediço. E tinham de reconhecer honestamente que o mesmo acontecera à sua vida sexual cada vez mais escassa. Sobretudo Jean-Paul quase já não mostra iniciativa e, apesar da grande abertura mútua, deixa Simone sozinha por longas temporadas. Resultará isso de serem intelectualmente demasiado próximos? Ou seria a ideia, constantemente conceptualizada em conversas, de se tornarem uma única entidade, enquanto principal fundamento da sua relação com o mundo, apenas mais uma ilusão?

Seja como for, as fendas do ano anterior ameaçam, neste inverno de 1934/1935, tornar-se um abismo definitivo. Com vários projetos de romances interrompidos na gaveta, Beauvoir há mais de um ano que não escreve uma página, ao passo que Sartre continua a produzir sem restrições, aliás, com uma intensidade e rapidez que trai qualquer coisa de compulsivo no seu tatear sem rumo: nos meses anteriores, escreveu um manuscrito com várias centenas de páginas sobre a psique humana. Além disso, está ainda, ou está uma vez mais, a fazer uma revisão fundamental de um romance fragmentário, já muito elaborado, que neste momento tem o título provisório *Melancholia*[113].

Ambos os projetos estão estreitamente relacionados, na medida em que, para Sartre, são sobretudo as armadilhas da própria imaginação que remetem o indivíduo a um estado duradouro de desconsolo.

---

[112] Cf. *ibid.*

[113] Mais tarde publicado com o título *A Náusea.*

Sobretudo quando as ideias que ele tem de si mesmo estão em conflito explícito com a sua existência factual. As possibilidades de falhar fundamentalmente na tentativa de criar uma identidade própria são tão ricas e variadas como a força da imaginação humana. Para ganharem consciência disso mesmo, o casal só tem de olhar para os bons burgueses de Rouen ou de Le Havre que passam com maior ou menor desespero mudo diante das vitrinas do café. Nem sequer era preciso sofrer grandes reveses, e dentro de poucos anos também eles seriam assim.

Não obstante, ainda tinham objetivos que transcendiam essencialmente o cumprimento liminar dos afazeres quotidianos. Mas seria isso verdadeiramente bom? Ou seria antes o verdadeiro problema?

O PRINCÍPIO OLGA

Muito diferente era o caso de Olga. Foi só no final do último ano que Beauvoir reparou nela, graças a um ensaio brilhante sobre Kant. Esta explosão intelectual de Olga vinda aparentemente do nada mostrava exemplarmente a originalidade errática da sua forma de estar no mundo, que oscilava, de maneira difícil de apreender, entre uma clarividência livre de preconceitos e uma profunda desorientação. Olga dava a impressão de abarcar com um único olhar as mais complexas situações e mormente a vida interior de outras pessoas, ao mesmo tempo que parecia ser cega aos próprios objetivos e impulsos.

Beauvoir explicava isto apelando à tensão muito particular que caracterizava a casa dos pais onde Olga crescera e a sua educação. A mãe francesa de Olga viajara em tempos como ama de crianças para a Rússia, onde se apaixonara por um engenheiro de boas famílias (da nobreza russa branca). Com a Revolução de Outubro, a jovem família tivera de fugir para França, onde, à semelhança de muitos outros exilados russos, viviam em profundo isolamento social, reforçado pelo isolamento da província, à qual não pertenciam nem queriam pertencer.

Ao passo que, entre quatro paredes, se regem por uma etiqueta aristocrática e uma imagem elitista de si mesmos, no mundo quotidiano embatem em experiências de profunda desqualificação e exclusão sociais. E a educação ministrada em casa seguia o ideal de pessoas que nunca teriam de trabalhar por dinheiro, ao passo que o empobrecimento factual da família obrigava a que as filhas seguissem carreiras que as sustentassem. Era o caso de Olga, que, de acordo com a vontade dos pais, deveria estudar medicina, mas que, no primeiro ano após concluir o liceu, não encontrava em si nada que a instigasse a seguir este objetivo ou que expressamente se opusesse a ele. «Persuadida, desde a infância, que não pertencia à sociedade que a rodeava, não esperava ter qualquer futuro: o amanhã, para ela, mal existia e menos ainda o ano seguinte.»[114]

Como aconteceu a várias alunas desse ano, também para Olga a professora de filosofia que tanto destoava naquele cenário se tornara um modelo admirado, ao passo que Beauvoir via na manifesta desorientação e profundidade intelectual de Olga uma missão pedagógica. Primeiro, saíram para tomar um café, passearam, conheceram-se melhor e depressa começaram a falar cada vez mais abertamente. Beauvoir observava com crescente fascínio que todas as imposições e expectativas exteriores faziam ricochete em Olga e não surtiam nenhum efeito, sem que isso a pressionasse minimamente ou lhe suscitasse vergonha ou arrependimento. Enquanto Beauvoir, aos 26 anos, ainda lutava conscientemente por se emancipar das imposições e expectativas dos pais, Olga, aos 18, parecia ter atingido esse objetivo há muito tempo, quase de forma sonâmbula. Olga simplesmente lançava-se à vida sem um plano prévio. Nem era uma outra para si mesma, nem dava a perceber que os outros se pudessem apoderar de si: «Entendia-me muito bem com Olga, mas não éramos nada parecidas. Eu vivia de projetos; ela não acreditava no futuro; qualquer esforço lhe parecia desprezível: a prudência, uma mesquinharia, e a perseverança, em si, uma mentira; só dava valor às emoções: o que se compreende com a cabeça não lhe interessava. [...] O presente bastava a Olga; as palavras que definem, limitam ou prometem, e sempre antecipam, pareciam completamente fora de propósito.»[115]

Em termos intelectuais — e Sartre e Beauvoir há anos que buscavam a mestria na disciplina de darem à sua vida social uma carga psicofilosófica —, Olga dava exemplarmente corpo à utopia de uma imediatez na relação entre a vida e a filosofia, o princípio de pura vitalidade rendida ao momento.

---

114 *BJ*, p. 199. [*A Força da Idade*, pp. 198–199. (*N. da T.*)]

115 *Ibid.*, p. 204 sqq. [*Ibid.*, pp. 203–204. (*N. da T.*)]

FEITICEIROS

Também Sartre se deu conta, logo após os primeiros encontros, que o convívio com a «pequena russa» tinha um efeito invulgarmente revitalizante, que ela era a superfície perfeita onde projetar todas as atitudes e desejos que prometiam oferecer-lhe uma saída do tédio estupidificante da sua vida. Pois, na primavera de 1935, Sartre não só se sentia profundamente deprimido, como estava cada vez mais convencido de que caminhava para a loucura — medo a que não era alheio o facto de ser seguido passo a passo por legiões de crustáceos e de insetos. O seu interesse académico pela natureza da imaginação humana levara-o a participar nas experiências com mescalina de um psiquiatra de Paris seu amigo. A despeito de o amigo garantir que as alucinações resultantes da droga durariam no máximo 36 horas, no caso de Sartre elas perduraram semanas e meses a fio com uma intensidade que não diminuía. Agora, não o apoquentava apenas o facto de envelhecer e de um dia vir a morrer, como todos os outros. Não, agora também a loucura se apropriava da sua mente.

Uma e outra vez, pede a Beauvoir, durante esta primavera, que lhe prometa que não o deixará sozinho neste caminho irremediavelmente encetado rumo à demência. Os médicos falam de excesso de tensão e prescrevem repouso e uma pausa na escrita. Beauvoir, que convive há anos com a hipocondria de Sartre, chega a outro diagnóstico: do que Sartre precisa nesta crise é de um novo objeto de desejo, de preferência complexo e idiossincrático o suficiente para o ocupar por longo tempo tanto física quanto intelectualmente. A diversão como estratégia de sobrevivência: «Preferia que Sartre observasse os sentimentos de Olga à obsessão dele pela psicose alucinatória.»[116]

E assim aconteceu que a sua única relação necessária e unitária, o pacto diádico da sua vida, ao longo do ano de 1935 se ampliou e tornou uma tríade, graças ao *joker* Olga. A jovem mulher encontrou amparo e reconhecimento junto do casal de pensadores que admira sem limites e assumiu, por seu turno, a função, muitíssimo necessária, sobretudo no caso de Sartre, de ser um sopro de vitalidade. Ou, numa descrição mais floreada da mesma situação: «No triângulo mágico formado pelos nossos olhares cruzados, cada um de nós se sentia a um tempo feiticeiro e enfeitiçado.»[117]

---

[116] *Ibid.*, p. 206. [*Ibid.*, p. 205. (*N. da T.*)]

[117] *Ibid.*, p. 217.

A CADA UM O SEU PAPEL

Porque é sempre preciso um plano, Beauvoir estabeleceu um sistema de encontros a dois e de sessões plenárias que garantiria os direitos de cada um. No início da experiência, Beauvoir sente-se salutarmente liberta da pressão destrutiva e prolongada que pesara sobre si meses a fio à conta da crise existencial de Sartre. Na verdade, a perceção que cada um tem, neste período, de si mesmo e do mundo é substancialmente diferente.

Ao passo que a vida de professor não podia senão parecer um indigno beco sem saída para Sartre, desde sempre mimado e financeiramente amparado pela família, um beco no qual ele via «a sua liberdade evanescer-se», esta profissão abriu para Beauvoir, a despeito de todas as imposições, um caminho para uma genuína autodeterminação — sobretudo numa época em que as mulheres ainda não tinham sequer o direito de voto. Ao passo que Sartre se sentia na província como alguém forçado por terceiros a assumir um dado papel, Beauvoir podia sentir orgulhosamente que aí escolhera e lutara pelo seu destino.[118] Para ela, o bem-estar da sua «querida pequena criatura»[119] continuava a ser o centro da existência. Já o génio de Sartre para as relações distinguia-se por se fixar totalmente em si mesmo e na elaboração das suas ideias e escritos. Pelo menos a este respeito, Beauvoir ficou presa numa dinâmica clássica das relações: ele primeiro!

Mas Sartre só se sentia realmente bem quando também Beauvoir se sentia intelectualmente efervescente. Por esta razão, quando a corrente de escrita de Beauvoir secara no ano anterior, Sartre ficou preocupado. Pergunta-lhe constantemente pelo progresso das suas tentativas literárias; em tom ora preocupado, ora impositivo, ora provocador: «Mas dantes, Castor, você pensava umas coisas.»[120]

Mas era precisamente aqui, no suposto centro da sua existência, ou seja, a escrita, que se revelava mais uma diferença categórica, que tinha menos que ver com inteligência, talento e discernimento e mais com a verdadeira finalidade do movimento do pensamento. Beauvoir descreve-a assim:

---

[118] Cf. *BJ*, p. 182.

[119] Beauvoir/Sartre 1, p. 41.

[120] *BJ*. [*A Força da Idade*, p. 56. (*N. da T.*)]

> Se uma teoria me convencia, não ficava exterior a mim; mudava a minha relação com o mundo e enriquecia a minha experiência. Em resumo, tinha ótimas faculdades de assimilação, um sentido crítico desenvolvido, e a filosofia era para mim uma realidade viva. Dava-me satisfações de que nunca me cansava.
>
> No entanto, não me considerava uma filósofa; sabia muito bem que a minha facilidade de entrar num texto vinha precisamente da minha falta de imaginação. Neste domínio, os episódios verdadeiramente criadores são tão raros que é inútil perguntar a mim própria como é que alguns indivíduos são capazes de levar a bom termo esse delírio prudente, que é um sistema, e de onde lhes vem a obstinação que dá aos seus pontos de vista o valor de verdades universais. Já disse que a condição feminina não é predisposta a este género de obstinação.[121]

Beauvoir anotou esta recordação, a todos os títulos notável, no final dos anos 1950, cerca de uma década depois da publicação da sua obra *O Segundo Sexo* (1949), que viria a ser fundamental para o movimento feminista. Esta passagem é um exemplo paradigmático da convicção que Beauvoir acalentou a vida inteira de que as capacidades intelectuais do homem e da mulher são genericamente diferentes. Uma diferença que, segundo Beauvoir, se manifestava no eixo da «plasticidade *versus* fixidez» e do «realismo *versus* delírio». Uma categorização que, se observarmos de perto, não é de modo algum favorável à suposta sistematicidade masculina. Mesmo um delírio *planeado* continua a ser não mais do que isso: um delírio — e, logo, uma forma eminente de perda da realidade.

Já a filosofia de Beauvoir tinha uma relação plástica com o quotidiano e com a vida, com o propósito de dar a ver a uma nova luz, por via da sua redescrição, precisamente aquelas coisas que se julga conhecer já, de maneira que elas pareçam mais claras, vivas e, em última análise, livres. O ponto de partida dessa arte da redescrição é em primeira linha as próprias experiências e vicissitudes, elaboradas narrativamente. A filosofia enquanto semificção de fundo autobiográfico.

Após várias tentativas e começos em falso, na primavera de 1935 Beauvoir enceta um novo caminho como autora. Desta vez, não sob a forma de outro romance, mas de diferentes contos vagamente relacionados entre si que tinham por objetivo mostrar a «profusão

---

[121] *Ibid.*, p. 190. [*Ibid.*, p. 189. (*N. da T.*)]

de crimes, grandes ou pequenos, que as mistificações espiritualistas ocultam»[122].

A característica aversão, ou mesmo repulsa, que sente pelo meio burguês católico da classe média alta francesa de que provém leva a que os contos de Beauvoir tenham o seguinte objetivo: demonstrar que os ideais religiosos — e, com eles relacionados, as normas quotidianas de fundo religioso — são os principais culpados por uma falência do eu que obriga sobretudo as jovens mulheres a uma permanente falta de autenticidade, a uma permanente falta de liberdade e, não menos importante, a uma permanente frustração sexual. «Limitar-me-ia às coisas e às pessoas que conhecia; iria tentar tornar sensível uma verdade que experimentara pessoalmente; daria assim a unidade do livro, de que indicava o tema com um título ironicamente tirado a Maritain: *Primauté du Spirituel.*»[123]

FLORES DO ESPÍRITO

É fácil imaginar sob que perspetiva Olga — enquanto vontade e representação — seria um objeto de estudo particularmente inspirador naquela combinação muito dinâmica, mesmo em termos filosóficos. Pois por um lado Olga, magnificamente desprovida de planos, parecia dar corpo à desejada espontaneidade e vitalidade de um acesso franco e não adulterado ao mundo. Mormente aos olhos de Sartre, que com Olga e através dela vivia «aquela vertigem da consciência nua e momentânea que parecia sentir apenas, de forma violenta e pura. Alcandorei-a de tal modo que, pela primeira vez na minha vida, me senti humilde e desarmado diante de alguém, e dispus-me a aprender»[124].

Também Beauvoir confessa a sua tendência para transfigurar Olga, «as suas revoltas, liberdade e intransigência» num «mito»[125] — o mito, precisamente, da consciência do agora, pura, florescente e franca. Por outro lado, depressa se mostra seriamente preocupada com a enorme influência que Olga exerce sobre o mundo de Sartre: «Com a obstinação de a conquistar, Sartre atribuía a Olga um valor infinito;

---

[122] *Ibid.*, p. 191. [*Ibid.*, p. 190. (*N. da T.*)]

[123] *Ibid.*, p. 190. O livro em questão foi publicado em alemão em 1979, com o título *Marcelle, Chantal, Lisa...* [*Ibid.* (*N. da T.*)]

[124] Bair, D. (1998), p. 230.

[125] *BJ*, p. 207. [*A Força da Idade*, p. 206. (*N. da T.*)]

de repente, fiquei proibida de não levar a sério as suas opiniões, gostos e desdéns.»[126]

O distanciamento crescente de Beauvoir poderá prender-se com a sua intuição, apurada tanto profissional quanto literariamente, de que esta magnífica franqueza direta, sobretudo no caso de jovens mulheres, na verdade não era mais do que uma profunda confusão sobre si mesma e uma instabilidade sempre a raiar o desespero: um desamparo tão profundo e total que, nos seus efeitos de superfície, era na prática indistinguível da autenticidade direta. Olga parecia-lhe uma imagem reversível que, conforme o polo da tríade que tocasse (ou que sentisse que tinha de tocar), mostrava ora um ora outro aspeto da sua natureza luminosa. Sartre, em todo o caso, ainda não estava estável o suficiente para enfrentar uma resistência resoluta: «Pela minha maneira de falar e pela minha conduta, contribuía zelosamente para o bom êxito do trio. No entanto, não me sentia satisfeita nem com os outros nem comigo própria e receava o futuro.»[127]

Mas pelo menos literariamente conseguia avançar. Logo na primavera de 1935, Beauvoir conclui um primeiro conto com o título «Lisa». É sobre uma aluna num internato de raparigas que se interessa por filosofia. Magra e emaciada, a educação que aí recebe «petrifica-a e torna-a estéril»[128] — ao invés de despertar o seu espírito vital.

Graças a uma pequena mentira, Lisa tem autorização para ir à Biblioteca Nacional de Paris com o único objetivo de aí conhecer, como se por acaso, a sua paixão, o irmão da sua melhor e única amiga, o qual obviamente não demonstra nenhum interesse por ela. Em vez disso, numa paragem de autocarro é acusada por uma mulher mais velha de ser a amante do seu marido. O que não deixa de exercer um efeito benéfico sobre a imagem que tem de si mesma: «Ela, que costuma odiar o seu rosto anguloso, a sua silhueta magra — verdadeiro gafanhoto —, tem subitamente a impressão de que a sua carne é delicada, suave e florescente. Será possível que alguém me considere de facto a amante de um homem maduro?»[129] De seguida, vai a uma consulta no dentista, e o médico faz vagas insinuações eróticas. O dia de Lisa termina com ela a imaginar que um arcanjo e a sua paixoneta da biblioteca se fundiram numa só pessoa e a masturbar-se no seu quarto individual no Internato Saint Agnes.

---

[126] *Ibid.*, p. 206. [*Ibid.*, p. 205. (*N. da T.*)]
[127] *Ibid.*, p. 218. [*Ibid.*, pp. 217–218. (*N. da T.*)]
[128] *Lisa*, p. 122.
[129] *Ibid.*, p. 141.

Flores do espírito. Flores do mal. O resto do mundo pode estar em queda-livre, mas Beauvoir vê com cada vez maior clareza o caminho que a levará ao seu objetivo como autora.

BATER NO FUNDO

Ao longo deste ano, tornara-se impossível distinguir se eram as depressões que causavam as enxaquecas que duravam semanas ou se eram estas que desembocavam infalivelmente numa nova depressão. Há já muito tempo que os medicamentos tinham perdido qualquer efeito lenitivo. Só por um triz conseguira terminar o ano escolar. No verão de 1934, tira um ano sabático para, nas suas palavras, escrever o seu «testamento filosófico». Tem 25 anos.

Neste momento, não duvida de que uma segunda guerra mundial é inevitável nem de que nações como França, Espanha e os EUA serão irremediavelmente arrastadas para o turbilhão da lógica das sociedades totalitárias:

> [...] a humanidade contemporânea tende, em geral e em toda a parte, para uma forma totalitária de organização social, para empregar o termo que os nacionais-socialistas puseram em moda, isto é, para um regime no qual o poder do Estado decidiria soberanamente em todos os domínios, mesmo e principalmente no domínio do pensamento. A Rússia oferece-nos um exemplo quase perfeito dum tal regime, para grande infelicidade do povo russo; os outros países dele se aproximarão inevitavelmente [...].[130]

Nos meses de setembro a novembro de 1934, o texto, inicialmente concebido como um artigo, ganha a extensão de um livro. Com o título, reminiscente de Jean-Jacques Rousseau, *Reflexões sobre as Causas da Liberdade e da Opressão Social*, o texto visa explicitar os fundamentos de uma sociedade de trabalho verdadeiramente livre constituída por indivíduos autodeterminados. Deverá ser entendido como um «testamento» na medida em que se dirige explicitamente a uma geração *posterior* à catástrofe. A abjeção da sua própria época parece a Weil tão profunda que já não se trata nem se pode tratar de prevenir o incêndio mundial iminente.

---

[130] *UuF*, p. 232. [Aqui e adiante seguiu-se a tradução de Maria de Fátima Sedas Nunes *in* Weil, Simone, *Reflexões sobre as Causas da Liberdade e da Opressão Social*, Lisboa, Antígona, 2017, pp. 120–121. (*N. da T.*)]

No entanto, se já não havia nada a salvar no sentido propriamente político, subsistia ainda a opção de integrar as conclusões a que chegara na sua vida e de as testar e refinar na prática concreta. Consequentemente, em dezembro de 1934 — pouco depois de terminar o seu «testamento» —, Weil cumpre um sonho acalentado desde os tempos de estudante e começa a trabalhar como operária não qualificada na fábrica de peças metálicas Alsthom, em Paris.

Quer sentir no próprio corpo a opressão que, como pensadora, visa erradicar. Quer sair da torre de marfim da teoria e entrar no sofrimento quotidiano dos trabalhadores! Nem Marx nem Engels nem Lenine nem Trotski nem Estaline alguma vez conheceram uma fábrica por dentro. E isso notava-se claramente nas suas análises e medidas, segundo a crítica de Weil.

Seguindo esta linha de raciocínio, não seria sobretudo a falta de experiência concreta que, nas câmaras de eco herméticas da classe burguesa assim como da classe proletária, levava a que o desconhecimento dos modos de vida do outro criasse mundos verdadeiramente monstruosos de imputações erradas e de insinuações conspiradoras? Nas fantasias proletárias, o domínio do empresário burguês era permeado pelas forças demoníacas das «finanças», da «indústria», das «bolsas» ou dos «bancos» (e, claro, cada vez mais amiúde, também em França, dos «judeus»). E a classe proprietária acreditava que os ativistas proletários mais não eram do que «provocadores», «agitadores a soldo» ou simplesmente «saqueadores».[131]

NA LINHA DE MONTAGEM

No inverno de 1934, Weil arrisca assim fazer o teste de realidade definitivo, no seu diário da fábrica fala até do objetivo de finalmente conseguir entrar «em contacto direto com a realidade»[132]. No entanto, pensando melhor, não é fácil dizer de que modo o quotidiano de uma pessoa que trabalha dez horas por dia a furar peças metálicas com um único movimento da mão por um salário mínimo que quase não chega para suprir as necessidades básicas deverá ser considerado «mais real» do que o quotidiano de uma professora de filosofia na província

[131] Bouchardeau, H. (1995), p. 132.

[132] *Fabrik*, p. 121. [Aqui e adiante traduzido do original em francês. (*N. da T.*)]

francesa ou de uma exilada russa a trabalhar em Nova Iorque na indústria do cinema.

Em todo o caso, a vontade de Weil de trabalhar numa fábrica insere-se numa honorável tradição de experiências filosóficas de rutura, cujo objetivo declarado consiste em voltar costas a um mundo alegadamente alienado e em entrar numa forma de vida ou num ambiente supostamente mais próximos da realidade, para assim encontrar uma maior clareza do pensamento. Assim Buda fugindo do seu palácio, assim Diógenes a viver num barril e assim também, naturalmente, Thoreau com a sua cabana junto ao lago Walden.

É certo que Weil, como forma de autenticação da sua experiência, sai de casa dos pais perto do Jardin du Luxembourg e se muda para um quarto alugado perto da fábrica nos subúrbios, mas «Mime» e «Biri» continuam a ser um porto de abrigo próximo e disposto a acolhê-la. Desde logo, para jantarem em família. Uma oferta que Simone só aceita sob condição de, após a refeição, deixar à mãe a quantia exata que gastaria num restaurante equivalente. Uma charada que a mãe sabe contornar. Nas suas não raras visitas ao quarto cronicamente desarrumado da filha operária, esconde pequenas quantias de dinheiro em peças de roupa e em gavetas, para que ela pense ter encontrado dinheiro por sorte.[133]

Além disso, o projeto está claramente delimitado no tempo (na verdade, Weil não trabalhará mais de 24 semanas), e a entrada na fábrica deve-se à intervenção de um antigo camarada sindical. Este conhece pessoalmente o encarregado pelas contratações na fábrica Alsthom e expõe-lhe o projeto de investigação de Weil, bem como a sua quase total incapacidade para assumir um papel minimamente produtivo no processo de fabrico. Além disso, fá-lo prometer que protegerá a nobre e desajeitada aprendiz ao longo da sua passagem previsivelmente breve pela fábrica.

Quando Weil chega a casa dos pais na Rue Auguste Comte, no dia 17 de dezembro de 1934, uma segunda-feira — apenas duas semanas após a entrada na fábrica —, apresentando-se para jantar com a blusa manchada de óleo, o seu estado suscita já considerável preocupação. Simone fala ainda menos do que come, o que no seu caso é sempre sinal de alarme. E mal tem forças para se manter direita na cadeira. Não contara com isto, com este profundo cansaço que lhe invade o corpo todo,

---

[133] Cf. Pétrement, S. (1973), p. 335 sqq.

não lhe deixando energia sequer para registar, como planeara, o seu dia a dia no diário da fábrica e refletir sobre o que vivia. A entrada de 17 de dezembro — que provavelmente foi escrita no metro — reza assim:

> Tarde — prensa: peças muito difíceis de colocar, a 0,56 por cento (600 das 14h30 às 17h15; meia hora para montar outra vez a máquina, que se avariou porque eu deixei uma peça esquecida dentro dela. Fatigada e desencorajada. Sentimento de ter sido livre por 24 horas (no domingo) e de ter de me readaptar a uma condição servil. Repulsa por causa dos 56 cêntimos que obrigam a um estado de tensão e de exaustão, sendo certa uma descompostura por lentidão ou por erro... Aumentada pelo facto de jantar hoje em casa dos meus pais. — Sentimento de escravidão. — Vertigem da velocidade. (Sobretudo quando tenho de vencer a fadiga, as dores de cabeça, o desencorajamento para me lançar a ela.)[134]

Um dia perfeitamente típico na vida da operária fabril Simone Weil. Nestes seis meses, ela não conseguirá atingir uma única vez o número mínimo exigido de peças. Em vez disso, com triste regularidade, produz peças rejeitadas; as máquinas não se submetem à sua vontade; as peças simplesmente caem ou falham; ela troca, não vê, põe ao contrário ou, muito amiúde, esquece-se delas, uma vez prontas, dentro da máquina.

Uma e outra vez, a monotonia das tarefas induz-lhe uma ausência de espírito que a torna propensa ao erro e que, por causa da exaustão constante, não lhe permite sequer pensar: uma espécie de morte interior que, volvidos poucos dias, se estende até abarcar toda a sua existência. O medo de falhar imiscui-se nos seus sonhos inquietos, os ataques de choro são o único refrigério. Mas mesmo estes não a libertam das cefaleias assassinas que permeiam tudo o que faz.

CONHECIMENTO E INTERESSE

Não era preciso grande perspicácia para perceber que Weil não estava talhada para este tipo de vida — este facto não surpreendia ninguém, nem mesmo a própria. Mas que pessoa era ou podia ser talhada para este tipo de vida? Algum indivíduo dotado de pensamento conseguiria,

[134] *Fabrik*, p. 48. [Aqui e adiante traduzido do original em francês. (*N. da T.*)]

sob tais condições, preservar a longo prazo o seu amor-próprio e a sua dignidade?

Era sobre estas questões que o seu «testamento» filosófico, agora concluído, se debruçava. Já antes haviam sido as questões centrais das análises de Karl Marx. Só que estas, como diz Weil nas *Reflexões*, eram respondidas apelando a um fundamento em última instância mítico — com consequências fatais para o proletariado de todos os países que deveria ser libertado após uma revolução.

Embora reconhecesse a clarividência e o esforço científico de Marx, segundo Weil, a análise marxista era prejudicada por uma filosofia quase religiosa da história. O erro central residia na suposição, que Marx nunca justificava nem examinava, de acordo com a qual qualquer progresso das forças produtivas permite que a humanidade avance no caminho da libertação. Por conseguinte, o processo que conduziria à sociedade comunista da verdadeira liberdade individual é reconstruído por Marx como a história do aumento das forças produtivas por via da tecnologia e da automação. Por longo e sacrificado que fosse o arco do sofrimento do proletariado, em última instância tenderia inexoravelmente para a sua libertação. Graças ao «aumento das forças produtivas», a história da humanidade era animada por um objetivo intrínseco que simplesmente não se podia falhar.

Vale a pena citar extensamente a crítica de Simone Weil a este dogma. Desde logo, porque este trecho revela a raiz oculta que é comum à visão da história tanto do capitalismo quanto do comunismo. Ambas as ideologias, segundo Weil, sonhavam com o fim da história a coberto do mito do crescimento infinito; com uma vitória sistemática global assente numa base económica; com a libertação do ser humano não apenas do jugo do trabalho, mas do jugo de uma realidade que se opõe aos nossos desejos. Por outras palavras, sob o manto da cientificidade, ambas enfermavam de pressupostos flagrantemente não científicos e manifestamente contraditórios.

> Os marxistas acreditam que [...] todo o progresso das forças produtivas dirige a humanidade para a via da libertação, ainda que ao preço de uma opressão provisória. Armados de tal segurança moral, fácil nos é conceber que hajam surpreendido o mundo com a sua força. Raro é, porém, que crenças a tal ponto reconfortantes sejam, simultaneamente, razoáveis. Antes mesmo de examinarmos a concepção marxista das forças produtivas, surpreende-nos já o carácter mitológico que apresenta em toda a literatura

socialista [...]. Marx não nos explica por que motivo tenderiam as forças produtivas ao acréscimo [...]. O surto da grande indústria transformou as forças produtivas em divindade de uma espécie de religião [...]. Esta religião das forças produtivas, em nome da qual gerações de chefes de empresa esmagaram já, sem o mínimo remorso, as massas trabalhadoras, constitui igualmente um factor de opressão adentro do movimento socialista; todas as religiões fazem do homem um simples instrumento da Providência, e também o socialismo coloca os homens ao serviço do progresso histórico, isto é, do progresso da produção. Eis porque, qualquer que seja o ultraje infligido à memória de Marx pelos opressores da Rússia moderna, não o podemos considerar totalmente imerecido.[135]

OS LIMITES DO CRESCIMENTO

A crítica de Weil aos mitos do marxismo transita diretamente para uma crítica à crença moderna no crescimento. Este, por seu turno, anda necessariamente a par do dogma do aumento das forças produtivas que sanará todos os males. A reiterada promessa de redenção tanto do capitalismo quanto do socialismo baseava-se claramente na suposição de que o inacreditável aumento das forças produtivas dos últimos três séculos se prolongaria no futuro da mesma maneira e com a mesma intensidade ou que conheceria até um aceleramento.[136] Esta expectativa, quando seriamente considerada, conduz imediatamente à questão acerca da energia necessária e, logo, das fontes de energia num mundo finito.

Pois, por difícil que fosse prever à época que fontes de energia estariam à disposição, a verdade é que «qualquer que seja a forma sob a qual essa energia se nos apresente, força animal, hulha ou petróleo, a natureza não no-la oferece; é necessário arrancar-lha e transformá-la por meio do nosso trabalho para adaptá-la aos nossos fins»[137]. Consequentemente, Weil confere às suas observações de 1934 a forma contundente de um paradoxo: a crença no crescimento infinito num mundo de recursos finitos. O ponto de fuga fantasiado desse paradoxo seria equiparável a um *perpetuum mobile*, algo que não existe nem pode existir.

---

[135] *UuF*, p. 157 sqq. [*Reflexões sobre as Causas da Liberdade e da Opressão Social*, p. 16 sqq. (*N. da T.*)]

[136] *Ibid.*, p. 161.

[137] [*Ibid.*, p. 22. (*N. da T.*)]

A evolução rumo ao idílio final comunista, no qual, segundo Marx, o ser humano do futuro determinaria por si mesmo «fazer hoje isto, amanhã aquilo, de manhã caçar, à tarde pescar, ao final do dia dedicar-se à criação de gado, depois do jantar escrever uma crítica, [...] sem com isso se tornar respetivamente caçador, pescador, pastor ou crítico»[138], é, por conseguinte, mera fantasia. Muitíssimo mais plausível é que a descoberta e exploração de fontes de energia naturais, considerando a sua crescente escassez e inacessibilidade geológica, «exijam um trabalho superior aos esforços humanos que se procuram substituir»[139]. Sob esta perspectiva, o jugo dos trabalhadores seria no futuro mais pesado ainda.

Para Weil, portanto, existe apenas uma questão relevante no que toca a uma revolução (proletária) digna do nome:

> O problema apresenta-se-nos assim claramente: consiste em inquirir da possibilidade de uma organização da produção que, embora impotente perante as necessidades naturais e o constrangimento que delas resulta, permitiria ao menos que tais necessidades se exercessem sem esmagar sob a opressão os espíritos e os corpos.[140]

Esta questão, porém, não pode ser investigada e respondida refletindo numa poltrona. Exige que se tenha experiência do próprio processo de produção. Tem de ser compreendida e capturada de dentro para fora. Por mais que a aventura fabril de Weil tenha sido motivada por um impulso ético de solidariedade ativa com os trabalhadores, o principal interesse epistémico continua a ser teórico: Weil quer reunir *in situ* material perspícuo que permita resolver a única questão que lhe parece relevante para o objetivo de uma progressiva libertação dos trabalhadores.

MUNDO INVERTIDO

Sob o imperativo do aumento constante da produção, o processo de trabalho é submetido a uma lógica de «racionalização» centrada na máquina e, logo, desprovido de pensamento: não se trata de pensar por si, mas de servir sem pensar. Não se trata de examinar, mas de

---

[138] Marx, K. e Engels, F. (1958/1846), p. 33. [*Die Deutsche Ideologie.* (*N. da T.*)]

[139] *UuF*, p. 162. [*Reflexões sobre as Causas da Liberdade e da Opressão Social*, p. 23. (*N. da T.*)]

[140] *Ibid.*, p. 170. [*Ibid.*, p. 34. (*N. da T.*)]

obedecer proativamente. Não se trata de ser criativo, mas de cumprir tarefas monótonas. E tudo isto não em proveito próprio — o que seria absurdo considerando o salário mínimo que mal supre as necessidades básicas —, mas em nome do grande coletivo (do povo, da nação, da classe, etc.) que, na luta concorrencial pela sobrevivência, se sente permanentemente ameaçado por inimigos exteriores. Na perspetiva deste coletivo composto por milhões de pessoas, o indivíduo torna-se tão infinitamente pequeno e insignificante que perde a noção da infinitude potencial do seu próprio pensamento — com o que perde também a sensibilidade para as consequências concretas e para o sentido das suas ações. Longe de ser a expressão de um verdadeiro esforço de emancipação, Weil vê na retórica do coletivo e da coletivização a expressão mais nítida de um esforço ideologicamente camuflado de opressão:

> Jamais o indivíduo se encontrou tão completamente à mercê de uma coletividade cega e jamais os homens foram a tal ponto incapazes não só de submeterem as suas ações aos seus pensamentos, como até de pensar. [...] Vivemos num mundo onde nada existe à medida do homem.[141]

O esboço que Weil faz da vida social da sua época culmina no diagnóstico de declínio de um mundo que, a respeito dos objetivos que em tempos o haviam guiado, está completamente do avesso e que por isso gira necessariamente em torno da sua fome de poder que agora já não serve nenhum propósito: «O sábio não mais apela para a ciência a fim de ver mais claro no seu próprio pensamento, mas aspira a encontrar resultados que possam vir juntar-se à ciência constituída. Não é a fim de tornar possível a vida aos homens que as máquinas funcionam, mas resignamo-nos a alimentar os homens a fim de que sirvam as máquinas. O dinheiro não constitui um processo cómodo para a troca dos produtos, é antes o escoamento das mercadorias que constitui um meio de fazer circular o dinheiro. Finalmente, a organização não constitui um meio de exercer uma atividade coletiva, mas a atividade de um grupo, seja este qual for, constitui um meio de reforçar a organização. [...] O despojamento do indivíduo em proveito da coletividade não é nem pode ser, aliás, total; é-nos difícil, porém, conceber que possa ir mais longe que o ponto atingido hoje em dia.»[142]

---

[141] *Ibid.*, p. 223. [*Ibid.*, p. 109. (*N. da T.*)]

[142] *Ibid.*, p. 227. [*Ibid.*, pp. 113–114. (*N. da T.*)]

TEMPOS MODERNOS

A verdadeira libertação do indivíduo deste pesadelo planetário exigiria uma ampla mudança cultural. A respeito da organização das forças produtivas, essa libertação requereria maneiras de conceber a racionalização do trabalho não como coletivização, mas como processo de individualização. Este processo, segundo Weil, estaria necessariamente associado a coletividades mais pequenas, bem como a uma «progressiva descentralização»[143] do planeamento e da condução do processo de produção no seu todo. Seria possível recuperar a medida humana através de coletividades locais organizadas como cooperativas, cuja dimensão não sobrecarregasse necessariamente a faculdade de juízo de um indivíduo.[144] O trabalhador típico ideal de uma dessas coletividades seria alguém que, apoiando-se na sua experiência, tivesse uma visão sinóptica completa de todos os cursos de ação relevantes na coletividade e que sentisse o seu interesse de tal modo associado ao da sua comunidade que todas as rivalidades desapareceriam: «como cada indivíduo estaria em condições de controlar a totalidade da vida coletiva, esta seria sempre conforme à vontade geral»[145].

Weil está perfeitamente ciente de que esta redescrição do objetivo de uma rede global de coletividades de média dimensão constituídas por trabalhadores qualificados, e particularmente dotados de capacidades intelectuais, técnicas e empáticas, representa um ideal distante de qualquer possibilidade de concretização factual. Não obstante, «é a liberdade perfeita que se torna necessário esforçarmo-nos por conceber claramente, não na esperança de a atingir, mas na esperança de atingir uma liberdade menos imperfeita do que a nossa condição atual»[146].

A sua experiência de trabalho na fábrica fortalece esta convicção. À manifesta obliteração do pensamento e à monotonia das tarefas exigidas acrescenta-se um regime hierárquico de medo que se impõe pela coerção e pelo controlo — sem que ao esforço despendido correspondesse um benefício subjetivo. Na fábrica, tudo o que sustenta a vida é impossível: a atenção, a proporção, o pensamento autónomo, a dedicação franca. Os *Tempos Modernos* são um pesadelo tornado realidade.

---

[143] *Ibid.*, p. 235.
[144] *Ibid.*, p. 214.
[145] *Ibid.* [*Ibid.*, p. 94. (*N. da T.*)]
[146] [*Ibid.*, p. 73. (*N. da T.*)]

EXTINÇÃO

A cada dia em que se apresenta na fábrica, Weil sente-se de novo «humilhada até ao mais fundo de mim». «Na Fábrica Alsthom, eu só me revoltava ao domingo», diz ela, encerrando o seu diário. No entanto, esta experiência trouxe-lhe algo de decisivo: a experiência no seu próprio corpo da opressão absoluta, o sentimento de total privação de direitos e de total exposição. Enquanto ser pensante, ela vive de tal forma o terror de estar inteiramente dependente das circunstâncias externas que bastaria «que me obrigassem um dia a trabalhar sem descanso semanal — o que, afinal, é sempre possível — para que eu me tornasse um animal de carga, dócil e resignado (pelo menos para mim)»[147].

Assim, aquilo com que Weil contacta diretamente e pela primeira vez no seu «ano na fábrica» é não tanto «a realidade», mas uma possibilidade concreta para a sua existência e para qualquer outra: a experiência de uma aniquilação duradoura enquanto ser pensante, em vida, acompanhada pelo sentimento de «não possuir nenhum direito, qualquer que seja, ao que quer que seja».

O ponto realmente decisivo, porém, é ter percebido com o próprio corpo que, além de suportar e tolerar esta total privação de direitos, ainda conseguia compreendê-la como uma espécie de ímpeto paradoxal de libertação num estádio mais elevado. Weil sente essa privação como uma porta para um outro entendimento de si mesma. Como um degrau para entrar num reino que, pela sua própria natureza, excedia e transcendia a vontade e a determinação meramente humanas.

Quando ela diz que o «despojamento do indivíduo» nunca podia ser total, o fundamento desta impossibilidade é constituído pelas experiências na fábrica no ano 1934/1935, em particular, a experiência de uma fonte de sentido para lá do domínio meramente social, cujo efeito redentor apenas se mostra e revela quando atingido o ponto zero do seu próprio valor. Nas suas palavras: «O sentimento de dignidade pessoal, tal como a sociedade o fabricou, quebrou-se. É preciso criar um outro (ainda que a exaustão extinga a consciência da própria faculdade de pensar!) Tenho de me esforçar por conservar este outro sentimento.»[148]

Foi precisamente esta experiência de «um outro sentimento», de uma dignidade para lá de toda a dignidade concedida, que teve um

---

[147] *Fabrik*, p. 61.
[148] *Ibid.*, p. 121.

profundo efeito transformador em Weil e que, a partir de então, passou a caracterizar e a acompanhar também o seu caminho como pensadora. Quando o seu «ano na fábrica» chega ao fim no verão de 1935, Weil encontra-se fisicamente num estado crítico de exaustão e é intelectualmente uma mulher quebrada. Porém, nunca se sentira tão livre, tão ela mesma, tão certa da sua missão.

DIANTE DA LEI

Nos anos de 1934/1935, também Hannah Arendt, sem grande intervenção sua, se viu enriquecida com a experiência de viver para lá das ideias dominantes acerca do direito e da dignidade humana. Pois, à semelhança do que acontece à maioria dos restantes refugiados, sobretudo aos judeus alemães, também ela se vê ameaçada no seu exílio em Paris por uma situação não prevista pelas leis nacionais em vigor. Com base nas leis raciais promulgadas na Alemanha hitleriana a partir de 1933, e cada vez mais acerbas, assim como na lei de «revogação da nacionalidade alemã» do verão de 1933, era possível retirar a nacionalidade alemã, sem direito a veto, aos judeus refugiados e aos críticos do regime, o que na prática acontecia com cada vez maior frequência. Arendt e os seus corriam assim o risco de se tornarem refugiados *apátridas* em França, ou seja, pessoas cujo estranho estatuto interino as deixava fora de todos os quadros legais. Mesmo a *carte d'identité* que as autoridades francesas emitiam como solução provisória — o último documento de identificação com validade reconhecida por um Estado — era cada vez mais difícil de obter por causa do número crescente de refugiados. E a dificuldade apenas se extremou quando a sua emissão se estabeleceu como condição formalmente necessária para a obtenção de um contrato de trabalho, embora ao mesmo tempo a concessão da *carte d'identité* por regra dependesse da existência prévia de um contrato de trabalho.

Uma grande parte dos refugiados alemães, e sobretudo dos refugiados judeus alemães, vivia assim, como uma triste vanguarda dos milhões de refugiados cuja chegada já se anunciava, num redemoinho de sujeição cujo rumo e dinâmica podiam mudar de semana para semana. Este turbilhão deixava as suas vítimas muitas vezes sem saber, não raro de forma trágico-cómica, se ainda tinham uma nacionalidade, e, se sim, qual; se estavam em França legal ou ilegalmente; e até se se tinham separado; ou se, entretanto, se tinham casado com alguém, e, se sim, com quem.

Como na velha canção infantil do chapéu de três bicos, após a tomada do poder por Hitler, vários milhares de refugiados de língua alemã partiram em busca de documentos, trabalho e casa pela capital da *Grande Nation*. Nos círculos que Arendt então frequentava, terá havido quem notasse, não sem um humor sombrio, que foi precisamente nesse ano que as traduções francesas das obras de Franz Kafka chegaram às livrarias.

Os cafés da cidade entre Montparnasse e o Quartier Latin tornam-se verdadeiramente o salão da diáspora intelectual alemã, não por um estilo de vida existencialista, mas por causa de uma ameaça existencial. Isto acontece com todas as subtilezas e tensões que se possam imaginar, quando autores e pensadores em tempos muito reputados e importantes — que porventura já teriam frequentado assiduamente os cafés de Berlim — se cruzam todos os dias uns com os outros num contexto novo de desqualificação social e de perda da língua. Para estes criadores da palavra, a barreira linguística era a barreira verdadeiramente limitadora e manifestava-se também no seu acolhimento nos círculos dos intelectuais franceses. Mesmo aqueles que falavam francês fluentemente — era o caso de Walter Benjamin, por exemplo, que nunca deixou de ser um forasteiro, no melhor dos casos, no meio parisiense, ocasionalmente convidado para *soirées* e receções, mais por piedade do que por genuíno interesse. Se fosse possível trocar diplomas de doutoramento diretamente por francos, as festas que não teriam sido celebradas! Mas essa era outra coisa que faltava, a par de tudo o resto: dinheiro para as necessidades mais básicas.

Como é evidente, mesmo no exílio em França nem todas as diferenças de estatuto foram abolidas. Figuras com a reputação e a solvência de Thomas Mann ou de Lion Feuchtwanger, a quem já tinha sido retirada a nacionalidade alemã logo em agosto de 1933 juntamente com Heinrich Mann, ocupavam vivendas na Côte d'Azur. Sanary-sur-Mer, sobretudo, estabelecer-se-ia como um centro do principado alemão de autores no exílio. No verão de 1933, os Manns compram a vivenda de seis quartos La Tranquille. E todas as tardes Thomas Mann visita o vizinho Lion Feuchtwanger para o «chá de luto»[149] — criticamente observado por outro residente da povoação, Aldous Huxley, que descreve os recém-chegados assaz pedantes como «um bando bastante triste, que já deixa entrever os

[149] Nieradka-Steiner, M. (2018), p. 67.

efeitos fatais do exílio»[150]. No exílio em França, portanto, os refugiados só eram iguais diante da lei. Cada um deles era ninguém numa terra de ninguém legislativa.

PÁTRIAS

Felizes aqueles que logo à partida foram acolhidos por redes e pessoas de contacto já estabelecidas no local. Acabada de chegar a Paris e firmemente decidida a «nunca mais tocar numa história das ideias»[151], Hannah Arendt, então com 26 anos, despede-se da vida de académica e lança-se ao trabalho prático, que para ela, nesta situação, só pode ser o «trabalho judaico».[152]

Ainda sem *carte d'identité*[153], o seu primeiro cargo é-lhe atribuído por uma organização sionista chamada Agriculture et Artisanat, cuja missão, liderada pelo senador Justin Godart, consiste em «ministrar formação agrícola e artesanal aos jovens e assim prepará-los para um futuro como novos colonos na Palestina»[154].

A chegada dos refugiados judeus da Alemanha e da Europa de Leste trouxe consideráveis apuros à comunidade judaica há muito ancorada em Paris. Além do medo de que os recém-chegados, muitas vezes resolutamente de esquerda, pudessem ser infiltrados políticos, surge também a preocupação de que os judeus de língua alemã aticem e exacerbem o antissemitismo francês, pois representam a imagem perfeita do inimigo para os fascistas franceses, fortalecidos pelos êxitos de Hitler e de Mussolini. Walter Benjamin exprime contundentemente a atmosfera: «Os emigrantes são ainda mais odiados do que os Alemães.»[155]

Ora, isso não significava de modo algum que entre os recém-chegados reinasse uma nobre unanimidade. Afinal, os emigrantes alemães — por regra, parte de uma antiga elite académica — olhavam amiúde para os judeus mais rurais e menos liberais da Europa de Leste

---

150 *Ibid.*

151 Nas palavras de Arendt na entrevista televisiva com Günter Gaus de 28 de outubro de 1964. A transcrição encontra-se em https://www.rbbonline.de/zurperson/interview_archiv/arendt_hannah.html.

152 *Ibid.*

153 Young-Bruehl, E. (2018/1982), p. 178.

154 *Ibid.*

155 Scholem, G. (2018), p. 95.

com o mesmo desprezo com que eram olhados pelos judeus franceses. E não apenas isso. Como Arendt recordaria, «os judeus franceses [...] estavam firmemente convencidos de que todos os judeus que chegavam da outra margem do Reno eram os chamados *Polaken — Ostjuden*, na designação dos judeus alemães. Mas os judeus que realmente vinham da Europa de Leste não podiam concordar com os seus irmãos franceses e chamavam-nos *Jaeckes*»[156]. Pessoas como todas as outras. Com as suas identidades próprias, localmente ancoradas, idiossincrasias, preferências e outros tantos preconceitos.

Muito mais premente do que a pergunta «de onde vimos» era para estes refugiados a questão de saber para onde poderiam ir nesta conjuntura. Fora precisamente essa a verdadeira pergunta fundadora do movimento sionista. Logo no Congresso Mundial Sionista de 1897, no qual participaram 204 delegados do mundo inteiro, havia-se proclamado, sob a direção do jornalista vienense Theodor Herzl, a seguinte declaração dos seus princípios de ação:

> O sionismo visa criar para o povo judeu uma pátria pública e legalmente assegurada na Palestina. Para a prossecução deste objetivo, o Congresso recomenda as seguintes medidas:
>
> — A promoção sistemática da colonização da Palestina por agricultores, artesãos e trabalhadores judeus.
>
> — A organização e o agrupamento em associações de todos os judeus com a ajuda de associações locais e de organizações centrais, segundo o enquadramento legal possível nos países onde forem fundadas.
>
> — O reforço do sentimento de pertença e do nacionalismo judeu.
>
> — Passos preliminares para lograr que os diferentes governos aprovem o objetivo sionista.[157]

Quem, como Arendt no início dos anos 1930, se tivesse reconhecido pela primeira vez como judeu ou judia e quem, como Arendt, tivesse percebido que a estratégia de assimilação era uma falsa solução da «questão judaica» e, logo, também do antissemitismo, o sionismo, sobretudo à luz dos mais recentes desenvolvimentos, deveria parecer o único caminho de facto viável. Afinal, aquilo que fazia com que os refugiados judeus alemães, mais do que todos os outros, por exemplo, os russos ou

---

156 Young-Bruehl, E. (2018/1982), p. 178.

157 Weinstock, N. (1975), p. 60.

os ucranianos, olhassem para o abismo de uma existência apátrida era o facto de o seu único «crime» contra as leis do país onde tinham nascido e crescido consistir em «serem» judeus. E sem que esta distinção marginalizadora remetesse para uma outra nacionalidade. O problema era, portanto, na perceção de Arendt, eminentemente político. E era um problema que só se podia resolver na prática.

CONTRADIÇÕES

O credo de Arendt nesta época é assim: «"Quando somos atacados enquanto judeus, temos de nos defender enquanto judeus." Não enquanto alemães ou enquanto cidadãos do mundo ou dos direitos humanos, e assim por diante.»[158] Afinal, a sua experiência mais marcante desde os primeiros tempos em Paris é, enquanto judia alemã, a de estar fora de todos os quadros legais que prometiam a preservação dos próprios direitos humanos.

Só mais de uma década depois, Arendt formulará com toda a clareza o que viveu na própria pele em Paris no início dos anos 1930: que, desde a Revolução Francesa, o conceito e a conceção dos direitos humanos enfermavam de um erro decisivo na sua génese. Este erro revelava-se nos seguintes termos:

> [...] no momento em que os seres humanos deixam de gozar da proteção de um governo, em que perdem a cidadania e, logo, em que são remetidos aos direitos mínimos com que supostamente nascem, não houve ninguém que lhes garantisse esses direitos nem nenhuma autoridade estatal ou internacional disposta a protegê-los.[159]

Em lado algum seria mais flagrante do que em França este caráter em si mesmo contraditório de um direito incondicional de proteção pensado e concebido precisamente para aqueles casos em que de facto *não* podia vigorar. Afinal, fora em França que, na sequência da Revolução de 1789 (como pouco antes também da Revolução Americana), se chegara, no âmbito de uma constituição, a uma primeira declaração

---

[158] Entrevista com Günter Gaus.

[159] *EuU*, p. 605. [Aqui e adiante traduzi do original alemão, porque a edição portuguesa d'*As Origens do Totalitarismo* segue a versão inglesa do livro e, nos trechos em causa, afasta-se bastante do texto alemão. (*N. da T.*)]

vinculativa dos direitos humanos universais — ou seja, direitos válidos para todas as pessoas, independentemente da sua origem e classe.[160]

A pessoa enquanto tal era tanto a origem quanto a meta destes direitos.[161] O paradoxo longamente oculto deste princípio residia segundo Arendt em

> [...] este direito contar com um «ser humano em si» que não existia em parte alguma, pois mesmo os selvagens vivem em alguma forma de comunidade humana; com efeito, este direito parecia contradizer a própria natureza, pois só conhecemos «seres humanos» sob a forma de «homens» e «mulheres», ou seja, o conceito de ser humano, para poder ser entendido de forma politicamente útil, tem sempre de encerrar em si a pluralidade do ser humano. Esta pluralidade, nas condições políticas do século XVIII, só pôde ser reconhecida identificando o «ser humano em si» com o membro de um povo. [...] Na medida em que a Revolução Francesa entendeu a humanidade como uma família de nações, o conceito de ser humano, que subjaz ao conceito de direitos humanos, passou a dirigir-se ao povo e já não ao indivíduo.[162]

A primeira contradição destes «direitos inatos» naturais reside em, segundo Arendt, na sua formulação expressa (a pessoa em si), serem manifestamente irreconciliáveis com a natureza da pessoa como ser vinculado a uma comunidade — que só pode ser entendida *como* pessoa num contexto local e histórico, e apenas no plural (pessoas!). Esta contradição, por sua vez, só podia ter sido ocultada pelo facto de um indivíduo que deveria ser *incondicionalmente* protegido por estes direitos ser concebido silenciosamente como membro de um «povo» — ou seja, ao longo do século XIX, como uma «nação» que decide soberanamente acerca das suas próprias leis. Até que ponto esta segunda solução no espírito dos direitos humanos representava também ela uma contradição necessária tornou-se evidente nos inícios dos anos 1930 com o fenómeno de massas, sobretudo em França, das «pessoas apátridas».

---

[160] Os escravos e as pessoas de origem africana foram expressamente excluídos ou não mencionados em ambos os documentos.

[161] *Ursprung*, p. 603.

[162] *Ibid.*, p. 604.

QUESTÃO TORNADA PESSOA

De modo algum terá passado despercebido a Arendt, logo em 1934/1935, que a figura de uma judia expulsa da Alemanha nazi representa a personificação exemplar de todas as contradições implícitas na conceção dos direitos humanos: em particular, como parte de um *povo* que desde milénios já não tinha um *Estado nacional*, mas que, por causa da sua pertença a este povo, era um *indivíduo* perseguido que precisava absolutamente de proteção.

A biografia de Arendt extremava este problema, pois ela era uma judia que, só quando foi excluída de facto da comunidade com que se queria identificar, desde logo culturalmente («a tradição da literatura e do pensamento de língua alemã»), disse explicitamente sim ao seu judaísmo. Como Arendt disse ainda em 1930 por carta ao seu orientador de doutoramento, Karl Jaspers, para elucidar o projeto sobre Rahel Varnhagen, parecia-lhe que «certas pessoas estão de tal modo expostas nas suas vidas individuais que se tornam, por assim dizer, pontos nodais e objetivações concretas "da vida"»[163]. E agora tornara-se ela própria uma dessas «objetivações concretas»: a questão tornada pessoa acerca da verdadeira fundamentação dos direitos humanos.

A perturbação que a questão lhe trouxe era proporcional à sua premência. Ocupá-la-ia toda a sua vida, desde logo enquanto alguém que faz insistentemente perguntas, alguém «que não sabe o que são realmente os direitos humanos» e que, além disso, sabe «que mais ninguém parece saber ao certo»[164].

Fiel à tarefa que o oráculo de Delfos em tempos atribuíra a Sócrates — conhece-te a ti mesmo! —, o raciocínio de Arendt que parte daqui pode ser interpretado como o esforço de se conhecer como pessoa, representando todas as outras, cuja simples existência como refugiada destruía e punha fundamentalmente em causa a teoria política — e a cultura — do seu tempo. Como se poderia pensar o direito mais fundamental — ou seja, o direito a ter direitos — dentro de um quadro conceptual que recusasse a abstração da «pessoa em si» e resistisse à tentação de cooptar tacitamente o indivíduo como parte necessária de um coletivo (no sentido de um povo, de uma nação, de uma classe...)? Seria possível que a simples existência desta questão tivesse escapado até então a toda a tradição filosófica?

---

[163] *Briefe Freunde*, p. 15.

[164] Carta a Blumenfeld de 17 de julho de 1946 in *Briefe Freunde*, p. 63.

TERRA NOVA

Com a plasticidade de uma esponja, Arendt absorve nos seus anos em Paris as contradições, agora tornadas visíveis, na origem das conceções clássicas. O mesmo é válido para as suas experiências práticas no movimento sionista e nas organizações de ajuda. Ainda em 1934, Arendt muda-se para uma organização de beneficência para orfanatos de crianças judias, financiada e mantida pela baronesa Germaine de Rothschild. Um mecenato humanitário clássico, portanto, posto em marcha por um membro influente da mais poderosa instituição religiosa dos judeus de Paris, o Consistoire de Paris. A tarefa de Arendt, como assistente pessoal da baronesa, consiste sobretudo em coordenar e vigiar a atribuição de donativos aos diferentes orfanatos e organizações beneficentes.[165]

Um trabalho sem dúvida meritório e que representava uma ajuda concreta à «questão judaica», mas que, com o seu caráter em última instância meramente privado, dificilmente poderia contar com a aprovação de Arendt. Deixar nas mãos de benfeitores poderosos a questão judaica e a proteção dos judeus, por benevolentes e judiciosos que aqueles fossem, era a seu ver uma estratégia sem perspetivas e porventura até contraproducente. Afinal, era da natureza dos problemas políticos não admitirem uma solução privada.

Por esta razão, Arendt só se sente verdadeiramente no lugar certo quando começa a trabalhar no escritório da Juventude Sionista Aliyah, que a recebeu no início do ano de 1935. O nome da organização fundada por Recha Freier, poeta alemã e mulher de um rabino, explicitava já o seu programa: Aliya (também transcrito como Alija) significa literalmente «ascensão» em hebreu, mas designa também, segundo a Bíblia, o regresso dos judeus a Eretz Israel, deixando o exílio na Babilónia. Tratava-se, portanto, de fornecer aos jovens refugiados judeus os conhecimentos necessários a uma vida de colono na Palestina, bem como de preparar a logística para a emigração concreta para a Terra Prometida. Como secretária-geral desta organização criada havia apenas dois anos, no verão de 1935 Arendt teve a oportunidade de viajar como acompanhante até à Palestina, na altura ainda um protetorado britânico, e de formar uma opinião no local sobre o progresso do projeto sionista.

---

[165] Young-Bruehl, E. (2018/1982), p. 182.

EXCLUSÕES

Desde 1933, tinham chegado à Palestina dezenas de milhares de emigrantes vindos da Alemanha apenas — um considerável desafio para a comunidade judaica que então ainda estava em processo de se constituir. E a torrente de recém-chegados não diminuía. Nesta situação, o filósofo da religião e judaísta Gershom Scholem, que já emigrara para Jerusalém em 1932, tornou-se o cronista da vida da elite intelectual de judeus alemães que se salvara partindo para a Terra Prometida.

Como as aves migratórias, cuja rede cobre o mundo inteiro, também estes pequenos círculos se mantinham em estreito contacto mútuo por todos os continentes graças a relações de parentesco, rumores, mas sobretudo velhos hábitos. Numa carta a Walter Benjamin, então em Paris, de 25 de agosto de 1935, Scholem informa o seu melhor amigo dos tempos de Berlim: «Há algumas semanas vi aqui a mulher do teu primo, Hannah Stern, que agora prepara crianças para partirem para a Palestina, mas não tive a impressão de que ela estivesse em contacto mais próximo contigo, caso contrário ela ter-me-ia transmitido as tuas saudações, e por isso abstive-me de lhe perguntar por ti. Ela foi em tempos uma aluna brilhante de Heidegger.»[166]

Com efeito, Günther Stern (aliás, Günther Anders) era o filho de um tio de Benjamin, William Stern, um psicólogo do desenvolvimento que lecionara em Hamburgo. Uma vez que, em 1934, Arendt já travara uma amizade estreita com Benjamin, as verdadeiras razões para o seu silêncio perante Scholem prender-se-ão antes com a relação cada vez mais periclitante com o seu marido Günther. E talvez também com avaliações e sentimentos divergentes a respeito do progresso dos projetos de colonização sionistas, que Arendt podia agora ver com os próprios olhos nas aldeias de trabalho e sobretudo nos *kibutzim*.

Os *kibutzim*, justamente, eram uma experiência social na qual as análises de Simone Weil e de Hannah Arendt pareciam confluir a propósito das verdadeiras razões para a opressão e para a privação de liberdade dos judeus por todo o mundo. Pois estavam organizados como cooperativas agrícolas de média dimensão e em larga medida sem hierarquias, nas quais idealmente qualquer trabalhador poderia assumir qualquer tarefa. Na formulação de Weil, estas comunidades punham em prática em pequena escala as formas de organização e de cooperação

---

[166] Scholem, G. (2018), p. 205.

que poderiam pelo menos perspetivar um trabalho socialista global e local sem opressão. Contudo, a respeito do projeto de estabelecimento de um Estado sionista, a rede em permanente expansão destes *kibutzim* é um elemento essencial da política de colonização e de apropriação por parte da minoria judaica em relação à população maioritariamente árabe da Palestina.

É neste sentido que deverão ser entendidas as impressões desta primeira visita que Arendt registou mais tarde: «Lembro-me ainda muito bem da minha primeira reação aos *kibutzim*. Pensei: é uma nova aristocracia. Na altura, já sabia [...] que não se podia viver ali. "Domina os teus vizinhos", em última análise tudo se resume a isto. Não obstante, quando se acredita sinceramente na igualdade, Israel é impressionante.»[167]

Que formas de coletivização resistem ao nivelamento e à tendência para a uniformização? E quais, se algumas, poderiam ser implementadas na sociedade sem o constructo de um grupo de outros que ameace de forma concreta a sobrevivência da comunidade a que se pertence?

É com estas perguntas que regressa, tão entusiasmada como desiludida, da Palestina para Paris no outono de 1935. Quando lá chega em setembro, são promulgadas na Alemanha as leis de Nuremberga. Além da «Lei de Proteção do Sangue», que proíbe os casamentos e as relações sexuais entre «judeus» e «não judeus», as novas leis introduzem também uma diferença entre «cidadão do *Reich*» e meros «nacionais», com o que os judeus foram desqualificados como cidadãos de segunda classe mesmo dentro do *Reich*. Mais um passo desumanizador, também na vida de Arendt. E estava longe de ser o último.

---

[167] Young-Bruehl, E. (2018/1982), p. 206.

IV

PRÓXIMOS

1936/1937

Rand ama um Übermensch, *Arendt um pária, Weil a República e Beauvoir a sua nova família*

NÓS, OS VIVOS

«A única desculpa que tenho para o meu longo silêncio é eu ter escapado do inferno apenas há pouco tempo. O ano passado, com as suas constantes desilusões, esperas sem fim e luta permanente, foi tão terrível que preferi não dar notícias, pois tudo o que dissesse seriam queixas.»[168]

As frases iniciais da carta que Ayn Rand envia de Nova Iorque ao seu colega guionista, o californiano Gouverneur Morris, podiam ter sido escritas, naquele dia 29 de novembro de 1935, com a mesma legitimidade também por Simone Weil, Simone de Beauvoir e Hannah Arendt em Paris. No limiar da terceira década das suas vidas, no ano anterior todas elas se viram enredadas em situações, quer profissionais quer privadas, nas quais, a seu ver, foram partes passivas mais do que ativas. Já para não falar do turbilhão da política mundial, que de facto ameaçava engolir todas as existências individuais daquela época histórica.

«Só agora começo — mais ou menos — a levantar a cabeça», prossegue Rand, «não por causa da minha peça de teatro — ainda que esteja a correr bastante bem —, mas graças ao meu livro. Tê-lo vendido finalmente foi uma das maiores vitórias da minha vida até agora. Está feito. Quer venha a ter êxito ou não, pelo menos será publicado.»[169]

Apenas uma semana antes, o manuscrito de *Airtight* chegara a uma editora. O adiantamento pela obra montava a 250 dólares. A renomada

---

[168] *Letters*, p. 23.

[169] *Ibid.*

editora nova-iorquina Macmillan fá-la-ia chegar às livrarias já na primavera, com o título *We the Living*. Entretanto, *A Noite de 16 de Janeiro* granjeara considerável êxito desde a sua estreia em agosto na Broadway, rendendo a Rand, até ao final do outono de 1935, cerca de 1200 dólares semanais só em direitos de autor — uma soma que à época corresponde ao rendimento anual médio nos EUA.[170] O que em nada diminuía a raiva de Rand por o encenador ter desfigurado a sua obra até a transformar num «terrível teatro burlesco». Mas, ao menos financeiramente, já não tinha motivo de queixa.

Logo em dezembro, agora num apartamento mais espaçoso, Rand volta a sentar-se à secretária de madeira de nogueira, a única peça de mobília que trouxera de barco de Los Angeles, e escreve esboços do seu próximo projeto: um romance que deverá exceder em escopo e em complexidade, mas sobretudo em força filosófica, tudo o que escreveu antes. À sombra da Estátua da Liberdade e do Empire State Building, recentemente terminado, o verdadeiro objetivo do livro, cujo título provisório é *Second-Hand Lives*, parece-lhe ser o de fazer «uma defesa do egoísmo na verdadeira aceção da palavra»[171].

RECONQUISTA DO EU

Rand está sobretudo interessada em desvelar as premissas do cristianismo e do comunismo — sempre transmitidas sub-repticiamente — que teriam conduzido ao cinismo sem esperança e negador do eu que caracteriza o capitalismo consumista moderno. Sem dúvida, a verdadeira razão para a crise destes «Tempos Modernos» — e neste ponto Rand estava de acordo com as suas fontes filosóficas primárias: Friedrich Nietzsche, Oswald Spengler e Ortega y Gasset — não era material, mas sim espiritual:

> Oh, sim, houve um grande desenvolvimento técnico, mas espiritualmente estamos muito aquém da Itália renascentista. Com efeito, não *temos* uma vida espiritual grandiosa, como ela costumava ser entendida. A culpa será das máquinas? [...] *Ou* será apenas aquela pequena palavra, «eu», que, depois de vinte séculos de esforços do cristianismo, foi apagada

---

[170] Cf. Heller, A. C. (2009), p. 95.

[171] *Journals*, p. 77.

da consciência humana, levando consigo tudo o que *era* a consciência humana?[172]

Na sua tendência irrefreada para um simples desejo de posse daquilo que os outros já têm, do que são capazes de fazer ou do que mais prezam, o suposto individualismo das sociedades capitalistas contemporâneas revela ser moralmente tão corrupto como os princípios das sociedades coletivistas. Nem um nem o outro sistema têm alguma ideia do que verdadeiramente distingue um indivíduo e do que o deve guiar nas suas decisões. Numa época em que as pessoas alinham os seus juízos de valor e as suas premissas de vida pelos de outras pessoas, a palavra sagrada «eu» perdeu a sua função sustentadora: estética, moral e política. Perante este cenário, há um só caminho para sair da caverna: é preciso reconquistar o «eu» negando radicalmente a relevância de todos os outros!

Mas como se deveria configurar a vida de um indivíduo que encetasse consequentemente este caminho, afirmando incondicionalmente o seu juízo e força criativa? Nas circunstâncias dominantes da época, esse indivíduo poderia sequer existir e singrar? Ou estaria necessariamente votado ao fracasso e a ser vítima do ressentimento das massas?

Apenas algumas das muitas perguntas em aberto nesta fase de planificação do romance. Contudo, o que Rand já tem muito claramente diante dos olhos, logo no inverno de 1935/1936, é o protagonista — o sustentáculo do romance. A sua singular força criadora procuraria concretizar-se numa arte que era verdadeiramente social e reveladora do futuro: a arquitetura. A 9 de fevereiro de 1936, Rand está tão avançada que já fixou até ao último pormenor o perfil do seu novo *Übermensch.*

HOWARD ROARK

«Atitude perante a vida: [...] duas coisas que dominam toda a sua atitude perante a vida: a sua própria superioridade e a perfeita falta de valor do mundo. Ele sabe o que quer e o que pensa. Não precisa de mais razões, normas ou considerações. O seu total egoísmo é-lhe tão natural como respirar. Não o adquiriu. Não chegou a ele por deduções lógicas.

---

172 *Ibid.*, p. 81.

Nasceu com ele. Nunca o questiona, porque a possibilidade de o questionar nunca lhe ocorre sequer.»[173]

Howard Roark, por conseguinte, não adquiriu nem desenvolveu as disposições que o caracterizam, apenas as preservou da ameaça de serem maculadas por terceiros. Com efeito, mais adiante no romance ser-nos-á apresentado como um órfão sem passado conhecido. No entanto, o problema mantém-se: para os seres humanos, a via para conquistar a verdadeira autonomia — que Rand considera ser, no exemplo de Roark, um ideal de vida de validade universal — tem condicionamentos sociais inevitáveis. Lançados ao mundo quase sem instintos e totalmente dependentes, aprendemos, cada um e cada uma de nós, a conhecer o mundo e a nós mesmos de início no colo e de mão dada com outras pessoas. São as vozes dos outros que nos despertam para a vida como seres pensantes. Nessa medida, o ideal que Rand tem em mente só pode ser concebido como uma escada que se sobe e que, uma vez chegado ao último degrau da autonomia própria, é preciso afastar. É nesta altura solitária que Rand coloca o seu protagonista logo no início:

> Indiferença e um desprezo infinito, calmo, é tudo o que ele sente por este mundo e pelos outros homens que não são como ele. Ele percebe-os perfeitamente. E, percebendo-os, não quer saber desse assunto para nada. [...] Sendo inteiramente «a sua própria razão», não anseia por outros como ele, por camaradagem e compreensão.[174]

Roark, portanto, não contesta de modo algum a *existência* de outras pessoas, apenas a sua *relevância* para a orientação e configuração da sua própria vida. É precisamente por compreender como pensam e vivem os outros (muito falhadamente!) que os afasta da sua posição elevada. É apenas lógico que esta nova figura redentora, perfeitamente associal, seja apresentada como um homem de ação e alegre. Em vez de perdoar os pecados dos outros, Roark, o homem ideal, vive num presente de espírito e ação no qual o único pecado possível seria o de falhar os seus objetivos criadores. Como claro antípoda do redentor cristão Jesus Cristo (um carpinteiro de ofício), o arquiteto Roark não quer redimir todos os outros homens com o seu sofrimento, quer antes salvar-se a si mesmo através dos seus atos originais:

---

[173] *Ibid.*, p. 93.

[174] *Ibid.*

> Ele não sofre porque não acredita no sofrimento. A derrota ou a desilusão são apenas parte da batalha. [...] O que ele sente é uma profunda alegria de viver e de conhecer o seu poder, uma alegria que nem sequer tem consciência de ser alegria, pois é tão constante, natural e imutável. [...] O mundo torna-se meramente um lugar onde agir. Mas não onde sentir. As suas emoções são inteiramente controladas pela lógica. Ou antes, são uma e a mesma coisa, inseparáveis, com as emoções seguindo a lógica.[175]

A resistência à frustração de Roark é assim uma consequência direta da capacidade de submeter toda a sua vida emocional ao pensamento, que a dirige. Do mesmo modo como não sente o corpo como possível fonte de oposição e de resistência, também não vê a sua vida emocional como um obstáculo. A exclusão consequente dos outros, que permeia toda a sua existência, não começa com a existência deles, começa logo a respeito das condições do seu corpo, dos seus estados de espírito e instintos.

EGOCENTRISMO SENSUAL

A serenidade e a alegria que o homem ideal de Rand sente de forma continuada na sua existência alimentam-se da sua certeza de que este mundo é perfeitamente aberto à concretização dos seus desejos e objetivos — por via do pensamento e da lógica (Rand em breve falará da ideia de um «universo benevolente»). É precisamente esta alegria ou serenidade que distingue o protagonista Roark em todas as coisas: a vida enquanto constante e feliz resolução de problemas de maneira a concretizar os objetivos que o indivíduo se propõe.

A esfera da natureza surge aqui apenas como um meio para um fim. Uma pedra só interessa ao arquiteto Roark como material, a encosta de uma montanha apenas como local para erigir uma obra, o Sol apenas como astro que dá luz ou sombra. A natureza, em suma, não tem para ele nenhum valor em si — tem valor apenas para ele e para os seus projetos. Os únicos obstáculos que podem entravar o caminho da *pursuit of happiness* descrita nestes termos são: os outros. Roark compreendeu isso. E retira consequências meramente lógicas.

---

[175] *Ibid.*, p. 93 sqq.

> Política — interessado apenas em não se interessar por política. A sociedade enquanto tal não existe para ele. As outras pessoas não lhe interessam. [...] A sua maneira de proceder caracteriza-se pela recusa total e sem compromissos de se submeter aos pensamentos ou aos desejos dos outros. [...] As recompensas do êxito — dinheiro, fama e outros privilégios — não têm para ele nenhuma importância; a sua vida tem de ser real, a sua vida é o seu trabalho, ele fará o seu trabalho como o quer fazer, que é a única maneira de usufruir dele — ou então não o fará e morrerá na batalha.[176]

Mesmo uma pessoa como Roark pode falhar. Mas não atribui essa falha nem a si mesmo nem ao mundo das coisas, pelo que o insucesso nunca o poderá privar da sua dignidade e do seu valor. E esta dignidade — a consciência constante do seu próprio valor e posição no mundo — é para ele mais importante do que tudo o resto, mais importante até do que a concretização prática dos seus planos criadores. Afinal, este valor de si mesmo é o verdadeiro fundamento, ou antes fonte, que permite pronunciar a palavra «eu» de forma autoconsciente.

É assim estritamente necessário salvaguardar esta fonte de todos os outros que a possam contaminar. Um veredicto que abarca também aqueles estados muito humanos de grande êxtase e alegria de que Roark, como homem de carne e osso que pertence a este mundo e não a outro, não se quer privar:

> Sexo — sensual à maneira de um animal sadio. Mas não muito interessado no assunto. Nunca poderá perder-se no amor. [...] A sua atitude [...] não é: «Amo-te e sou teu.» É: «Amo-te e és minha.» O sentimento primário é o de a querer e conquistar, sem pensar muito se ela o quer.[177]

Nesta perspetiva, um homem como Roark não conhece nem pode viver o amor. O seu amor por si mesmo, o único incondicional, é um entrave a todos os outros. Assim, para que possa manter relações sólidas com alguém, a força vinculativa tem de partir de pessoas que estejam dispostas a entregar-se-lhe incondicionalmente — o que para Rand só pode acontecer sob a forma de permanente admiração ou de submissão, desde logo sexual. Este momento de submissão sensual tem sempre também uma nota sadomasoquista. No romance, este aspeto torna-se

---

[176] *Ibid.*, p. 95.

[177] *Ibid.*, p. 95 sqq.

claro na relação entre Roark e Dominique (como sempre acontece nas obras de Rand, o nome é eloquente). E com efeito a primeira relação sexual de Roark e Dominique no romance é indistinguível de uma violação (paradoxalmente formulada como sendo consensual) — um motivo recorrente na obra de Rand, cujo potencial para espicaçar o escândalo é calculado.

Os traços fundamentais de Roark, o homem ideal, estavam, pois, delineados. O mesmo não se podia dizer do romance. Sobretudo o enredo e a estrutura eram ainda obscuros na primavera de 1936. À partida, estava definido apenas o modelo de romance de formação clássico. O decurso da ação previsivelmente teria de ir buscar a tensão necessária aos obstáculos com que Roark se deparasse sob a forma de outras pessoas, pessoas de segunda classe — os *second-handers*. Já que o seu protagonista recusa qualquer forma de bajulação (*boot-licking*), conclui Rand no primeiro esboço trabalhado, «durante anos a fio terá de aceitar trabalhos inferiores», bem como «todas as humilhações económicas que a sociedade sabe infligir»[178].

CASAMENTO NO CONNECTICUT

Roark era para Rand a personificação do seu próprio ideal de vida — e devia sê-lo. Um alinhamento que não estava isento de complicações. Nem para ela — nem para o seu marido. Desde logo, no dia a dia a dois. Em 1936, se não mais cedo, Rand assume definitivamente a «posição masculina» clássica. Ela é o *male breadwinner*, é quem traz dinheiro para casa, é quem granjeia reconhecimento exterior, é quem cria, determina e avalia. É certo que a publicação de *We the Living* em abril de 1936 representa uma dura desilusão do ponto de vista comercial (o *bestseller* inesperado desta primavera tem o título *E Tudo o Vento Levou*, de uma certa Margaret Mitchell), mas, ainda assim, o livro recebe recensões elogiosas. Além disso, o seu foco na União Soviética faz de Rand uma comentadora política solicitada pelos *media* — uma função que ela cumpre em numerosas entrevistas na rádio e em *soirées* com uma alegria soberana e opiniões contundentes. O marido, Frank, apoia-a como pode — antes de mais, no papel de doméstico circunspecto e de amparo emocional. Com a mudança para Nova Iorque, o objetivo de ter uma grande carreira no

---

178 *Ibid.*, p. 97.

cinema tornou-se para ele definitivamente quimérico. Em vez de se deixar humilhar por mais recusas, agora já nem procura papéis como ator. Uma decisão que Rand, considerando também a experiência do pai, compreende perfeitamente. Afinal, em certas circunstâncias e épocas, a única alternativa para preservar a própria dignidade consiste não em lutar contra as condições dominantes, mas em as boicotar ativamente não participando nelas. O único contributo de Frank para os temas que ocupam Rand intelectualmente é, no melhor dos casos, o de ser um ouvinte paciente e, ocasionalmente, um comentador mordaz, cujo humor cortante entra imediatamente para a obra de Rand, em si bastante desprovida de humor.

Após um casamento de sete anos, os dois recém-chegados também não têm uma vida social digna do nome, nem um círculo de amigos ou sequer de conhecidos. Isto deve-se em grande medida a Rand, que não tem nenhuma vontade de conviver e que nunca se sente mais deslocada do que nas festas americanas, onde só se pratica *small talk*. Só Nick, o irmão de Frank, cheio de vida e de ideias, traz alguma distração à díade, que sensual e eroticamente também se mostra cada vez mais mortiça.

Ao longo de anos, o único compromisso de Frank, mais como passatempo do que como profissão, será o de assumir os papéis masculinos na peça de teatro de Rand, *A Noite de 16 de Janeiro*, em representações na província — os chamados *summer-stocks*. Quando, no verão de 1936, ele parte para o Connecticut para um desses compromissos, veem-se pela primeira vez há muitos anos separados por mais do que poucas horas. Assim que o comboio de Frank deixa a estação, Rand escreve à secretária:

19 de agosto de 1936

Cubby, sweet!

Ei-la, a primeira carta de amor que tive ocasião de escrever. E na verdade não tenho nada a dizer salvo que sinto muitíssimo a tua falta. Ou antes, não sinto a tua falta, é um sentimento muito engraçado: por um lado, podia pôr-me aqui a uivar de saudades tuas, por outro, sinto-me muito orgulhosa e virtuosa por finalmente ter conseguido deixar-te partir e ficar aqui, para cumprir «o meu dever». O mais difícil foi regressar da estação para casa. Foi terrível e ao mesmo tempo deu-me prazer, pois foi um sentimento inteiramente novo, algo que nunca sentira antes: a cidade inteira parecia vazia, e isto não é o cliché que parece ser, pois tratava-se da certeza de que ninguém, em lado nenhum, em rua nenhuma, significava o que quer que fosse para mim. Senti-me livre e amarga e depois tive vontade de chorar. Nem sequer me virei para ver o teu comboio. Como sentiste tu esta experiência?

Em todo o caso, há uma coisa boa: a ausência da «minha inspiração» inspirou-me mais do que tudo o resto. Trabalhei realmente bem e tenho vontade de trabalhar.

[...]

Tenho mesmo de te dizer que te amo?

Boa noite, Tweet!

XXXXXX

A tua Fluff[179]

Podemos dizer com toda a segurança que um Howard Roark jamais escreveria palavras semelhantes. Tal como não precisamos de um olhar com treino terapêutico para perceber que entre as linhas se escondem grandes tensões em potência. A *performance* mantém-se intacta, mas os papéis há muito que mudaram.

Saber que papel desempenham outras pessoas no mundo de Rand — à parte Frank — é uma questão carregada de tensão na sua vida e pensamento. Quanto ao último, Rand tem a certeza de que uma pessoa só pode pensar sozinha. E o mesmo é válido para a mais alta forma do pensamento: a obra criativa e a conceção de mundos nos quais vale a pena viver e amar.

FRONTAL

Em agosto de 1936, também Hannah Arendt tem de lutar consigo mesma para escrever sem reservas a frase «Amo-te». De Genebra, onde assiste como observadora ao encontro para a fundação do Congresso Judeu Mundial, escreve a 24 de agosto de 1936 ao novo homem na sua vida: «Que eu te amo, já sabias em Paris, tal como eu sabia. Se não o disse, foi por medo das consequências. E o que hoje posso dizer sobre o assunto é apenas isto: tentemos — em nome do nosso amor. Se poderei ser tua mulher, se virei a sê-lo, não sei. As minhas dúvidas não se dissiparam. Nem o facto de ser casada.»[180]

---

[179] *Letters*, p. 36 sqq.

[180] Arendt/Blücher, p. 59.

O medo de que Arendt fala é o da perda de independência, que no seu caso acompanha sempre a experiência do amor. Já como jovem estudante em Marburgo sentira isso mesmo com tal ímpeto que quase perdera a sua posição no mundo. As sombras desses anos ainda a acompanham. Heinrich Blücher não sabe nada deste caso amoroso com o seu antigo professor de filosofia Martin Heidegger, autor de *Ser e Tempo*, que, na primavera de 1933, se filiou no NSDAP. Assim como Hannah Stern — cujo marido *de facto*, Günther Stern, emigrara para os EUA na primavera de 1936 — nada sabe sobre o casamento ainda subsistente de Blücher com a russa Natascha Jefroikyn, igualmente a viver em Paris. A verdade é que se conhecem há poucos meses. E uns tantos segredos nunca fizeram mal a uma história de amor. Pelo menos, não a uma história que mal começou. Havia, portanto, alguns motivos para apreensão. Além disso, os desenvolvimentos políticos por todo o mundo assumiam um rumo cada vez mais sombrio.

Como se respondendo a um sinal secreto, ao longo do ano de 1936 as tensões agudizam-se no mundo inteiro até criarem frentes de grande violência e conflitos bélicos. A 26 de agosto de 1936, Gershom Scholem escreve ao seu velho amigo filósofo Walter Benjamin em Paris: «Há três meses que vivemos aqui em Jerusalém em estado de sítio, todas as noites ouvimos tiros mais ou menos aleatórios. [...] Acostumamo-nos ao nosso quinhão de fatalismo, pois ninguém sabe se na próxima esquina não nos é lançada uma bomba; por outro lado, descobrimos que poucas bombas explodem ou causam dano, pelo que andamos relativamente tranquilos. Aqui, decorrem batalhas a sério, umas entre o exército e os grupos de guerrilheiros árabes, outras entre estes grupos e os colonatos judeus que atacam constantemente.»[181] Enquanto no protetorado britânico da Palestina eclode o primeiro grande movimento de resistência da parte dos habitantes árabes, também «a situação europeia» — como relata Benjamin no tom seco de quem há muito perdeu as ilusões — «não se revela, na sua estrutura latente, mais segura do que a palestiniana»[182]. E isto não apenas do ponto de vista de um judeu alemão emigrado.

---

[181] Scholem, G. (2018), p. 224.
[182] *Ibid.*, p. 223.

PROCESSOS SOMBRIOS

Em 1936, Hitler declarou que a indústria alemã teria imperativamente de estar pronta para a guerra. Sob o mote «liberdade de armamento», a economia e a Wehrmacht têm o prazo de quatro anos para se preparar para uma guerra. Tem então início o fabrico maciço de armamento, cujo primeiro sinal público é a entrada das tropas alemãs na Renânia desmilitarizada. Uma infração flagrante aos tratados de Locarno e de Versalhes, que, no entanto, não recebeu sanções da parte das potências vencedoras da Primeira Guerra Mundial. A linha de ação destas, a respeito de uma Alemanha nazi já totalmente unificada, era simples: tudo menos uma guerra. Entretanto, a oposição de esquerda na Alemanha encontra-se tão debilitada e prostrada que o número de presos políticos nos campos de concentração nunca foi tão diminuto, não chegando sequer aos 3000.[183] Da lógica do regime decorre a necessidade de criar e perseguir novos inimigos, tanto internos quanto externos. Os judeus ocupam um lugar central na propaganda de ódio nacional-socialista.

Após seis meses de guerra defensiva e mais de 250 000 soldados caídos, em maio de 1936 as tropas etíopes capitulam em Adis Abeba contra as tropas de Mussolini. O Duce proclama então um «império» italiano de novo despertado.[184] Em Moscovo, entretanto, Estaline acicata a luta contra os seus adversários nos cargos mais altos no interior do partido, entre eles inúmeros antigos confidentes de Trotski. No verão de 1936, decorrem os primeiros grandes julgamentos-fantoches. Todos os réus — bem como, por regra, os seus familiares mais próximos — são executados. O número de presos políticos internados em *gulags* ascende neste momento a 180 000.[185] Planeados como prelúdio a amplas «purgas» por todo o domínio soviético, os julgamentos têm por efeito um primeiro distanciamento dos intelectuais de esquerda na Europa Central em relação ao regime de Estaline e aos seus ideais.

Ao mesmo tempo, 1936 é o ano de ressurreição de uma esquerda europeia unida nas chamadas «frentes populares». Em consequência de uma mudança de estratégia[186] já levada a cabo em Moscovo em 1934, os

---

183 Kershaw, I. (2016), p. 396.

184 Cf. Schreiber, G. (2013), p. 12.

185 Applebaum, A. (2003), p. 73. Em 1943, seriam cerca de quatro milhões.

186 Cf. Kershaw, I. (2016), p. 411.

sociais-democratas em países como França ou Espanha deixaram de ser discriminados como «social-fascistas» pelas Internacionais comunistas. Estaline, pelo contrário, insta os partidos comunistas locais a aliarem-se aos sociais-democratas, para assim chegarem ao poder de forma democrática.

A nova estratégia revela-se bem-sucedida inicialmente em Espanha, onde, em fevereiro de 1936, uma «frente popular» constituída por «republicanos», comunistas, separatistas e sindicalistas ganha as eleições contra a coligação da direita católica que está no governo. Num universo de nove milhões de votos, a vantagem da «frente popular» de esquerda é de apenas 150 000 votos.

Três meses depois, a «frente popular» de esquerda triunfa também em França. Porém, a linha politicamente divisora não se estabelece entre nacionalismo e internacionalismo, mas entre um catolicismo nacionalista e o comunismo popular. Nestas eleições, já não há lugar para um centro político liberal — ou sequer para a ideia de oposição democrática, ao invés de inimizade. Exatamente como Simone Weil prevê, mesmo as restantes democracias europeias — com exceção da Grã-Bretanha — são arrastadas pelo turbilhão de coletivos cujas convicções são irreconciliáveis.

O novo primeiro-ministro Léon Blum, o primeiro socialista e também o primeiro judeu a ocupar o cargo político mais alto de França, propõe um abrangente pacote de reformas, que inclui quer as pensões de velhice e a diminuição do número de horas de trabalho por semana, quer o subsídio de desemprego (mas não o direito de voto para as mulheres, férias pagas ou o direito de participação das empresas — medidas que também haviam sido prometidas).

Assim que as medidas foram decididas, França viu-se a braços em junho e julho com a maior onda de greves da sua história.[187] Por causa de milhares de ações espontâneas, sempre pacíficas, que vão de greves de zelo a protestos passivos e ocupação de fábricas, a vida pública praticamente para. A revolução paira no ar, um cenário ameaçador que Blum aproveita para implementar mais medidas contra a melindrada economia privada. É melhor aceitá-las do que ser expropriado. Economicamente, é claro, França encontra-se ainda numa profunda crise, cujo sintoma mais evidente é o batalhão de dois milhões de desempregados, bem como um franco a precisar de apoio maciço através de intervenções

---

[187] *Ibid.*, p. 413.

estatais. Por populares que as medidas sejam, de um ponto de vista económico são muito difíceis de justificar, como depressa se tornará claro.

Quando, a 14 de julho, feriado nacional em França, as multidões eufóricas desfilam por Paris em celebração, em Espanha a situação já se assemelha a uma guerra civil. Apenas três dias mais tarde, a 17 de julho de 1936, Franco dá início a uma insurreição militar com o objetivo de depor o novo governo. As duas frentes virão a ser as duas fações da guerra civil. A rutura ideológica da sociedade torna-se uma linha da frente que atravessa cada cidade e cada aldeia. Dentro de poucos dias, as tensões irão escalar e culminar em assassínios, pilhagens, fogos-postos, violações e execuções de parte a parte, que já nesta fase temporã custarão as vidas a dezenas de milhares de mulheres e homens espanhóis.

Quando, a 1 de agosto de 1936, as delegações nacionais entraram no novo estádio olímpico de Berlim e tanto a equipa italiana quanto a alemã prestaram homenagem a Hitler com a saudação fascista, as tropas de Franco já estão a ser maciçamente apoiadas pelas forças quer de Mussolini quer de Hitler. A Guerra Civil Espanhola ameaça assim tornar-se uma guerra por procuração dos dois grandes blocos totalitários.

O clamor da esquerda foi grande por toda a Europa. Mas nem o recente governo de Blum, nem a Grã-Bretanha, na verdade, nem sequer Estaline têm interesse em intervir diretamente no conflito. Algo que, precisamente em Paris, é denunciado como uma «traição» aos irmãos socialistas. No final de agosto de 1936, dezenas de milhares de voluntários alistam-se para apoiar a República espanhola, sob a forma de uma Brigada Internacional, contra a Falange de Franco. Deste modo, a guerra civil torna-se também uma guerra de intelectuais e literatos.

STUPS E A TRIBO

No círculo de amigos de Arendt em Paris, a situação em Espanha é intensamente debatida. Porém, não se deve concluir daqui que considerassem seriamente a ideia de se juntarem às Brigadas Internacionais para lutarem no local. Pois o que une estas pessoas das mais diferentes origens e profissões, que, a partir de 1935, se reúnem cada vez mais assiduamente para serões a discutir, é acima de tudo o ceticismo quanto à aceitação irrefletida de qualquer ideologia ou movimento político — seja ele o comunismo, o anarquismo ou o sionismo. Aliás, a atitude mais característica desta «tribo» parisiense, como em breve passou a designar-se ironicamente, era antes a vontade de preservar o último e precioso espaço de liberdade que lhe restava na sua nova vida em Paris: precisamente a vontade de pensar por si mesma!

Isto era válido tanto para o filósofo e crítico berlinense Walter Benjamin quanto para o advogado de Frankfurt Erich Cohn-Bendit, para o poeta Chanan Klenbort, oriundo da Polónia, para Käthe Hirsch, para Lotte Sempell, para o pintor Karl Heidenreich. Mas era válido sobretudo para Heinrich Blücher, nascido em Berlim em 1899 — um homem que estava em Paris de modo tão ilegal que «nem sabia onde vivia».[188].

Blücher, que em jovem participara no movimento dos trabalhadores e no início dos anos 1920 militara no partido comunista, tem um truque para sobreviver em Paris: durante o dia, passeia-se pelas ruas camuflado de turista, com bengala, boas roupas e maneiras elegantes, e ao cair da noite procura abrigo provisório num hotel ou em casa de mulheres que o ajudavam. Quando lhe perguntavam o que fazia de profissão, respondia simplesmente «trefilador»[189], que em tempos fora também o seu nome de código no partido, de cujos arames ideológicos ele se foi soltando ao longo dos anos 1930.[190]

Blücher, que crescera sem pai no bairro de Wedding em Berlim, é autodidata. A par dos hábitos viris e do sotaque do seu meio de origem, ao longo dos anos preservara também um ceticismo muito berlinense quanto ao intelectualismo grandiloquente. Um clássico *self-made man*, com os dois pés bem assentes na terra, sem rede de segurança nem amparos e cuja independência intelectual era apenas excedida pela sua insolvência. Por outras palavras, um pária por excelência e, logo, muito ao gosto de Arendt, um gosto que a vida refinara.

Graças à sua presença sempre elegante e razoáveis conhecimentos de francês, Arendt trata-o ironicamente por *Monsieur* — em certos contextos íntimos também, amorosamente, por *Stups*. Ainda que ambos se tenham entregado intempestivamente, Arendt não estava inclinada, como o mostra a sua carta de agosto de 1936, a deixar-se levar por este acontecimento. As suas reservas são alimentadas sobretudo pela dúvida de saber se e como lhe seria possível conjugar a experiência do amor com

---

[188] Young-Bruehl, E. (2018/1982), p. 185.

[189] Além de trefilador, *Drahtzieher* quer também dizer em alemão «cérebro», na aceção de «cérebro por detrás da operação». (*N. da T.*)

[190] Cf. *ibid.*, p. 185 sqq.

a preservação da sua própria identidade e integridade. Uma apreensão tão séria que constituiu o verdadeiro centro das questões trabalhadas na sua tese de doutoramento de 1928, orientada por Karl Jaspers em Heidelberg, sobre *O Conceito de Amor em Agostinho*[191] — e, portanto, de uma fase da sua vida em que ainda se encontrava em segredo com Heidegger.

AMOR TOTAL AO PRÓXIMO

Atendo-se ao exemplo do conceito de amor do Pai da Igreja Agostinho (354–430 d. C.), Arendt investiga, no seu primeiro trabalho autónomo, a questão da «relevância do outro» para a relação que temos com o mundo e connosco. Porém, não há formulação mais premente desta questão — nem uma resposta clara — do que no amor. Afinal, segundo as palavras de Heidegger numa carta a Arendt de 1925, o amor é um acontecimento «no qual a presença do outro irrompe na nossa vida»[192]. Quem ama não está sozinho no mundo. E também já não apreende o sentido deste mundo e de si mesmo a partir do seu isolamento.

É assim tanto mais surpreendente que no conceito de amor de Agostinho a instância de uma outra pessoa — enquanto contraparte insubstituível na sua individualidade — não desempenhe nenhum papel de relevo. A razão prende-se com o facto de o amor, na filosofia de Agostinho, de cunho fortemente cristão, ter a sua origem em Deus — que é também a sua verdadeira finalidade. E o mesmo vale para qualquer sentido sustentador da vida ou para qualquer abrigo neste mundo.

O que se ama e se deve amar na figura concreta do outro enquanto «próximo» é, segundo Agostinho, apenas a sua origem em Deus, bem como a sua pertença à comunidade de todos aqueles que caíram com o pecado original e que, logo, são mortais. Porém, diante de Deus, enquanto verdadeira fonte e finalidade do amor, todos somos em última análise iguais. Donde que o amor, também entre as pessoas, não se deverá dirigir à individualidade de cada uma, mas à sua fundamental igualdade.

Esta igualdade é assegurada, em Agostinho, pelo pecado original de Adão e Eva, enquanto origem terrena da nossa finitude e irremediável

---

191 = *Aug.*

192 Arendt/Heidegger, p. 14.

depravação. No capítulo final da sua dissertação de 1928, que reveladoramente tem o título «Vita Socialis», Arendt constata assim o seguinte:

> Esta ênfase na igualdade está contida no mandamento de amar o próximo. Porque o outro no fundo é igual a ti, ou seja, porque tem o mesmo passado pecaminoso que tu, por isso deves amá-lo.[193]

> O outro nunca é amado por si, mas apenas por graça de Deus. Este caráter indireto [...] suprime, num sentido ainda mais radical, a naturalidade de estar com os outros. Faz de cada relação uma mera passagem para a relação direta com Deus. Não é o outro enquanto tal que pode redimir, mas apenas porque nele é eficaz a graça de Deus.[194]

Assim, a questão de saber se e como se pode conservar ou até conquistar a própria individualidade no amor não se coloca nem se pode colocar tendo como pano de fundo a filosofia de Agostinho. Algo que Arendt assinala logo em 1928 como um verdadeiro escândalo do pensamento ocidental, na medida em que a questão filosófica do amor é apenas um refinamento existencial da questão de saber se e em que medida existem *outras* pessoas (e não apenas se são todas elas iguais por natureza). E sobretudo também qual poderia ser o contributo da alteridade para a própria existência. Mesmo a mulher enquanto mulher, segundo a ficção original do Antigo Testamento, não é pensada como sendo de facto outra pessoa, mas apenas uma versão insuficiente do homem original. Como consequência, segundo essa narrativa, ela foi formada a partir de uma parte do corpo de que o ser humano na verdade não precisa apenas para sobreviver — concretamente, a costela.

No que diz respeito à vida estritamente terrena, a igualdade entre pessoas é assegurada, na filosofia de Agostinho (e, logo, também o seu conceito de amor), por um parentesco comum, a saber, a «descendência comum de Adão», de que ninguém se pode furtar:

> Este parentesco cria a igualdade [...] da *situação*. Todos têm o mesmo destino. O indivíduo não está sozinho no mundo, tem companheiros de destino (*consortes*), e isto não apenas nesta ou naquela situação, mas ao longo de toda a vida. A vida inteira é vista como uma situação fatidicamente

---

[193] *Aug*, p. 103.
[194] *Ibid.*, p. 109.

determinada, a situação da mortalidade. Nela assenta o parentesco de todas as pessoas e ao mesmo tempo a sua aliança (*societas*).[195]

A conceção do indivíduo como parte de uma humanidade originalmente igualitária no sentido de uma comunidade que partilha totalmente o destino da mortalidade, ou seja, uma comunidade de moribundos, é, na interpretação de Hannah Arendt, discípula de Heidegger e de Jaspers, o verdadeiro ponto de fuga — e bastante criticável — do entendimento do amor, e não menos da política, do Pai da Igreja Agostinho. Que, não por acaso, é também o autor d'*A Cidade de Deus.*

A VIRAGEM DE ARENDT

É esta a interpretação daquela que mais tarde viria a ser a autora d'*As Origens do Totalitarismo* e que, em 1936, decerto já via com toda a clareza como os motivos aparentemente havia muito caducados do pensamento agostiniano continuavam a desenvolver e a exibir o seu efeito totalizador e igualizador num contínuo verdadeiramente sinistro — por assim dizer, nas costas dos atores da política mundial — em nome de diferentes coletivos.

Na verdade, para interpretar o seu presente político, Arendt só precisava de passar da transcendência do Deus todo-poderoso para a imanência do caudilho todo-poderoso, para ver muito claramente o princípio de depreciação do indivíduo que, em relação a este caudilho, «chegava ao mundo de forma puramente acidental e isolada»[196]. Nesta visão totalitária do mundo, o indivíduo não tinha nenhuma importância essencial enquanto indivíduo. Ela ou ele podia existir, mas não necessariamente. O seu sacrifício não significava a derrocada do mundo.

Porém, no presente político de Arendt, a narrativa mítica das origens da sociedade humana como uma sociedade dos expulsos do paraíso fora substituída — por exemplo, por Hitler — por narrativas das origens, alegadamente comprovadas pela história, de diferentes povos e nações. E também aqui já se concretizara a desejada igualização total nos termos de uma pertença coletiva a um povo: ama os teus concidadãos como a ti mesmo! E, se necessário, sacrifica a tua vida em nome desta pertença

195 *Ibid.*, p. 97.
196 *Ibid.*, p. 110.

a uma nação. Era apenas lógico que, nestas circunstâncias, o amor ao representante do corpo nacional coincidisse com o amor ao caudilho, do mesmo modo que em Agostinho o amor ao próximo coincidia com o amor a Deus.

Nesta maneira de pensar, também deixa de existir uma resposta plausível em relação à questão da «relevância do outro» enquanto pessoa única, uma relevância que sustenta o mundo e que tem de ser incondicionalmente preservada. Mais extremadamente ainda, é uma questão que deixou de ser inteligível enquanto questão. Em todo o caso, ganhava plausibilidade nas chamadas relações interpessoais da esfera privada, ou seja, relações que, segundo o ideal de um Estado tornado total, já não deveriam existir. A vida privada a dois dos amantes como primeiro e último reduto de resistência contra uma sociedade ameaçada pela igualização pública total... Nas bonitas palavras de Arendt escritas em Genebra ao seu Heinrich: «Tentemos — em nome do nosso amor.» Em nome do amor de mais ninguém. Nem sequer de um deus. Por outras palavras: em nosso nome apenas, em nome da nossa felicidade e do nosso lugar neste mundo, e acima de tudo em nome da libertação, típica do amor, do medo da própria finitude.

De um ponto de vista estritamente filosófico, a questão de saber como se pode pensar num amor que deixa que o outro entre com toda a força na própria existência, sem que o indivíduo se sinta com isso desalojado e permanentemente sitiado, estava longe de ser resolvida. Porém, a experiência de um quotidiano partilhado com quem se ama forneceu alguns indícios, como Hannah revela sem reservas ao seu Stups apenas um ano mais tarde, de novo de Genebra, aventurando-se até no dialeto berlinense:

> 18.9.37
>
> *Meu querido queridíssimo, único e amado,*
>
> Estou muito orgulhosa e muito feliz de ter estado contigo esta noite (em sonhos). Bem vês, querido, sempre soube — desde logo como mulherzinha — que só posso existir realmente no amor. E por isso tinha um enorme medo de poder simplesmente perder-me. E perder a minha independência. E no amor dos outros, que me achavam fria, pensei sempre: não têm ideia de como isto é perigoso, de como seria perigoso para mim.
>
> E depois, quando te encontrei, finalmente deixei de ter medo — após aquele primeiro susto, que na verdade foi apenas um susto de criança que

só se manifestou em adulta. Ainda me parece inacreditável que tenha conseguido ambas as coisas, o «grande amor» e a identidade da minha própria pessoa. E na verdade só tenho uma desde que tenho a outra. Agora, sei também por fim o que a felicidade realmente é. [...] Hoje, chegou a sentença do meu divórcio. Vou ter de andar muito para trás e para diante à conta dela. Mas em certa medida estou contente — rio-me, ajo como uma criança — por reaver o meu antigo nome.[197]

Com o reconhecimento do divórcio, Arendt perdeu a cidadania alemã. O mundo bem que podia encaminhar-se para o inferno diante dos olhos de todos — com *Monsieur* ao seu lado, a apátrida Arendt sente que chegou a porto seguro — como destroços de um navio. A experiência de Heinrich não é diferente. Logo no outono de 1936, começam a viver juntos — o que significava em termos concretos que partilhavam um quarto num hotel na Rue Servandoni, no qual as peças de mobília mais importantes eram dois bicos de gás, um gramofone e discos: a verdadeira imagem da felicidade terrena, logo, finita, em tempos sombrios.

PARIS IS FOR LOVERS

Duas pessoas num quarto exíguo de um hotel de Paris, no qual as únicas peças de mobília próprias são a estante de livros e o gramofone. No outono de 1936, esta é uma descrição bastante precisa da situação de Simone de Beauvoir. Como resposta em ato à pergunta definidora do *Zeitgeist*, «já não haverá nenhum lugar na Terra a que a esperança se possa agarrar?»[198], Beauvoir e Sartre agarram-se sobretudo um ao outro. Em todo o caso, não fugiram de Berlim para Paris, apenas deixaram a tediosa província do Norte e regressaram à sua cidade natal. A vida num hotel também não se deve de modo algum a constrangimentos financeiros ou a falta de legitimação, mas ao inconformismo voluntário de dois professores de liceu e funcionários públicos. O mesmo é válido para a escolha de cafés em Montparnasse e no Quartier Latin como verdadeiras salas de estar e escritórios. O que Beauvoir mais preza nos sussurros poliglotas dos refugiados na mesa ao lado não é o seu valor informativo

---

197 Arendt/Blücher, p. 83 sqq.
198 *BJ*, p. 246.

e, logo, relevante para a sobrevivência, mas o espaço narrativo que lhe é dado pela presença de pessoas «muito próximas e longínquas, que procuravam tatear a vida»[199].

O mesmo é válido, de forma mais acentuada ainda, para as prostitutas, os marginais, os correios de droga, bem como os americanos e americanas que todas as noites bebem até perderem os sentidos, que formam o quadro boschiano das noites passadas em cafés cheios de fumo. Em consequência das reformas do governo da «frente popular» de Blum, muito onerosas para o orçamento de Estado, o valor do franco em relação ao dólar caíra a pique. O que reforçou o mito criado nos anos 1920 por ícones da boémia como F. Scott Fitzgerald, Ernest Hemingway e Gertrude Stein de Paris como a capital das festas na Europa, dando um novo ímpeto ao turismo.

Quando Beauvoir, em agosto de 1936, abre a carta anual do ministério com a sua colocação, mal consegue conter a felicidade: um posto no Lycée Molière no 16ᵉ *arrondissement*, facilmente acessível de metro a partir do centro. A colocação de Sartre, em Laon, a apenas 150 quilómetros de distância, também lhe permite passar bastante mais tempo em Paris. «Duas vezes por semana eu ia esperar Sartre à Estação do Norte. [...] A seguir descíamos até Montparnasse. Tínhamos estabelecido quartel-general no Dôme. Nas manhãs em que não ia ao liceu, tomava lá o pequeno-almoço. Nunca trabalhava no meu quarto, mas num compartimento ao fundo do café. À minha volta, refugiados alemães liam jornais e jogavam xadrez.»[200] Logo em novembro, Olga, sem a autorização dos pais, foi atrás do casal e vive agora apenas um andar abaixo de Beauvoir. Já não fala de fazer uma licenciatura ou sequer de estudar. Durante o dia, trabalha irregularmente numa casa de chá, à noite sai para pintar a manta, em duo ou em trio, conforme a atribuição de papéis e a disponibilidade. Para Beauvoir, o que mudou desde Rouen foi o raio, mas não a forma da sua roda infernal privada.

Sartre, entretanto, tem 31 anos, Beauvoir 28. Quase todos os seus amigos e antigos colegas de faculdade, como, por exemplo, Maurice Merleau-Ponty, Paul Nizan ou Raymond Aron, estão, entretanto, em relações sólidas ou casados e sabem que singraram, de um ponto de vista burguês. É assim com alguma irritação que observam a manifesta vontade de Sartre e de Beauvoir de criar o caos nas suas existências.

---

[199] *Ibid.*, p. 241. [*A Força da Idade*, p. 239. (*N. da T.*)]

[200] *Ibid.*, p. 239. [*Ibid.*, pp. 237–238. (*N. da T.*)]

Esta mudança de vida causa distúrbios também em casa dos pais. Com medo de uma infeção, a mãe de Simone recusa-se a pôr um pé no quarto de hotel desta, ao passo que o pai, nos almoços cada vez mais raros ao domingo, não se coíbe de dizer o que pensa e espera da sua filha mais velha: «És demasiado velha para conseguires pensar, quanto mais escrever um livro. Nunca serás mais do que a puta daquele verme.»[201] E a cólera paterna não se ficou por aqui. Pois também a irmã mais nova de Simone, Hélène, que dava os primeiros passos como pintora, se mostra cada vez mais atraída pelo exemplo da irmã.

DÚVIDAS NO PACTO

No entanto, o que mais do que qualquer outra coisa turva a vida de Beauvoir é o permanente desafio que Olga personifica na sua relação com Sartre. Não era uma questão de supremacia erótica ou de ciúmes carnais. Sartre e Beauvoir, no sétimo ano do seu pacto, há muito deixaram para trás a fase em que o sexo ainda cumpre um papel fundacional. Em especial, porque Sartre, só agora, nesta fase inicial de regresso a Paris, começa a explorar o seu gigantesco apetite sexual em toda a sua amplitude — e a saciá-lo. Os incontáveis encontros reduzem cada vez mais o seu orçamento de tempo em Paris. Quase já não tem ocasião de ir ter com Beauvoir para um café no Dôme ou para a encontrar na estação ferroviária e aí lhe passar para as mãos mais umas páginas manuscritas do seu romance em curso, *Melancholia*.

Não, o que Olga Kosakiewicz representa na vida de Beauvoir, mais como símbolo do que como pessoa, é antes a questão da natureza e espécie da sua relação com Sartre — a questão da verdadeira essência do pacto de ambos. Até que ponto se tratava aqui, sobretudo na perspetiva de Sartre, de uma «relação necessária»? E o que sustentava esta necessidade e garantia a sua constância?

Para Beauvoir, o núcleo sustentador de uma relação humana duradoura consiste no projeto de um futuro partilhado que assente, na sua forma e objetivos, num passado aceite.[202] Porém, com o surgimento de Olga como terceiro elemento da relação, entrara um princípio de espontaneidade total, que subvertia qualquer expectativa de

201 Bair, D. (1998), p. 239.

202 Para aprofundar este ponto, cf. Webber, J. (2018), pp. 57–73.

compromisso: «Olga desprezava furiosamente todas as construções voluntaristas; não era o suficiente para me abalar; mas, na frente dela, Sartre também se entregava à desordem das suas emoções; sentia inquietações, fúrias e alegrias que não conhecia comigo. O mal-estar que eu sentia ia mais longe do que o ciúme: havia momentos em que perguntava a mim própria se a minha felicidade não assentaria completamente numa enorme mentira.»[203]

A suspeita de Beauvoir de estar a viver de momento (ou porventura o tempo inteiro) uma tremenda mentira em vez de uma relação necessária alimenta-se da questão de saber qual a ideia de Sartre acerca da liberdade na relação dos dois. Sentia ele esta relação, graças à constância e estabilidade que Beauvoir lhe concedia, como algo que lhe dava liberdade ou que a restringia?

Se o «princípio Olga» ganhasse vantagem sobre Sartre, Beauvoir seria apenas uma entre muitas — o seu estatuto privilegiado revelar-se-ia mera aparência. Uma aparência cuja longevidade se devia ao facto de Beauvoir guiar a sua conduta por um outro entendimento da liberdade. O jogo da corda entre Olga e ela não tinha, portanto, nada que ver com uma luta entre duas mulheres pela primazia erótica na vida de um homem. Desde logo porque Olga, que considerava Sartre intelectualmente estimulante, mas fisicamente repulsivo, não queria fazer força do seu lado. Tratava-se antes de uma cirurgia de peito aberto ao conceito de amor de Sartre e Beauvoir. Tratava-se, em particular, de saber em que condições podia decorrer uma relação amorosa sob o signo de uma liberdade mutuamente concedida, incluindo a sexual.

AMOR LIVRE

As preocupações filosóficas de Beauvoir em torno do amor são precisamente opostas às de Hannah Arendt. Para Arendt, o verdadeiro paradoxo a resolver era o de saber como era possível «ter as duas coisas ao mesmo tempo», ou seja, como ela diz na carta a Blücher, «um grande amor e a identidade da minha própria pessoa», ao passo que, para Beauvoir, o maravilhoso segredo do amor a Sartre fora desde o início o facto de, na sua vida a dois, terem conquistado a identidade única e sem fendas de um «nós». Assim, enquanto para Arendt o verdadeiro desafio

---

[203] *BJ*, p. 222 sqq. [*A Força da Idade*, p. 222. (*N. da T.*)]

é o de entrar numa díade amorosa sem com isso perder a sua identidade, para Beauvoir, no ano de 1936, consiste antes em reconhecer as fissuras manifestas na sua relação amorosa una, unitária e necessária, sem com isso pôr em risco ou mesmo perder a sua identidade essencialmente vinculada à existência desta díade. À pergunta de quem era ela como pessoa sem Sartre, Beauvoir não teria sabido dar uma resposta justificada. Afinal, amava Sartre. Beauvoir resume a sua situação no inverno de 1936/1937 nos seguintes termos:

> O que me abalou ainda mais foram as dissensões que, às vezes, me opunham a Sartre; ele teve sempre muito cuidado em nada fazer ou dizer que pudesse alterar as nossas relações; as nossas discussões eram, como habitualmente, de uma grande vivacidade, mas sem qualquer azedume. Nem por isso deixei de rever alguns postulados que até então considerei como certos; confessei a mim própria que era abusivo confundir [um outro] comigo sob o equívoco desta palavra demasiado cómoda: nós. Havia experiências que cada um vivia por sua conta; sempre afirmei que as palavras traduziam mal a presença da própria realidade: tinha de sofrer as consequências disso. Fazia batota quando dizia: «Somos um só.» Entre dois indivíduos, a harmonia nunca é fixa, tem de se conquistar indefinidamente. Isso estava eu pronta a admitir.[204]

Beauvoir vê-se forçada, contra a sua vontade, a reconhecer a irredutibilidade da experiência própria. Nada no mundo — nenhuma palavra, nenhuma jura, nenhum momento a dois por mais íntimo — pode colmatar a separação entre uma existência e outra. Permanece sempre uma fissura, se não um abismo. Um *insight* tão fundamental e desestabilizador que, na reflexão acima, Beauvoir o equipara à perda da fé em Deus na sua juventude. Assim como a existência de Deus era, segundo Kant, um *postulado* da razão prática, tendo a crença na sua existência uma função de sustentação moral neste mundo, também para Beauvoir a crença no poder unitário da palavra amorosa «nós» na relação com Sartre fora o seu amparo e esteio. E, em consequência do caso «Olga», perdera esta crença.

O que podia então verdadeiramente significar amar outra pessoa livremente? Mesmo a relação mais profunda teria então de ser entendida como um projeto sempre em aberto que era necessário renovar

---

[204] *Ibid.*, p. 222. [*Ibid.* (*N. da T.*)]

e preservar numa existência partilhada? E, se sim, seria isso, lucidamente considerado, algo a lamentar?

AFINIDADES ELETIVAS

A par da clarificação libertadora dos equívocos que subjaziam à existência de cada um, Beauvoir e Sartre exploram, na crise do inverno de 1936/1937, novas maneiras de estabilizarem a sua relação. Porque não introduzir nela outras pessoas além de Olga? Por exemplo, Jacques-Laurent Bost, antigo aluno de Sartre, tão alerta e confiante, que já no ano anterior fora ter com eles várias vezes a Rouen vindo de Le Havre? Ou a irmã de Olga, Wanda Kosakiewicz, apenas dois anos mais nova, que também procurava escapar ao tédio da província e que, em franqueza e fome de experiência, em nada ficava atrás da irmã? Bost, o irmão mais novo do escritor Jean Bost que vivia em Paris, começou a estudar na Sorbonne no outono. Também Wanda seguiu a irmã até Paris. As alcunhas são atribuídas por Sartre, é claro: Bost é apenas «o pequeno Bost», e, como Olga já era a «pequena russa», Wanda só podia ser a «pequeníssima russa».

Sartre e Beauvoir falam já, jocosamente, da «família» e criam uma forma de vida de uma intimidade quotidianamente partilhada que está em perfeita sintonia com os seus filosofemas, que vão ganhando forma cada vez mais concreta. Afinal, o que une esta «família» está para lá de traços congénitos ou de um longo passado partilhado. A responsabilidade pelos outros deve-se aqui muito mais ao ato que, segundo creem Beauvoir e Sartre, constitui o verdadeiro cerne de cada existência humana: a escolha radicalmente livre por ou contra alguma coisa, por ou contra um valor, por ou contra um projeto, uma norma em vigor, um modo de vida ou a pertença a uma comunidade! E, nesta situação, a decisão pela liberdade de escolha — à semelhança da decisão de querer decidir — equivale, para os membros mais jovens da família, à decisão de escapar aos modelos de vida que as suas famílias viam como factualmente predeterminados.

Assim, ainda que os mais jovens, como Olga recordaria, se sentissem «hipnotizados como serpentes» pela simples presença de Beauvoir e de Sartre e «[fizessem] o que [eles] queriam porque nos sentíamos tão privilegiados com a sua amizade»[205], a margem de manobra assim

[205] Bair, D. (1998), p. 243.

conquistada era, não obstante, imensamente maior do que aquilo que nos seus meios de origem parecia sequer possível. A «família» de Sartre e de Beauvoir desenvolver-se-á doravante como uma experiência de base filosófica em torno da liberdade, uma experiência na qual a teoria e a prática se fertilizam e dinamizam mutuamente dia após dia, coincidindo com o objetivo do casal de pensadores. Precisamente como experiência aberta em torno da existência.

MELANCHOLIA

Qualquer que seja o juízo moral que se faça sobre este constructo, uma coisa era certa: era muitíssimo extenuante. Em particular, para a pessoa por onde passavam todos os fios e que ansiava por benevolência, ou seja, Simone de Beauvoir. «Com Olga e Sartre, ou com os dois, ficava acordada até tarde; Sartre descansava em Laon, Olga durante o dia, e eu nunca. [...] Ao esperar Sartre num café, perto da Estação do Norte, acontecia-me fechar os olhos e perder a consciência durante uns minutos.»[206]

No início da primavera de 1937, era sobretudo Sartre quem exigia maior dedicação, e não apenas por ter perdido dolorosamente Olga para o jovem Bost. Apesar da intercessão do amigo de faculdade, Paul Nizan, autor já estabelecido, o seu romance *Melancholia* (mais tarde, *A Náusea*), no qual trabalhara intensamente mais de quatro anos, fora recusado pela editora Gallimard. Uma notícia difícil de digerir, incluindo para Beauvoir, que acompanhara o processo criativo como primeira leitora e revisora.

Como casal, tinham investido uma grande parte da sua energia criativa e filosófica nesse projeto. Ambos tomavam esta obra por uma expressão literariamente conseguida dos seus estudos e ideias sobre a existência humana. Agora, embatiam num obstáculo logo à partida. A razão para a recusa da Gallimard fora não tanto a execução concreta do romance, mas o facto de ser manifestamente metafísico.

A grande preocupação de Beauvoir com o equilíbrio psíquico do seu *poupette* — cujo mundo percetivo, apesar de tudo, já não estava povoado por crustáceos de tamanho humano — coincide em grande medida com o conteúdo da obra rejeitada. Afinal, a verdadeira ação do romance consiste em traçar, através do que parecem ser entradas de um diário, o caminho do protagonista ruivo, Antoine Roquentin, sempre

---

[206] *BJ*, p. 245. [*A Força da Idade*, p. 244. (*N. da T.*)]

a deambular pelo mundo meio despenteado, rumo à perda total de sentido e do eu.

Roquentin parece o gémeo fraterno de Howard Roark, o *Übermensch* ruivo de Ayn Rand — mas nascido de um óvulo bastante menos jovial. Todas as perguntas e dúvidas diante das quais Roark permanece abençoadamente cego atormentam Roquentin a cada passo. Nada é para ele evidente, nem mesmo a sua existência. Nada é para ele mais doloroso do que sentir o olhar dos outros dirigido a si. Em vez de edificar vigorosamente arranha-céus que são um prenúncio do futuro, como Roark em Nova Iorque, Roquentin passa os dias na província francesa a escrever a biografia de um diplomata francês, nem sequer particularmente influente, do século anterior. Um projeto que, entretanto, vê ser absurdo e interrompe. Do mesmo modo, no decurso do romance, perderá tudo o que se pareça com um plano ou um objetivo. A sua vida sucumbe a um turbilhão de dúvidas que exteriormente se traduz pela inação. Tudo se dissolve num nada abissal e informe, também, e sobretudo, o seu «eu».

Mesmo a existência de pedras ou plantas presumivelmente inconscientes é sugada no final pelo redemoinho do absurdo de Roquentin:

> Estava então há bocadinho no jardim. A raiz do castanheiro mergulhava na terra, mesmo por baixo do meu banco. Não me lembrava, porém, que era uma raiz. As palavras tinham-se evaporado, e, com elas, o significado das coisas, os seus modos de emprego, os pálidos pontos de referência que os homens lhes traçaram à superfície. [...] Mas tudo isso se passava à superfície. Se me tivessem perguntado o que era a existência, teria respondido de boa-fé que não era nada, que era apenas uma forma vazia que vinha juntar-se às coisas por fora, sem lhes modificar em nada a natureza. E depois sucedeu aquilo: de repente, ali estava, ali estava, era claro como a água: a existência dera-se subitamente a conhecer. Perdera o seu aspeto inofensivo de categoria abstrata: era a própria massa das cosias; aquela raiz estava amassada em existência. Ou antes, a raiz, o gradeamento do jardim, o banco, a relva rala do tabuleiro, tudo se tinha evaporado: a diversidade das coisas, a sua individualidade, já não era mais que uma aparência, um verniz. Esse verniz derretera-se; restavam massas monstruosas e moles, em desordem — nuas, duma medonha e obscena nudez.[207]

---

[207] Sartre, J.-P. (2018/1938), p. 200 sqq. [Aqui e adiante seguiu-se a tradução de António Coimbra Martins *in* Sartre, Jean-Paul, *A Náusea*, Lisboa, Livros do Brasil, 2018, pp. 167–168. (*N. da T.*)]

O vislumbre assim descrito da verdadeira essência das coisas baseia-se numa experiência concreta de Sartre no ponto alto da sua fase depressiva em Le Havre, entre 1934 e 1935, que ele registou no seu diário filosófico: nada do que existia era algo só por si, nada do que existia existia necessariamente. E, logo, uma conclusão possível era que tudo em última instância era nada. Ei-lo, o abismo que se abre iluminadoramente na experiência que Sartre/Roquentin tem no parque, lançando-o de uma melancolia extenuada para o sentimento de uma profunda náusea diante da «massa mole» do ser. Uma náusea que Roquentin sente tanto mais profunda e desesperadamente quanto a sua consciência — tão-somente por ser uma consciência humana — continua a sobrecarregá-lo, mesmo contra o seu discernimento, com as falsas aparências da permanência do eu, dos objetos no mundo e do chamado sentido.

No resto do romance, Roquentin oscila numa indecisão fundamental entre a sensação eufórica de libertação incondicional e a sensação de estar preso sem possibilidade de fuga nos volteios do pseudossentido da sua corrente de consciência:

> Lúcida, imóvel, deserta, a consciência encontra-se entre as paredes; perpetua-se. Já ninguém a habita. Há bocadinho ainda alguém dizia *eu*, dizia a *minha* consciência. Quem? Por fora havia ruas falantes, com cores e cheiros conhecidos. Restam paredes anónimas, uma consciência anónima.[208]

> Sou livre: já não me resta nenhuma razão para viver; todas as que experimentei cederam, e já não posso imaginar outras. Sou ainda bastante novo, tenho ainda forças suficientes para recomeçar. Mas recomeçar o quê?[209]

Este romance, portanto, fora recusado precisamente por aquilo que era e queria ser: a tentativa de expressar em literatura novas verdades metafísicas e sensações. O verdadeiro motivo da desilusão é então um estranhamento fundamental. Nas palavras de Beauvoir: «Como é que podia haver tamanha diferença entre o nosso ponto de vista e o dos outros?»[210]

Na primavera de 1937, se não antes, esta perturbação pode ser pertinentemente transferida para o desenrolar dos acontecimentos políticos.

---

[208] *Ibid.*, p. 266. [*Ibid.*, p. 220. (*N. da T.*)]

[209] *Ibid.*, p. 245. [*Ibid.*, p. 204. (*N. da T.*)]

[210] *BJ*, p. 243. [*A Força da Idade*, p. 242. (*N. da T.*)]

O governo da «frente popular» de Blum está diante do colapso interno iminente. E a despeito de todas as esperanças e euforia inicial, com a queda de Málaga, a Guerra Civil Espanhola parece evoluir definitivamente a favor de Franco. Tudo podia ser diferente, mas eles não podiam mudar nada.

Sartre, para ser honesto, não tinha sequer votado. Tanto mais absurda lhe deveria parecer a ideia de fazer como tantos outros do seu meio e partir para Espanha, para aí lutar pela liberdade de uma outra República: «Na nossa vida nada nos predispunha a essa decisão. Aliás, a não ser que houvesse capacidades técnicas ou políticas definidas, arriscar-nos-íamos a passar por intrometidos. Simone Weil tinha atravessado a fronteira para se alistar nas milícias; pediu uma espingarda; mandaram-na para as cozinhas e entornou sobre os pés uma panela de azeite a ferver.»[211] Pelo menos, era a história que a «família» contava entre si acerca de Simone Weil. E quase correspondia à verdade.

QUEBRA-CABEÇA

Por estes dias, a felicidade é, também para Simone Weil, acima de tudo um gramofone. Durante a sua estada num sanatório suíço na primavera de 1937, a coleção de discos de um estudante de medicina ali internado revelou ser a única terapia eficaz. As suas dores tinham-se agudizado de tal modo que, nos momentos de maior intensidade dos ataques que se renovavam em ondas, ela chegou a pensar que estava perto da morte. Só a música conseguia libertá-la momentaneamente do sofrimento. Sobretudo as gravações dos *Concertos de Brandenburgo* de Bach.[212]

A par das «fortes dores de cabeça» e de uma anemia, o atestado, passado pelo pai a 15 de dezembro de 1936 para mais uma vez justificar a baixa do trabalho de professora, regista que «a perna esquerda de Simone, que sofreu graves queimaduras [...], ainda provoca dores intensas»[213].

Este ferimento resultou da sua entrada em ação na Guerra Civil de Espanha. Não em consequência, como se rumoreja sardonicamente nos cafés de Paris, de uma falta de jeito no serviço da cozinha. Sucedeu antes

---

211 *Ibid.*, p. 247. [*Ibid.*, p. 246. (*N. da T.*)]

212 Pétrement, S. (1973), p. 420.

213 *Ibid.*, p. 401.

na frente, quando Simone estava acampada nas florestas de Aragão com a sua companhia de cerca de vinte homens e, numa hora tardia, pisou uma panela cheia de azeite a ferver, que os camaradas tinham enfiado num buraco e tapado com folhas para evitar que se visse o fumo.[214] A pele queimada adeja em farrapos soltos e provoca inflamações que, após o transporte de regresso, fazem supor que será necessário amputar a perna. Apesar de tudo, os seus camaradas, homens e mulheres, estão aliviados. Ainda em Barcelona, antes de se fazerem ao caminho junto ao Ebro, votaram em segredo contra a entrega de uma arma à camarada Weil e mais ainda contra deixá-la carregar a arma. Afinal, com a sua miopia extrema, Weil não consegue sequer focar nitidamente a árvore mais próxima. Mas ela insiste em receber uma arma. Será a única a não ter de a usar.

Apenas um mês depois do acidente, o seu pelotão foi dispersado pelas forças inimigas, e a maioria dos seus camaradas foi executada no município de Laperdiguera. Nesse momento, Weil já se encontra outra vez em Paris. Como se guiados por um pressentimento, os pais tinham viajado até Barcelona e descobriram a filha ferida num hospital militar. A aventura espanhola de Simone — desde a passagem da fronteira em Portbou a 8 de agosto de 1936 até ao regresso a França a 25 de setembro — durou ao todo seis semanas.

Disfarçada de jornalista, Weil viajara até Espanha e em Barcelona apresentara-se imediatamente às tropas do POUM[215] e pedira autorização para uma operação especial a solo. Propunha-se a procurar na Galiza, pelos próprios meios e numa missão secreta, o fundador desse grupo (cunhado do seu camarada sindicalista francês Boris Souvarine), que desaparecera sem deixar rasto, e se possível a libertá-lo. Uma missão suicida sem nenhuma perspetiva de êxito ou de sobrevivência, como o comandante responsável se vê forçado a esclarecê-la numa troca de argumentos que durou horas.

Ainda decidida a tudo, Weil alista-se nas ditas milícias de um grupo sindical de orientação anarquista. Aos pais, consumidos pela angústia, envia postais nos quais efabula sobre uma situação geral de ausência de perigo ou de ações bélicas e com um tempo excelente. Não diz uma palavra sobre os aviões que as armas da sua brigada jamais podem atingir

---

[214] Os pormenores biográficos desta fase foram retirados sobretudo de Pétrement, S. (1973), pp. 383–430.

[215] Partido Obrero de Unificación Marxista — um dos muitos grupos dissidentes fundados por antigos membros do Partido Comunista local.

e que lançam bombas diretamente sobre ela. Nem um indício sobre o medo da morte que sente a cada nova encosta que tem de inspecionar. Cada casa é um possível ninho do inimigo, cada cabana de madeira uma última emboscada. Ser capturada equivale a ser executada. Isto vale para ambas as fações.

Pouco depois de chegar à Catalunha, Weil testemunha a vontade dos seus camaradas de executar um padre católico. No seu diário da guerra, fala da luta que ocorreu na sua alma neste momento. Estará ela pronta, no momento crítico, a intervir e a pôr-se à frente do sacerdote para o proteger, assim provocando a sua própria execução? Ser-lhe-á dada coragem para tanto? Por alguma razão não explicitada, o fuzilamento é suspendido. Mas o que se passaria no dia seguinte? Ser-se-á menos culpado de um crime apenas porque não se é espectador direto? As suas experiências da guerra ainda ocupam e sobrecarregam Weil no inverno de 1936/1937, o que não a impede de passear, cheia de orgulho, a sua farda de brigadista pelos *boulevards* de Paris. Não, não se arrepende de nada. Fala até repetidamente de voltar à frente assim que puder.

Para confusão de muitos, incluindo os seus melhores amigos e conhecidos, Weil argumenta energicamente nos seus artigos e ensaios *contra* o apoio militar às forças republicanas por parte do governo francês. Uma pacifista convicta envergando a farda de voluntária das Brigadas Internacionais — como entender isto?

RETAGUARDA MORAL

Numa carta posteriormente endereçada ao escritor católico e conservador Georges Bernanos, autor do influente livro contra a guerra *Les Grands Cimetières sous la lune*[216], Weil justifica a sua posição nos seguintes moldes: «Não gosto da guerra; mas o que sempre me horrorizou mais na guerra é a situação daqueles que estão na retaguarda. Quando percebi que, malgrado os meus esforços, não me podia impedir de participar moralmente nesta guerra, ou seja, de desejar todos os dias, todas as horas, a vitória de uns, a derrota dos outros, disse-me que Paris era para mim a retaguarda.»[217]

---

[216] Bernanos, G. (1949/1938).

[217] *KuG*, p. 60. [*Œuvres*, p. 406. (*N. da T.*)]

Isto significava que, pelo menos para ela, havia uma saída da situação! Desde logo porque as Brigadas Internacionais agiam de maneira muito diferente de um exército nacional. O último assenta na mobilização obrigatória, sobretudo em caso de guerra; as primeiras eram um exército de voluntários!

Weil estava convencida de que os critérios para a entrada na guerra de uma nação, como quer que ela ocorra, são sempre diferentes e mais estritos do que os dos indivíduos que decidem livremente. Como francesa, portanto, Weil recusa convictamente a participação na guerra e sobretudo uma intervenção do exército em Espanha. Contudo, como ser moral que é, não lhe resta outra alternativa senão participar na luta. Assim como certas pessoas recusam o serviço militar por razões de consciência ou de fé e estão prontas a aceitar qualquer sanção e sacrifício por essa recusa, também para Simone Weil, no verão de 1936, é imperativo, por razões morais, lutar pela República em Espanha e aceitar por isso qualquer sacrifício.

Vale a pena contrastar este modelo de justificação com as reflexões contemporâneas de Simone de Beauvoir. A respeito da situação em Espanha no inverno de 1936/1937, Beauvoir escreve o seguinte:

> A comédia da não intervenção parecia-nos cada vez mais criminosa. Pela primeira vez na vida, porque levávamos muito a sério a sorte de Espanha, a indignação já não era para nós um exutório suficiente; a nossa impotência política, longe de nos fornecer um álibi, desolava-nos. Era total. Estávamos isolados, não éramos nada: tudo o que pudéssemos dizer ou escrever a favor da intervenção não teria a menor influência. Não estava em causa o partir para Espanha.[218]

Ambas sentem assim com meridiana clareza que nesta situação não existem álibis morais, apenas, quando muito, diferentes formas que se pode dar à própria impotência. E mesmo Weil tem decerto perfeita consciência, como indivíduo, da impotência que Beauvoir assinala, como sem dúvida também da sua inépcia como soldado. No entanto, a sua decisão de partir para Espanha é tudo menos impulsiva, é antes muito ponderada. O que a sustenta não é nenhuma ilusão de que a sua presença irá fazer alguma diferença decisiva no decurso da guerra. Simplesmente, perante a questão de saber em que poderá consistir uma

---

[218] *BJ*, p. 247. [*A Força da Idade*, p. 246. (*N. da T.*)]

reação ética à sensação da própria impotência e do próprio isolamento nesta situação, ela acredita ter de reagir de maneira fundamentalmente diferente da de Beauvoir.

Do ponto de vista de Beauvoir, a única reação adequada consiste em exigir como cidadã a intervenção estatal do seu país. Para Weil, em contrapartida, consiste em se alistar voluntariamente por solidariedade. A impotência e o isolamento que sente são, afinal, um estado de espírito que ela supõe ser partilhado e vivido da mesma maneira pelas pessoas em Espanha. E, antes de mais, por aquelas que se veem no centro deste conflito sem culpa sua. É sobretudo essas pessoas que Weil quer ajudar em nome de uma identificação total e ativa com as vítimas, de tal modo o seu amor-próprio está ligado à prontidão para se dedicar incondicionalmente a outras pessoas que sofrem. A única alternativa para Weil seria cair naquele cinismo da impotência que também Beauvoir pressente ser um risco interior para si nesta situação.

Simone Weil segue, na sua autodeterminação, nada menos do que um entendimento distintamente cristão do amor, que vê no outro que sofre um irmão e que instiga a amá-lo como se ama a si mesmo. O amor como vontade de paixão em nome dos humilhados sem culpa. A esta imagem acrescenta-se sem atrito a renúncia, definidora da existência de Weil, a qualquer forma de amor romântico ou sequer de intimidade física. Afinal, um amor romântico é, pela sua própria natureza, acima de tudo isto: manifestamente injusto e moralmente arbitrário. Escolhe um indivíduo e destaca-o de todos os outros como «um e tudo», e essa escolha nem sequer é consciente. Para a identidade profundamente moral de Weil, esta não é uma opção de vida.

Um pormenor decerto acidental destes dois caminhos de vida, que parecem ligados por fios invisíveis, é que quer Weil quer Beauvoir, em abril de 1937, se encontram «fora de combate» por razões de saúde. Se, no caso de Weil, terá sido o seu altruísmo incondicional a exceder os limites do que o seu corpo podia aguentar, no caso de Beauvoir foi o seu hedonismo e fome de experiências. Em março de 1937, Beauvoir tem um colapso no seu quarto de hotel em Paris e tem de ser internada no hospital, correndo grande perigo de vida. Um dos seus pulmões já deixou de funcionar, o outro está inflamado. Precisa de repouso imediato e, como também acontece com Weil, de longos meses de convalescença.

ESPIRAL DE DESUMANIZAÇÃO

O mais tardar na primavera de 1937, a fronteira entre guerra civil e guerra por procuração em Espanha esbateu-se definitivamente. Quem ainda participa ativamente — como Weil não se cansa de sublinhar — fá-lo com objetivos que nada têm que ver com os motivos originais da guerra. Mais exatamente, torna-se também culpado de uma matança esvaziada de conteúdo. O que mais profundamente perturbava Weil e outros observadores no caso espanhol era a brutalidade irrefreada que desrespeitava mesmo as normas mais elementares de proteção e a indiferença com que essa brutalidade era praticada. Quais eram os seus motivos e catalisadores? Seria realmente apenas o medo da morte que instigava num lado e noutro uma crueldade tão cega e lata?

Weil pensava que não. A seu ver, um massacre desta extensão pressupunha necessariamente o bloqueio, por via da propaganda, da imaginação humana. Um bloqueio, mais concretamente, a respeito da questão de saber quem estava ainda do lado das pessoas:

> Tive a sensação, pessoalmente, de que, assim que as autoridades temporais e espirituais põem uma categoria de seres humanos fora da categoria daqueles cuja vida tem valor, não há nada de mais natural para o homem do que matar. Quando se sabe que é possível matar sem se correr o risco de ser castigado ou culpado, mata-se; ou, pelo menos, rodeia-se de sorrisos encorajadores aqueles que matam. [...] Uma tal atmosfera oblitera de imediato o próprio objetivo da luta. Pois não se pode formular esse objetivo sem o remeter ao bem público, ao bem dos homens — e os homens não têm nenhum valor.[219]

As guerras civis são ainda mais atreitas a esta espiral de desumanização e, logo, de violência do que os conflitos clássicos entre nações. Afinal, nelas estão em guerra pessoas que apenas semanas antes viviam na casa ao lado umas das outras — de modo que o esforço de repressão tem de ser neste caso particularmente grande e incondicional. Desde logo, também com vista à questão de saber como poderão estas pessoas voltar a viver em comunidade após um eventual fim da guerra. Nestas circunstâncias, a vontade de aniquilação derrota facilmente a vontade de uma reconciliação que se adivinha impossível.

---

[219] *KuG*, p. 60. [*Œuvres*, p. 408. (*N. da T.*)]

Acresce o facto de a frente espanhola servir visivelmente de campo de ensaios para novas tecnologias e táticas para os exércitos alemão e italiano. Como país que, por comparação com outras guerras que já se esboçavam, não possuía nenhuma importância estratégica particular, Espanha servia-lhes como laboratório de futuras atrocidades. Também na guerra os limites do que se pode fazer só podem ser testados infringindo-os.

Perante este acerbo balanço, não menos a respeito da sua própria intervenção, Weil dedica-se cada vez mais, ao longo do ano de 1937, ao tema do perigo de um conflito armado entre Alemanha e França. Em vez das questões da intervenção, da assistência financeira ou do alistamento voluntário, para a aluna de Alain — o pacifista publicamente mais influente de França — a questão determinante é agora a da legitimidade de qualquer guerra de defesa do próprio país. Existiria sequer uma guerra justa e, logo, objetivos de guerra justos?

AS PALAVRAS VAZIAS DO PODER

Partindo da tese segundo a qual os conflitos mais atrozes da história se distinguem todos eles por não terem seguido nenhum objetivo claramente definível (e que foi precisamente o vazio desta definição aquilo que sempre instigou a atrocidade), Weil concentra-se, num ensaio de abril de 1937, nas palavras-chave e nos conceitos que foram mobilizados por toda a Europa para legitimar uma guerra. A crítica filosófica da linguagem como serviço concreto à causa da paz. Pois:

> Esclarecer as noções, desacreditar as palavras congenitamente vazias, definir o uso das outras através de análises precisas, eis um trabalho, por estranho que possa parecer, capaz de preservar existências humanas.[220]

Como exemplo paradigmático no Ocidente de uma guerra o mais sangrenta e mortífera possível, conduzida em nome de uma mera fantasia, Weil escolhe a Guerra de Troia. Daí também o título do texto: *Ne recommençons pas la Guerre de Troie*[221] [*Não Recomecemos a Guerra de Troia*].

---

[220] *Ibid.*, p. 40. [*Œuvres*, p. 473. (*N. da T.*)]

[221] *KuG*, pp. 37–57. [*Ibid.*, p. 469. (*N. da T.*)]

> Os Gregos e os Troianos massacraram-se mutuamente ao longo de dez anos por causa de Helena. Nenhum de entre eles, salvo o guerreiro amador Páris, dava qualquer importância a Helena. [...] Para quem sabe ver, não há hoje em dia sintoma mais angustiante do que o caráter irreal da maior parte dos conflitos atuais. Têm ainda menos realidade do que o conflito entre Gregos e Troianos. No centro da Guerra de Troia estava pelo menos uma mulher e, mais ainda, uma mulher de beleza perfeita. Para os nossos contemporâneos, são palavras ornadas de maiúsculas que desempenham o papel de Helena. Se pegamos numa destas palavras, inchadas de sangue e lágrimas, e tentamos capturá-la, descobrimos que não tem conteúdo. Todas as palavras do vocabulário político e social poderiam servir de exemplo. Nação, segurança, capitalismo, comunismo, fascismo...[222]

Segundo a análise de Weil, estes conceitos são privados de toda a referência identificável sobretudo por causa do uso absolutista que a linguagem política faz deles até que o seu potencial de sentido se dilui e se torna irreconhecível: «Cada uma destas palavras parece representar uma realidade absoluta, independente de todas as condições, ou um objetivo absoluto, independente de todos os modos de ação, ou ainda um mal absoluto; e ao mesmo tempo enfiamos debaixo de cada uma destas palavras, gradualmente ou de uma só vez, o que quer que seja.»[223] Palavras e pessoas criam-se (e desfiguram-se) mutuamente. As verdadeiras condições para o surgimento da violência totalmente irrefreada, como a que caracteriza a Guerra Civil Espanhola, são assim, segundo Weil, formas de discurso sem limites, nas quais as palavras que conduzem à ação são retiradas dos seus contextos de uso originários e tornadas absolutas, assim se deteriorando até o seu significado se tornar fantasmático. Nesta espécie de linguagem em férias bélicas, os conceitos desfigurados pela propaganda já não têm de se confrontar com aquela realidade cuja perceção diferenciada inicialmente possibilitavam.

O segredo por detrás das orgias de violência do presente e do passado é, por outras palavras, o segredo de um discurso que se desembaraçou de todos os critérios de uso e assim se tornou uma forma totalitária de discurso. Precisamente o tipo de discurso de que Adolf Hitler e os seus apaniguados se tornaram mestres diabólicos ao longo dos anos 1930. É também o tipo de discurso com que, no início do ano de 1937,

---

[222] *KuG*, p. 38 sqq. [*Ibid.*, p. 472 sqq. (*N. da T.*)]

[223] *Ibid.*, p. 40. [*Ibid.*, p. 474. (*N. da T.*)]

num congresso dos sindicatos franceses, um delegado soviético justifica os julgamentos-fantoches de Estaline e as grandes purgas como golpes necessários contra a «vanguarda do fascismo». E é ainda o tipo de discurso segundo o qual uma anarcossindicalista chamada Simone Weil — que lutou em Aragão do lado da República — não é senão, aos olhos do médico militar e militante comunista que trata dela em Barcelona, uma «fascista». E aquele tipo de discurso no qual tanto a superação quanto a defesa «do capitalismo» são equiparadas à salvação da humanidade inteira — caso em que, como Weil explica no seu texto a propósito do último exemplo, na verdade ninguém saberia dizer em que consistiria concretamente esta salvação nem o que poderia significar concretamente um «capitalismo» investido de tal missão ou ver no seu «sistema» a raiz de todo o mal:

> Aparentemente, é mais fácil matar, e mesmo morrer, do que fazer algumas perguntas bastante simples, tais como: as leis, as convenções que regem atualmente a vida económica formam um sistema?[224]

Nesta análise de abril de 1937, tão sarcástica como apelativa, Weil não se debruça apenas sobre as condições de possibilidade do discurso e da ação bélica. Igualmente grave é que os conflitos e guerras propiciados por este tipo de discurso sem limites são na verdade apenas pseudoconflitos e pseudoalternativas.

«Um outro exemplo admirável de absurdo sangrento é a oposição entre fascismo e comunismo. O facto de esta oposição determinar para nós, hoje em dia, uma dupla ameaça de guerra civil e guerra mundial é, porventura, o sintoma de carência intelectual mais grave por entre todos os que podemos constatar à nossa volta. Pois, se examinarmos o sentido que têm hoje estes dois termos, encontramos duas conceções políticas e sociais quase idênticas. De um lado e de outro, a apropriação por parte do Estado de quase todas as formas de vida individual e social; a mesma militarização encarniçada; a mesma unanimidade artificial, obtida por coação, em prol de um partido único que se confunde com o Estado e se define por esta confusão; o mesmo regime de servidão imposto pelo Estado às massas trabalhadoras ao invés do salariado clássico. Não há duas nações de estrutura mais semelhante do que a Alemanha e a Rússia, que se ameaçam mutuamente com uma cruzada internacional,

---

[224] *Ibid.*, p. 60. [*Ibid.*, p. 481. (*N. da T.*)]

fingindo cada uma delas que a outra é a Besta do Apocalipse. [...] Evidentemente, nestas condições, o antifascismo e o anticomunismo são também eles desprovidos de sentido.»[225]

FALSAS OPOSIÇÕES

Talvez em virtude da influência política que o meio sindical exerceu em Weil, as suas análises do regime soviético também aqui parecem ser bastante mais convincentes do que o seu olhar parcial sobre o *Reich* alemão. Em todo o caso, é digno de nota que neste texto o nome de Hitler e o conceito de nacional-socialismo nunca sejam sequer mencionados. No entanto, quanta finura percetiva se pode atribuir a uma análise que não reconhece nenhuma diferença essencial entre a Itália de Mussolini e a Alemanha de Hitler? Esta é uma lacuna da investigação que está em sintonia com outra: a total ausência de menção à imposição, central no sistema de Hitler, do antissemitismo. Contudo, a constante expansão do conceito de «judeu» — acompanhada simultaneamente por medidas legais cada vez mais duras dirigidas contra este grupo — constituiria mais um exemplo paradigmático da dissolução diabólica, diagnosticada por Weil, das palavras e da linguagem em nome da violência. O vocabulário supostamente mais diferenciado de judeus de primeiro, segundo ou terceiro grau apenas ocultava o esvaziamento de sentido, às mãos dos nazis, da aplicação deste conceito, sem a sustentação de nenhuma teoria científica ou de factos sociais. O que restava era um conceito, usado cada vez mais como sinónimo de «judeu», que abrangia todos aqueles que se opunham à «missão histórica» do povo alemão e do seu *Führer* ou que «conspiravam» contra ela. Esta evolução do discurso público também ocorreu nos julgamentos-fantoches em Moscovo, na União Soviética, nos «anos da grande purga» de 1937 e 1938 — julgamentos esses permeados por estereótipos antissemitas.

Em todo o caso, a presumível base de todos os conflitos bélicos, segundo Weil, assenta numa falsa oposição, em comparação com a qual — como diz a autora de língua afiada — até a Guerra de Troia parece um «modelo de bom senso»[226]. É precisamente porque o suposto objetivo da guerra se revela, num exame mais apurado, vazio e desprovido

---

[225] *Ibid.*, p. 43 sqq. [*Ibid.*, p. 476. (*N. da T.*)]

[226] Cf. *Ibid.*

de sentido que o seu lugar só pode ser ocupado pelo objetivo de extinção total do grupo declarado inimigo. O excesso de violência é então visto como uma função dos conceitos mais aptos a incitar a guerra, precisamente por terem perdido todo o sentido. O que chega a um ponto no qual as duas fações da guerra, graças à dinâmica da guerra, se assemelham de tal modo nas suas formas de ação e de vida que já não é possível reconhecer nenhuma diferença entre elas. Neste estádio final, o conflito torna-se mero pseudoconflito.

O objetivo da guerra só pode ser então a matança em si, até à extinção total. A única coisa que neste estádio consegue deter a orgia de violência é o exaurimento dos recursos necessários à matança: matérias-primas, fábricas, estruturas — ou ainda, em última instância, o exaurimento do próprio ser humano, tornado matéria-prima da matança.

PROFÉTICA

Como diagnóstico dos tempos, não podia ser mais sombrio. Numa carta também desta altura ao redator-chefe do jornal de um sindicato, Weil dá à sua análise a forma de um prognóstico, ou, antes, de uma profecia, de desgraça iminente:

> Eis a minha previsão, fixemos tranquilamente a data: estamos no início de uma fase ao longo da qual serão cometidos atos da mais inacreditável estupidez em todos os países — atos que parecerão então perfeitamente naturais. Existirá cada vez menos aquilo a que chamamos vida e conduta civil. Os procedimentos militares dominarão cada vez mais todos os pormenores da existência. O capitalismo será destruído, mas não pela classe trabalhadora. Será antes destruído pelo desenvolvimento da defesa nacional em cada país — será substituído por um Estado totalitário. É esta a revolução que temos de facto à nossa frente.[227]

Para Simone Weil é, portanto, esta a situação política mundial na primavera de 1937. E não pode haver dúvida sobre o lado desta luta que ela defenderá incondicionalmente: o lado dos mais oprimidos entre os oprimidos. Ou seja, daqueles que em todas as guerras são sempre quem

---

[227] Pétrement, S. (1973), p. 415 sqq.

mais sofre. São esses os seus irmãos, que ela quer amar como a si mesma — em nome da sua dignidade e da dignidade dos outros. É esta a sua *paixão*. Para lá de todas as teses e análises, Weil tem já nesta primavera motivos profundos para acreditar que este caminho da paixão só agora começou para si verdadeiramente.

Hannah Arendt durante o doutoramento em Heidelberg, 1927.

A filósofa e escritora russo-americana Ayn Rand.

Simone Weil vestindo a farda de combate das Brigadas Internacionais, 1936.

Simone de Beauvoir no seu quarto de hotel, Paris, 1945.

V

ACONTECIMENTOS

1938/1939

Weil encontra Deus, Rand a solução,
Arendt a sua tribo e Beauvoir a sua voz

BECO SEM SAÍDA

A única coisa que se podia dizer, quase dez anos depois, acerca das enxaquecas de Simone Weil era que os seus sintomas ecoavam de maneira quase sinistra os desenvolvimentos políticos desse lapso de tempo. No final do outono de 1938, a sua saúde deteriorou-se substancialmente uma vez mais. Continuar a dar aulas está fora de causa. Quando, em novembro, consulta, na companhia dos pais, um cirurgião especialista na remoção de tumores, dá-se uma altercação na sala de espera: «Se ele aconselhar que eu seja operada, quero que isso aconteça o mais depressa possível.»[228] A mãe insta-a a ponderar uma decisão como esta com tempo e calma. Mas a paciência de Simone esgotou-se finalmente: «Então preferes que eu decline intelectualmente pouco a pouco!» Com efeito, as dores ininterruptas levam-na a temer pelo seu discernimento. Uma perspetiva que, nesta fase, a leva a considerar concretamente o suicídio.

Num dos poucos esboços de artigos que ainda tem forças para escrever, Weil resume a situação política global no título *A Desordem do Nosso Tempo*[229]: «Mas a ausência total de segurança — sobretudo quando não há uma medida comum entre as catástrofes a recear e os recursos que a inteligência, a atividade e a coragem pudessem providenciar — também não é favorável à saúde da alma.»[230]

---

228 *Ibid.*, p. 467.

229 *In* OCII-3, p. 93 sqq. [Traduzido do original francês, *Désarroi de notre temps.* (*N. da T.*)]

230 Pétrement, S. (1973), p. 466.

Já não parece haver nenhuma saída, pelo contrário, o beco sem saída da guerra estreita-se cada vez mais, mês após mês, ao longo do ano de 1938. O chamado *Anschluss* da Áustria à Alemanha nazi, em março, é seguido em França pela queda definitiva da «frente popular» de Léon Blum. Em maio, o novo governo de Édouard Daladier torna ainda mais duras as leis de estrangeiros. Em setembro, em Espanha, as Brigadas Internacionais anunciam a sua dissolução — um anúncio que já só era praticamente uma formalidade. Nesse momento, cerca de metade dos seus 40 000 soldados já perdeu a vida. Com a Batalha do Ebro no verão, Franco está definitivamente na rota para a vitória. Hitler, entretanto, invade a região dos Sudetas e arrisca mais uma guerra entre as grandes potências europeias por *casus fœderis*. No final de setembro, esse desfecho é evitado no último momento graças ao Acordo de Munique entre Alemanha, França, Reino Unido e Itália.

Na noite de 9 para 10 de novembro de 1938, por toda a Alemanha ocorrem *pogroms*, respaldados pelo governo, contra a população judaica, a Noite de Cristal. Apenas cinco dias mais tarde, a situação jurídica dos alemães que fugiram para França é uma vez mais dificultada. As tropas de Hitler preparam-se, entretanto, para marchar sobre Praga e deste modo apresentar factos consumados em contravenção dos acordos mais recentes.[231]

O tempo das conferências, como também Weil nota no seu esboço, chegou definitivamente ao fim. Resta apenas saber por que via e com que intensidade chegará a guerra. «O receio das grandes catástrofes», escreve ela, «esperadas tão passivamente como se espera um maremoto ou um sismo, impregna cada vez mais o sentimento que cada um pode ter do seu futuro pessoal. O trabalho quotidiano, nas suas mais diferentes formas, deixa de ser objeto de um verdadeiro interesse.»[232]

A MÚSICA DA GRAÇA DIVINA

É possível entrever, nos títulos dos poucos ensaios desta fase, o estado de espírito de Weil de cada vez maior resignação e contemplação. Em vez de alusões espirituosas ou de imperativos sugestivos, os seus textos apresentam-se agora como «reflexões» ou mesmo como «meditações».[233]

---

[231] Sobre as restrições políticas de 1938, sobretudo em França, cf. Foessel, M. (2019).

[232] Pétrement, S. (1973), p. 466.

[233] Cf. Bouchardeau, H. (1995), p. 214.

Mas ainda não se pode falar em trabalho intelectual. A investigação das causas físicas do seu sofrimento permanece infrutífera, mesmo no gabinete do Dr. Clovis Vincent. Em todo o caso, não se trata de um tumor. E, quanto a terapia paliativa, Weil há muito que enveredou pelo seu próprio caminho.

Libertada do cargo de professora por razões de doença, Simone Weil empreende uma série de viagens por Itália nos verões de 1937 e de 1938, cujo centro é antes de mais a experiência da música sacra. Nas suas viagens a Florença, Bolonha ou Roma, assiste diariamente a até três missas e concertos. Sempre que o som do canto litúrgico ou de um órgão ressoa numa igreja, as dores passam para segundo plano e uma profunda entrega proporciona-lhe até a sensação de se elevar da contingência do seu corpo no aqui e agora. Como se, para lá da dor absoluta, um outro mundo curador a esperasse.

Ansiando por esta experiência, em abril de 1938 Weil visita a abadia beneditina de Solesmes na margem do Loire, famosa pelo canto gregoriano. Quer aí assistir, na companhia da mãe, à missa de Páscoa. Durante a estada de dez dias, não falhou um único dos inúmeros serviços religiosos. Numa apreciação retrospetiva de 1942, Weil recordará o que aí aconteceu durante uma das celebrações como representando um corte decisivo na sua vida: «Tinha dores de cabeça intensas; cada som magoava-me como se fora um golpe; e um esforço extremo de atenção permitia-me sair para fora desta carne miserável, deixá-la sofrer sozinha, abandonada em qualquer lado, e descobrir uma alegria pura e perfeita na beleza inaudita do canto e das palavras. Esta experiência permitiu-me, por analogia, compreender melhor a possibilidade de amar o amor divino através da infelicidade. Está visto que, no decurso destes ofícios, o pensamento da Paixão de Cristo entrou em mim de vez.»[234]

O REINO DE DEUS

Já em setembro de 1935, debilitada pelas experiências do seu «ano na fábrica», fora igualmente «tocada pela fé» numas férias com os pais. Quando passeia pelas ruelas de uma aldeia de pescadores perto de Viana do Castelo, depara-se por acaso com uma procissão. Sob a lua cheia,

---

[234] Perrin, J.-M. (2008), p. 75. [Aqui e adiante seguiu-se a tradução de Manuel Maria Barreiros *in* Weil, Simone, *Espera de Deus*, Lisboa, Assírio & Alvim, 2005, p. 61. (*N. da T.*)]

as mulheres dos pescadores carregam a Nossa Senhora até aos barcos na baía. Impressionada pelos «cânticos decerto muito antigos», terá então percebido pela primeira vez com meridiana clareza que «o cristianismo é, por excelência, a religião dos escravos, que os escravos não podem senão aderir a ela, e eu entre eles»[235].

Ainda mais ponderosa é a experiência que a acomete no verão de 1937, perto de Assis, na Igreja Santa Maria degli Angeli — a igreja do século XII onde já S. Francisco se recolhera para rezar. Sozinha na igreja, «incomparável maravilha de pureza», «qualquer coisa mais forte do que eu obrigou-me, pela primeira vez na minha vida, a ajoelhar»[236].

Havia precedentes, portanto. Não obstante, quanto à questão da existência de Deus, até novembro de 1938 nunca contemplara a possibilidade de um «contacto real [...] aqui neste mundo, entre um ser humano e Deus. Tinha ouvido falar vagamente de coisas desse género, mas nunca em tal tinha acreditado»[237]. Além da imersão na música, Weil desenvolveu ao longo dos anos uma técnica paliativa da atenção. A técnica consiste em, na fase de maiores dores, recitar poemas como um mantra («O poema ensina a observar os pensamentos, em vez de os mudar»[238]). Em Solesmes, um noviço inglês, a que mais tarde dará o nome «Angel Boy», chama-lhe a atenção para as obras do poeta inglês George Herbert (1593–1633). Weil sentiu-se, por assim dizer, magicamente interpelada, desde logo pelo poema «Love» com a sua carga religiosa e metafísica. Termina com as palavras: «"You must sit down", says Love, "and taste my meat." / So I did sit and eat.» («— "Senta-te", disse o Amor, "e prova das minhas iguarias." / Assim me sentei e comi.»[239])

Poucos dias após a ida ao médico em novembro de 1938, quando Weil, atormentada por dores, se senta mais uma vez e recita este poema, vive qualquer coisa que até então desconhece. Sente-se inundada pelo amor de Deus na figura de Jesus Cristo. Concretamente, sob a forma de uma presença imediata, na qual, nas suas palavras, «nem os sentidos nem a imaginação tiveram parte alguma; senti apenas, através do sofrimento, a presença de um amor semelhante ao que percebemos no sorriso de um rosto amado»[240].

---

[235] *Ibid.*, p. 74 sqq. [*Ibid.*, p. 60. (*N. da T.*)]
[236] *Ibid.*, p. 75. [*Ibid.*, pp. 60–61. (*N. da T.*)]
[237] Cf. Pétrement, S. (1973), p. 468. [*Espera de Deus*, p. 62. (*N. da T.*)]
[238] *Cahiers 1*, p. 105.
[239] [Tradução de Manuel Maria Barreiros in *Espera de Deus*, p. 61. (*N. da T.*)]
[240] Pétrement, S. (1973), p. 468. [*Espera de Deus*, p. 62. (*N. da T.*)]

Como se abrisse os olhos pela primeira vez — ou os fechasse. Em todo o caso, trata-se, na sua opinião, de uma experiência que não admite dúvidas nem ceticismo. Na sua interpretação, em novembro de 1938 ela foi tomada pela presença do amor divino e, logo, por uma forma de presença «mais real do que a de uma pessoa real»[241]. Assim, para lá da certeza do «face a face», havia um outro nível, de acordo com esta experiência — precisamente o reino de Deus e do seu amor sem limites. Para lá do reino da imanência, o reino da transcendência. Para lá das línguas humanas, uma outra forma de interpelação. Weil sente-se transformada, «tocada por Deus».

INIMPUTÁVEL

Não era fácil, e continua a não ser, encontrar uma linguagem para a experiência do absoluto. Afinal, é da natureza do absoluto destruir os limites da razão humana e exigir o reconhecimento de um domínio para lá das razões e causas, para lá da comunicação e do método, para lá do tempo e do espaço, como sendo a única origem da nossa existência e a única a conferir-lhe sentido. Que Simone Weil, ao contrário de muitos outros, não tenha começado a fazer proselitismo euforicamente após a sua revelação, para anunciar ao mundo, como uma missionária, a sua experiência de Deus, terá tanto que ver com a sua extrema debilidade física como com o seu anterior modo de vida. Nada mudou para ela a respeito da sua conduta, nem tinha de mudar. Pelo contrário, como sindicalista de esquerda, Weil já vivera vários anos antes de acordo com os imperativos do reino de Deus.

A transformação que viveu não afetou, portanto, a sua ação, mas apenas o seu fundamento e fonte de valores. O que mudara fora o lugar, o foco de calor na sua consciência, a maneira como entendia a sua missão. Doravante, esta já não assentava meramente no domínio da interação humana e da imanência, mas no reino do divino e da transcendência. Já não se alimentava apenas da adução de argumentos mas, antes de mais, de experiências concedidas pela graça divina. Por esta razão, já não seguia cálculos e considerações gerais mas credos incondicionais.

Se quiséssemos traduzi-lo para as suas próprias palavras e receios, em novembro de 1938 Simone Weil, como pessoa e como filósofa, tornara-se

---

[241] *Ibid.*, p. 468.

definitivamente «inimputável». Pois, fiel ao Cântico dos Cânticos paulino, a sua razão já não estava no aqui e agora, antes amava em nome de algo mais alto, transcendente.

LUZ CEGA

Mas o que acontecera *realmente*? Precisamente no caso de Weil, não será antes mais natural descrever esta experiência como um fenómeno psicológico ou psiquiátrico? Uma alucinação no limiar da perda dos sentidos provocada pelas dores, um truque paliativo do inconsciente, uma consequência maníaca temporária da forte medicação... São inúmeras as possibilidades de ver a experiência de Weil à luz de contextos claramente profanos. Nada mais plausível do que fazer isso mesmo. Afinal, quem é que ainda acredita em espíritos? Ou, mais extremadamente, na presença real e amorosa do filho de Deus no *medium* de um corpo assolado pela dor?

Que este evento pode ser enquadrado de outras maneiras é inquestionável. Na mesma medida, porém, é da natureza de experiências como esta que semelhantes racionalizações não tenham nenhuma relevância qualificadora ou sequer plausibilidade para a consciência que a viveu. Afinal, nada neste mundo é mais real do que uma experiência concreta. E, para aquela consciência, não há experiência mais clara, de conteúdo mais inequívoco, do que a descrita.

Por outras palavras, todas as tentativas de testar e examinar de um ponto de vista científico, ou mesmo epistemológico, semelhantes experiências transformadoras ou revelações são limitadas pelo facto de, para quem as viveu, elas passarem a constituir, a partir desse momento, o padrão incontornável daquilo que a evidência, a clareza, a certeza e mesmo a razão podem significar. O impulso para confirmar o seu conteúdo cientificamente parece, aos olhos da pessoa «iluminada», tão absurdo como tentar verificar, recorrendo às mais recentes tecnologias, se o metro de Paris tem realmente um metro de comprimento. Quem viu a «luz», como Weil em novembro de 1938, não precisa que nenhum físico lhe confirme que ela é real e produz calor. Pelo contrário, esses indivíduos passam a viver, como se costuma dizer, «no seu próprio mundo», que, como se não bastasse, proclamam ser, para grande irritação das outras pessoas, o mundo verdadeiramente real e exemplar.

O conceito cristão corrente para este modo de existência é o de santidade. Não obstante, a tradição filosófica em sentido mais estrito também informa acerca da força reveladora do real que têm estas experiências: por exemplo, sob a forma da luz crua no final da saída da caverna platónica, as ideias que surgem como relâmpagos nas *Meditações* de Descartes, ou a ascensão ao conhecimento que Ludwig Wittgenstein descreve no seu *Tractatus Logico-Philosophicus* através da metáfora de uma escada de cujo último degrau se tem de saltar — sem rede nem chão argumentativo — para se poder ver o mundo «a direito». Também Sartre, ou antes Roquentin, num estado de dissolução do eu extremamente ambivalente, tivera a impressão irrecusável de só ter deparado com a essência das coisas na «massa contingente da existência».

Se, como constata Simone Pétrement, amiga próxima de Weil e mais tarde sua biógrafa, a única prova exterior de uma experiência mística de revelação é a vida que se lhe segue[242], então, pelo menos no caso de Weil, não temos razões para duvidar da veracidade da sua experiência de Deus.

Não que a sua conduta a partir de então se tenha mostrado diferente ou reconfigurado de alguma maneira. Não obstante, assume agora uma outra tonalidade, vê-se a si mesma sob a égide do amor cristão e da paixão pronta a sofrer: as dores de cabeça são agora aceites e estimadas como possíveis portas para a transcendência, bem como a total escuridão da situação política. Weil anota no seu diário filosófico: «Não poderias desejar nascer em tempos melhores do que estes, nos quais já perdemos tudo.»[243] Só escreve assim alguém que tem a certeza daquilo que realmente não se pode perder. E que doravante assume a missão de o salvar à sua maneira.

DE VOLTA ÀS FONTES

Em novembro de 1938, em todo o caso, não se pode negar «que a humanidade, nesta pequena mancha que é a Europa, que há tanto tempo domina o mundo, atravessa uma profunda e grave crise. As grandes esperanças dos três séculos passados, sobretudo do último, a esperança de disseminar os ideais iluministas, a esperança de proporcionar

[242] *Ibid.*, p. 469 sqq.

[243] *Cahiers 1*, p. 11.

uma vida boa e sustentável para todos, a esperança na democracia, a esperança na paz, estão a ponto de se dissolver no ar diante dos nossos olhos»[244].

Como filósofa e publicista, Weil vê apenas uma maneira de salvar a cultura da ampla crise civilizacional que a aflige: em vez de regressar às «coisas em si», é preciso regressar «às fontes em si». Por outras palavras, expor camada a camada, como uma arqueóloga, a partir de leituras e releituras engajadas dos grandes textos originais da humanidade, os valores e impulsos primordiais que a cultura europeia entretanto abalara e tão inegavelmente reprimira.

Socorrendo-se da sua própria experiência de transcendência, para Simone Weil a luta desigual contra as realidades políticas do seu tempo só pode ser travada recuperando os valores fundamentais de inspiração divina que estão depositados nos mais antigos testemunhos e poemas épicos das altas culturas do passado. Estes são sobretudo as obras de Platão e de Homero, os *Upanixades* e o *Bhagavad-Gita*, assim como os textos dos estoicos e dos evangelistas. Todos eles são animados, segundo Weil, pela mesma luz, que apenas irradia como um prisma de forma diferente em cada consciência consoante a era histórica e o ambiente cultural. À semelhança de Martin Heidegger, que Weil ignora por princípio, e de Walter Benjamin, que desconhece em absoluto, a filósofa interpreta a tradição ocidental no seu todo como um processo, distendido e em curso, de obscurecimento e distanciamento da própria essência.

O ser humano recebe a sua verdadeira dignidade e inviolabilidade da abertura para a luz do amor: e, logo, de uma fonte que, em última instância, não tem uma origem apenas humana e cuja salvaguarda não é apenas humana. As verdadeiras fontes do sentido da nossa existência são para ela transcendentes — e, enquanto tal, estão a salvo do acesso humano. Estão a salvo, em particular, do acesso do intelecto em geral ou da razão pura (ou daquilo que, em dado período, se possa declarar, para fins políticos, ser a razão pura).

É assim apenas lógico que o amor ao próximo substitua a solidariedade, que o amor ao inimigo substitua a luta de classes, que a existência totalmente oprimida do «escravo» substitua a do «proletário». Como Weil já escrevera no final do seu diário de fábrica: em última instância, trata-se sempre «da classe daqueles que não contam — em nenhuma situação — aos olhos de ninguém... e que não contarão, nunca, o que

[244] Cf. Pétrement, S. (1973), p. 466.

quer que aconteça (a despeito dos últimos versos da primeira estrofe da *Internacional*[245]). [...] Precisamos sempre, para nós mesmos, de sinais *exteriores* do nosso valor»[246].

Mas o que acontece quando estes sinais exteriores estão ausentes em tempos de grande negrume? Quem salva, quem assegura ainda o direito humano? O próprio valor? Poderiam outras pessoas assumir este papel? Poder-se-ia confiar nelas? E, se sim, a partir de que fontes e de que maneiras? São exatamente estas as perguntas que, noutro lado, quase levam Ayn Rand à loucura nos anos de 1937 e 1938.

BLOQUEADA

«Não temos autorização.»[247] Ayn Rand é informada por telegrama em maio de 1937 que a sua tentativa de trazer os pais de Leninegrado para Nova Iorque falhou definitivamente. Ainda que os pais estejam em posse de todos os documentos necessários e Rand tenha pagado a viagem de navio de antemão, os serviços competentes recusam autorizar a viagem sem apontar razões. O que não surpreende. Sobretudo numa altura em que a prepotência do regime de Estaline atinge novo ponto culminante. Na sequência dos julgamentos-fantoches do ano anterior, no início da primavera de 1937, tanto o partido como a população são purgados de «elementos inimigos». Isto significa, concretamente, que semana após semana milhares de pessoas são arrebanhadas de casa nas primeiras horas da manhã pela polícia secreta, levadas para as caves da NKVD, onde são interrogadas e, se necessário, torturadas, forçadas a confessar ou a denunciar, e, mais tarde ou imediatamente a seguir, executadas ou condenadas a anos de trabalho forçado no *gulag*. Segundo um decreto-lei especial promulgado também em 1937, as esposas e os filhos podem ser simultaneamente condenados «como mulher de um inimigo do povo» e como «parente de um inimigo da revolução».[248] Vinte anos depois, a revolução devora literalmente os seus próprios filhos.

---

[245] No original francês: «C'est nous le droit, c'est nous le nombre: / Nous qui n'étions rien, soyons tout.» Na tradução portuguesa: «Se nada somos neste mundo, / Sejamos tudo, ó produtores!» (*N. da T.*)

[246] *Fabrik*, p. 121.

[247] Cf. Heller, A. C. (2009), p. 98.

[248] Applebaum, A. (2017), p. 102.

Até aos dias de hoje, a fase entre 1937 e 1938 é recordada na Rússia como o tempo do «Grande Terror», pois o quotidiano era então determinado por um clima no qual, nas palavras de uma testemunha desse tempo, «ninguém sabia o que traria o dia seguinte. As pessoas tinham medo de falar umas com as outras, de se encontrarem, sobretudo as famílias cujo pai ou cuja mãe já tivessem sido "isolados"»[249]. Isto deverá ter sido particularmente verdadeiro para uma família cuja filha emigrada nos EUA tem tomado estridentemente partido, como escritora e publicista, contra a «experiência russa». Só a existência de Ayn Rand, como a própria percebe claramente, constitui já um risco concreto à sobrevivência da sua família. Com a intransigência que lhe é característica, depois de receber a notícia corta todo o contacto com ela. Não confirma sequer a receção do telegrama.

A crise familiar segue a par de uma crise criativa. Pela primeira vez na sua vida, Rand tem a experiência do bloqueio da escrita.[250] Há já meses que os dias que passa à secretária não trazem mais do que remoinhos de pensamentos que correm para o vazio, tentativas interrompidas e esboços deitados ao lixo. É verdade que o tema, as personagens principais e as linhas centrais da ação do novo romance estão claramente traçados. Mas, enquanto Rand não souber que evento irá atar dramaticamente as diferentes pontas no final, não consegue avançar no trabalho, na verdade, nem sequer consegue começá-lo. Nas suas palavras, está prestes a «perder o juízo»[251].

O problema é sem dúvida ela mesma, a sua fonte criativa e força. Tudo depende de uma só ideia que faça faísca. Porém, Rand seria a primeira a atestar que uma vontade férrea não basta a esse respeito. Pelo contrário.

HINO

No verão de 1937, o seu marido Frank foi de novo contratado para o papel do *gangster* Guts Regan no espetáculo *A Noite de 16 de Janeiro*, no Connecticut. Ambos arrendam uma pequena casa junto ao Atlântico. Enquanto Frank vai aos ensaios e atua, Rand quer passear pela praia de Long Island para ter novas ideias e, sobretudo, inspirações.

---

[249] *Ibid.*, p. 99.

[250] Para mais pormenores sobre esta fase da vida de Rand, cf. Heller, A. C. (2009), p. 102 sqq., e Burns, J. (2009), p. 49 sqq.

[251] Cf. Heller, A. C. (2009), p. 102.

Primeiro, mais com o intuito de se distrair e dar livre curso à imaginação, recorre a um expediente dos seus tempos de estudante. Deitada no colchão de ar com vista para o oceano, treina a mão numa novela distópica de ficção científica.[252] O ponto de partida é uma sociedade no último estádio da coletivização total, na qual não resta ou não é concedida às pessoas sequer a noção da própria individualidade. Cada um dos habitantes desta sociedade, doutrinado desde a mais tenra infância («Não somos nada. A humanidade é tudo. A nossa existência deve-se apenas à graça dos nossos irmãos. Existimos com, para e através dos nossos irmãos, que são o Estado. Ámen.»[253]), fala e pensa sempre na primeira pessoa do plural, «nós». Mesmo quando se trata dos próprios sentimentos, desejos ou medos. Pois: «Todas as pessoas são uma, e não há vontade para lá da vontade de todas as pessoas juntas»[254] — é pelo menos o que proclama o «Grande Conselho», que fala por todos e, por conseguinte, está sempre necessariamente certo.

O esboço de Rand segue até ao último pormenor o romance de ficção científica *Nós*, do seu conterrâneo Evguéni Zamiátin, que, quando ela era estudante em Leninegrado, passava de mão em mão em segredo. Em vez de nomes, também no esboço de Rand as pessoas usam números, como robôs, o coletivo é todo-poderoso e divino sob a forma do Estado, cada desvio individual é duramente castigado.

É como se se tivesse aberto uma válvula de escape. Em menos de três semanas, Rand escreve as cem páginas da novela na praia de Long Island. De início, o protagonista de Rand, Equity 7-2521, descobre por acaso um túnel do tempo longínquo de antes da «Grande Revolução», onde começa a registar pensamentos em pergaminho roubado («É um pecado escrever isto»[255]). Depressa leva a cabo também experiências científicas em rãs e noutros animais que lhe permitem redescobrir o milagre da eletricidade e até inventar uma lâmpada.

Durante o seu trabalho diurno como varredor de ruas, troca repetidamente olhares com a camponesa Liberty 5300. À luz libertadora do conhecimento depressa se acrescenta a luz do amor («Olhámo-nos nos olhos e soubemos que tínhamos sido tocados pelo sopro de um milagre»[256]). Ambos conseguem fugir para a floresta dos antepassados, um

---

[252] Cf. *ibid.*, p. 102 sqq.

[253] *Anthem*, p. 4.

[254] *Ibid.*, p. 3.

[255] *Ibid.*, p. 1.

[256] *Ibid.*, p. 57.

lugar proibido. Aí, começam a viver juntos uma nova vida num cenário selvagem e paradisíaco, onde o caminho para a liberdade partilhada encontra a sua meta e ponto alto na redescoberta da primeira palavra da linguagem humana, a mais importante, a mais libertadora: «As minhas mãos... O meu espírito... O meu céu... A minha floresta... Esta Terra é minha... Muitas palavras me foram oferecidas e algumas são sábias, e algumas são falsas, mas só estas duas são sagradas: "Eu quero."»[257]

O renascimento revolucionário do ser humano racional e autodeterminado numa sociedade totalmente coletivizada termina, como a própria novela, com «a palavra que nunca poderá morrer nesta Terra, pois é o seu verdadeiro coração e o significado da sua glória. A palavra sagrada: EGO»[258].

TRABALHO MITOLÓGICO

O autoempoderamento do ser humano com base no «eu» torna-se o verdadeiro acontecimento redentor, a entrada no Jardim do Paraíso deste mundo... Toda a narrativa de Rand é permeada por motivos do Antigo Testamento e da mitologia grega: atravessando o túnel, chega-se à luz de outro mundo; o roubo sacrílego do fogo divino ocorre sob a forma da descoberta da eletricidade; nas águas paradas de um lago, Equity 7–2521 vislumbra pela primeira vez, libertadoramente, o seu próprio rosto. Como conclusão lógica, o casal que se conseguiu salvar no final muda de nome para Prometeu e Gaia.

Fiel ao *Leitmotiv* da afirmação incondicional do ego, Rand interpõe na narrativa elementos biográficos da sua fuga da URSS: à semelhança do protagonista Equity 7–2521, também Rand tinha vinte anos quando fugiu, e o seu primeiro ato depois de ter conseguido escapar foi renomear-se com um intuito renovador. Ainda no navio que a leva da Estónia a Inglaterra, Alissa Rosenbaum batiza-se com o nome Ayn Rand. A escolha do nome próprio terá sido motivada pela sua admiração pela escritora estónio-finlandesa Aino Kallas[259], à época bastante famosa, que conjugava nos seus romances histórias de libertação de forte carga

---

[257] *Ibid.*, p. 65.

[258] *Ibid.*, p. 73.

[259] Um agradecimento especial à Dr.ª Pia Päiviö por me ter remetido para Kallas e para a sua obra.

política com motivos míticos do mundo das sagas nórdicas. Quando um fã lhe pergunta pela origem do seu invulgar nome, Rand responde assim em janeiro de 1937: «Devo admitir que Ayn é tanto um nome existente como um nome inventado. O original é um nome próprio finlandês, que em russo se escreve Аина (Aina). A sua pronúncia, foneticamente soletrada, seria em inglês: I–na. Não sei como se escreveria o nome corretamente em inglês, mas decidi fazer dele "Ayn", ou seja, eliminar o *a* final. Pronuncio-o como a letra inglesa *I*, acrescentando-lhe um *n*.»[260]

«I» — «eu», matematicamente elevado à potência *n*: um autobatismo enquanto credo de vida. O trabalho de Rand no seu mito pessoal de liberdade começou no primeiro dia da sua fuga e encontrou, com a novela *Anthem* [*Hino*], uma expressão na qual sobressai «o *Leitmotiv*, a meta e o único propósito da minha escrita»[261].

A par das sobreposições biográficas de *Anthem*, acrescente-se que Frank O'Connor e Ayn se casaram precisamente no momento em que o seu visto para os EUA, várias vezes renovado, ameaçava expirar definitivamente em 1931. Uma clássica decisão de obter o *green card* por amor, que permitiu a Rand continuar a viver no jardim do paraíso que era a terra da liberdade.

ARRANHA-CÉUS

Uma vez concluída a novela, o casal regressa a Manhattan, onde comprou um T3 no Upper East Side, que Frank decorou carinhosamente e para o qual se mudam com dois gatos. Para grande desilusão de Rand, *Anthem* não encontra uma editora interessada. Outros projetos teatrais, como uma dramatização planeada de *We the Living*, malogram-se. Além disso, Rand é informada de que a sua editora, Macmillan, destruiu acidentalmente as chapas de impressão do seu primeiro romance depois da primeira edição e agora não pode imprimir mais exemplares, ainda que as vendas milagrosamente continuem a crescer, mesmo um ano e meio depois da sua publicação. Rand não pode senão pressentir por detrás de tudo isto uma conspiração dos comunistas da cena editorial de Nova Iorque. Ainda assim, a venda dos direitos de adaptação cinematográfica d'*A Noite de 16 de Janeiro* garante

---

[260] *Letters*, p. 40.

[261] Burns, J. (2009), p. 50.

o desafogo financeiro (5000 dólares, soma que hoje corresponde a cerca de 75 000 euros).[262]

Quanto ao desfecho do enredo, ainda não avançou um passo. Entretanto, a relação com o seu *cubbyhole* Frank, apesar de todo o apego, começa a afastar-se de forma cada vez mais palpável dos ideais de Rand. Em termos puramente práticos, a presença de Frank em Nova Iorque constitui um enorme alívio, já em termos de estética de vida representa uma grande desilusão. Era como se a orquestra dos seus sonhos simplesmente já não tocasse. Sem protestos nem sequer relutância, Frank assume o papel de doméstico e cuidador mas desprovido de iniciativa, não se mostrando nada inclinado a alimentar espontaneamente a fantasia cada vez mais clara de Rand de «possessão [...] à maneira de um animal selvagem»[263]. Pelo contrário, dependiam um do outro por razões demasiado quotidianas.

O que quer que a pudesse libertar do profundo abatimento do outono, parecia claro que não seria o marido. Faltava a Frank, muito claramente, um impulso condutor, um tema que unificasse a sua vida, um resoluto «eu quero», fundador e autónomo, na base da sua existência. Uma situação que, para Rand, era inaceitável. Na verdade, era a falha humana por excelência.

Já ela, desde a mais tenra juventude, sabia exatamente por que razão estava no mundo: para forjar a sua felicidade e para ser a criadora de histórias que mostrassem ao mundo como ele deveria ser — e não como infelizmente era. O mesmo era válido para o seu *Übermensch* Howard Roark, com a diferença de que ele, enquanto arquiteto, encontrava a sua felicidade erigindo edifícios nos quais viviam pessoas de facto e onde deveriam sentir-se em casa, no verdadeiro sentido da palavra, nesta Terra. À semelhança dos deuses, nesses edifícios altíssimos função e forma deveriam ser perfeitamente uma só: o ser humano enquanto arranha-céus.

IDEIA CATALISADORA

Portanto, de volta à prancha de desenho. Em todo o caso, o conflito fundamental que determinaria o romance já era claro aos olhos de Rand. O exemplo da queda e ascensão de Howard Roark deveria

---

262 Heller, A. C. (2009), p. 105.

263 *Journals*, p. 95.

representar exemplarmente a luta entre individualismo e coletivismo numa alma humana.[264] O que ainda complicava patentemente o desfecho do enredo nos anos 1937/1938 era a evolução da política mundial. Agora, já não era simplesmente possível limitar o tema aos seus aspetos psicológicos. Se o *Übermensch* Roark deveria representar qualquer pessoa, então a luta pela sua criação não poderia ter apenas uma motivação estética e privada.

Rand continua a matutar. No final do outono de 1937, para fins de pesquisa, começa a trabalhar como secretária no atelier Ely Jacques Kahn Architects, especializado em arranha-céus. Só Ely Kahn, a quem Rand fora apresentada por conhecidos do meio conservador, sabia qual era a sua verdadeira missão. Em março de 1938, pouco antes do meio-dia, Rand pergunta ao seu chefe que projetos comportavam os maiores desafios, ao que Kahn respondeu sem hesitar: habitação social (*public housing*). «Fez-se de imediato um clique na minha mente, pois pensei: aqui está um tema político que ao mesmo tempo é também um tema da arquitetura — e, logo, perfeito para os meus fins.»[265] Roark na habitação social, era isso!

Ainda na pausa para almoço, Rand fixa o enredo global: no fim do romance, o protagonista teria de responder como réu perante tribunal, por ter destruído, pela sua própria mão e pouco antes de concluídas, as casas-modelo que haviam sido construídas de acordo com os seus planos. Fazia-o em protesto contra as intrusões no seu projeto que, na fase final, tinham sido impostas por um comité público.

Cortlandt tinha de existir de acordo com a sua vontade — ou não existiria de todo! Ele é que concebera o projeto! Ele é que o desenvolvera — mais ninguém! E, por isso, era a ele que cabia, e a mais ninguém, a decisão acerca da sua existência ou inexistência. Não podia tolerar nenhuma forma de expropriação, sobretudo tratando-se de interferências na integridade criadora da sua obra. Aqui, o genial egomaníaco contesta o comité dos indiferenciados. O perfecionismo contra a lógica do compromisso. *Prime-mover* contra *second-hander*. Roark contra todos. Que direitos deverão ser incondicionalmente salvaguardados? Em nome do quê? E como?

---

264 Heller, A. C. (2009), p. 117.

265 Burns, J. (2009), p. 51.

ECCE HOMO

Rand segue, mesmo no cerne do desfecho da trama, a peugada metafórica de Nietzsche. A reavaliação exemplar do cânone de valores altruístas, um cânone que na verdade unia estreitamente cristianismo e comunismo, só pode ocorrer rebentando com ele. Com efeito, como se pode ler em *Ecce Homo*, sob o título «Porque sou um destino»:

> Conheço a minha sorte. Algum dia se associará ao meu nome a lembrança de alguma coisa de ingente — de uma crise como jamais outra existiu na Terra, da mais profunda colisão de consciência, de uma decisão proferida contra *tudo* o que até hoje foi objeto de fé, de exigência, de sacralização. Não sou um homem, sou dinamite. [...]
>
> Contradigo, como nunca se contradisse e, não obstante, sou o contrário de um espírito negador. Sou um *jovial mensageiro*, como jamais alguém, conheço tarefas de uma envergadura tal que, até agora, delas não houve noção alguma; só a partir de mim há de novo esperanças. Com tudo isso, sou também necessariamente o homem da fatalidade. Com efeito, quando a verdade entrar em luta com a mentira de milénios, teremos concussões, uma convulsão de tremores de terra, uma deslocação de montanhas e vales, como jamais se sonhou. A noção de política é então inteiramente absorvida numa luta de espíritos, todas as estruturas de poder da antiga sociedade irão ao ar — todas assentam na mentira, haverá guerras como ainda nunca houve na Terra. Só a partir de mim existe a *grande política*.[266]

Nietzsche era a dinamite de Rand. Roark, o seu especialista americano em demolições. Mas de que servia tudo isso se não fosse possível fundar a grande política numa psicologia da grandeza individual? Uma psicologia que fizesse justiça à descrição do ideal de autonomia também de dentro para fora? Para estas pesquisas, Rand não tem de sair de casa. Basta-lhe um único objeto de estudo, absolutamente exemplar: ela própria. «O modelo da psique de Roark era a minha psique.»[267]

---

[266] Nietzsche, F. (1999/1888), p. 365 sqq. [Seguiu-se a tradução de Artur Morão *in* Nietzsche, F. (2020), *O Anticristo/Ecce Homo*, Lisboa, Edições 70, pp. 223–224. (*N. da T.*)]

[267] Heller, A. C. (2009), p. 123.

O VENENO DO RECONHECIMENTO

Rand concebe a obstinação heroica de Roark à semelhança da sua imagem psicológica. E, por isso, não tem dúvidas quanto à verdadeira condição da autodeterminação. No seu diário filosófico, lê-se:

> 10 de novembro de 1938
>
> É terrível ter consciência de nós como os outros nos veem (quer a imagem seja positiva ou negativa). Vê-te como um facto consumado. [*Take yourself for granted.*] A consciência que se sente sozinha — sem o peso de outros olhos a observar — é a única consciência saudável.[268]

Aquilo que o chamado senso comum vê como uma grave deformação, ou mesmo um distúrbio narcísico, representa, no mundo de Rand, o estado que todos os egos se devem esforçar por atingir. Ser verdadeiramente livre implica, antes de mais, ser livre da presença sempre normativa dos outros, uma presença tanto mais conspícua nos olhos dos outros, no seu olhar. Rand cita também a este propósito as palavras do seu autor preferido, Victor Hugo, acerca da omnipresença universal, silenciosa, da besta «dos outros»[269].

Um ideologema com consequências extremamente abrangentes, desde logo numa perspetiva social-filosófica. Segundo Rand, uma pessoa que tenta conquistar a sua autonomia ou apenas a sua imagem de si mesma, lutando por ser reconhecida, já perdeu a luta apenas por a ter encetado. Por outras palavras, não existe consciência feliz no rosto dos outros e através dele — nem sequer no sentido do amor ou da amizade. Pois:

> Amizade: Roark é o único capaz de uma verdadeira amizade — porque consegue olhar para as pessoas em si mesmas, sem egoísmo [*unselfishly*] — porque ele é demasiado egoísta, porque elas não são uma parte dele de maneira nenhuma. No fundo, não precisa delas, não precisa da opinião delas acerca de si, e por isso consegue prezá-las por si mesmas, a relação entre dois iguais. Roark não quer impor-se aos outros, porque não precisa disso.[270]

---

[268] *Journals*, p. 192.
[269] *Ibid.*, p. 193.
[270] *Ibid.*, p. 192.

Em suma, só um homem como Roark pode honrar outras pessoas — e a si mesmo — como sendo incondicionalmente «fins em si», pois só alguém como ele não sente nenhuma necessidade de usar ou instrumentalizar os outros para os seus próprios fins. Não precisa deles psicologicamente. Nem para a sua autoestima nem para a sua posição no mundo. Se existe um pecado psicológico original que representa a queda no inferno dos outros e, logo, falhar-se a si mesmo, ele consiste na pergunta: o que pensas tu de mim?

AURORA

À semelhança de Simone Weil pela mesma altura, Rand ocupa-se da questão de saber o que poderia acontecer à dignidade humana, em tempos como os que ambas viviam, se o seu fundamento fosse o reconhecimento social, concedido ou retirado. A experiência de Weil leva-a a situar o verdadeiro fundamento da dignidade numa esfera de transcendência divina e amorosa, que liberta ou cura a consciência assim entendida da ilusão do ego, em nome de um Deus que ama: diante de Ti, como qualquer outra pessoa, não sou idealmente mais do que um recetáculo sempre aberto de amor ativo ao próximo. As experiências de Rand, pelo contrário, inclinam-na a garantir o valor absoluto da dignidade dotando o eu que quer de uma soberania e intocabilidade quase divinas. Eu sou, como todos os que nascem livres, idealmente um mundo inteiro e uma fonte eterna de amor-próprio. Para ambas, porém, e com igual firmeza, o verdadeiro cenário metafísico infernal consiste em entregar essas origens e garantias à esfera das outras pessoas ou até de todas as outras pessoas.

Uma consciência que realmente ame o mundo assenta assim em qualquer outra coisa que não o olhar dos outros. Em Weil, no amor de Deus. Em Rand, em contrapartida, num amor-próprio como se fosse um deus. Razão pela qual esta consciência, para Rand, no caso ideal de Roark, está sempre perfeitamente focada em atingir metas concretas de ação que ele próprio se impõe. Essa consciência, portanto, pensa tão pouco em si como nas outras pessoas, pensa antes apenas naquele que, em dado momento, é o seu objetivo racional, dissolvendo-se idealmente na pura ação alegre. É uma consciência de pura alegria na existência — que descreve assim um estado que praticamente todas as doutrinas da sabedoria humana têm o objetivo explícito de atingir e manter.

As representações mais recorrentes deste estado são dadas por pessoas com um sorriso brando e esquecido de si.

É apenas lógico que a nietzschiana Rand vá ainda mais longe e transforme este sorriso numa risada autoconfiante e o coloque diretamente no início do seu romance — associado à descrição de um estado de consciência plenamente clarificado, ilustrado por um lago. As primeiras frases de *The Fountainhead* rezam:

> Howard Roark riu-se.
>
> Estava nu à beira de um penhasco. O lago jazia muito abaixo dele. Uma explosão estática de granito lançou voo rumo ao céu sobre a água parada. A água parecia inamovível, a pedra parecia correr. A pedra tinha a quietude do breve momento em que, numa batalha, um golpe encontra um golpe e as correntes se detêm numa pausa mais dinâmica do que o movimento. A pedra reluzia, molhada com raios de sol.
>
> O lago abaixo não era mais do que um fino anel de aço que cortava os rochedos em dois. Os rochedos desciam fundamente, inalterados. Começavam e terminavam no céu. E assim o mundo parecia suspenso no espaço, uma ilha a flutuar em nada, ancorado aos pés do homem no penhasco.[271]

O mundo como ilha do ego — ancorado por nada salvo por um homem num penhasco que está pronto para saltar para uma nova vida. Com esta fasquia, não havia tarefa alguma que, mesmo no início do ano de 1939, Ayn Rand não se sentisse à altura de cumprir.

VIA DE SENTIDO ÚNICO

Take yourself for granted... Walter Benjamin odiou logo desde o primeiro dia aquela língua, para ele nova. Mas de nada serviu. Mesmo no seu minúsculo apartamento na Rue Dombasle 10, o quartel-general informal da «tribo» de Paris, as pessoas juntavam-se serão após serão, bebiam chá, jogavam xadrez e, sim, ensinavam inglês uns aos outros. A situação que se vivia na capital francesa, como se fosse a adaptação o mais realista possível de um guião da cidade de Berlim nos anos 1932 e 1933, era de mês para mês mais opressiva. Com a diferença decisiva de que os judeus em fuga agora já não tinham, em todo o continente europeu, nenhum país que pudessem considerar seguro.

---

[271] *Ursprung*, p. 17.

Chegara-se a um novo paroxismo, sobretudo depois do *Anschluss* da Áustria ao *Reich* de Hitler em março de 1938. O governo de Varsóvia tentou impedir o regresso de 20 000 judeus à Polónia, retirando-lhes a cidadania *in absentia*. Também em França, o endurecimento das leis dos estrangeiros que se verificou em maio visava flagrantemente os novos fluxos de refugiados. Um décimo dos cerca de quatro milhões de residentes de Paris são, em 1938, estrangeiros — entre eles, cerca de 40 000 judeus refugiados. Os órgãos de comunicação social franceses, apoiados na campanha de difamação pelas suas contrapartes alemãs, responsabilizaram precisamente este grupo pelas crescentes tensões da política interna e externa. Na primavera de 1938, ocorreram em Paris as primeiras ondas de detenções e expulsões de refugiados — e de suicídios por desespero. Ao mesmo tempo, Adolf Eichmann criava, na Áustria anexada, um «Departamento Central de Emigração Judaica», cujos objetivos e práticas os nazis queriam estender sucessivamente a outros domínios também.[272]

Quando Arendt, num capítulo recentemente escrito do livro sobre Varnhagen, cita as palavras da protagonista: «É repugnante termos sempre primeiro de nos legitimar», descreve também ao mesmo tempo o cerne sombrio da sua própria vida nesse momento: tanto psicológica quanto administrativamente. Nada pode ser mais abismal, mais transviado, para uma judia alemã em Paris no ano de 1938, do que se tomar a si mesma «for granted».

Encorajada por Benjamin a retomar a obra inacabada, as ideias de Arendt sobre Rahel, nos dois capítulos finais redigidos em Paris, giram em torno da conquista de uma identidade sustentável numa sociedade maioritariamente não judaica, bem como estrutural e claramente antissemita. E, em comparação com os capítulos anteriores, escritos em Berlim, parecem notoriamente mais acerbos no tom, ou mesmo beligerantes.

AS MAIS ELEMENTARES MENTIRAS

Arendt recorre à distinção estabelecida pelo sociólogo francês Bernard Lazare (1865–1903) entre *pária* [*paria*] e *novo-rico* [*parvenu*] para analisar o caso Varnhagen. Pertencendo por nascença a um grupo ostracizado, o pária assume uma posição marginal na sociedade;

[272] Cf. Später, J. (2016), p. 354 sqq.

já o novo-rico, como videirinho social, distingue-se por ter superado com êxito ao longo da vida as limitações e os constrangimentos impostos no berço. Assim, também Rahel, que, como filha de um banqueiro judeu, na era do Romantismo alemão, ascende ao círculo da corte graças ao seu casamento tardio com o diplomata Karl August Varnhagen von Ense, pertencente à aristocracia prussiana. Com a conversão ao cristianismo, liberta-se totalmente das suas raízes judaicas.

Esta é, segundo Arendt, uma obliteração impossível das origens párias, que, além disso, apenas pode ser obtida a custo da dissimulação e do embotamento contínuos. Afinal, a perfeita «assimilação à cultura alemã anfitriã» tem um preço psicológico, que consiste em adaptar «totalmente o seu gosto, a sua vida, os seus desejos aos gostos, vidas e desejos de outros, numa espécie de escolha antes da escolha, uma escolha que nega tudo». Nas palavras de Arendt, esta escolha representa «uma mentira muito mais elementar do que a da simples hipocrisia»[273].

À semelhança do fenómeno do *second-hander,* que serve a Ayn Rand como chave da sua crítica de inspiração nietzschiana à alienação, através do exemplo da sua vizinha Marcella Bannett, para Arendt, o tipo do assimilado (judeu) exteriormente bem-sucedido é o exemplo paradigmático de uma heteronomia tão extrema que entra profundamente no interior do indivíduo sem que ele consiga aperceber-se dela. Quanto mais natural se torna a máscara, maior a cegueira para as verdadeiras fontes do próprio eu. Arendt fala assim também, a propósito da vida do novo-rico, do «grande envenenamento de todos os vislumbres de verdade interior e exterior»[274].

Se, no entanto, ainda sobra ao novo-rico alguma réstia de lucidez quanto ao seu *sense of life* — para usar a expressão de Rand —, ele pressentirá, ou aperceber-se-á de forma chocante por via de uma experiência--chave, «que no fundo nunca desejou ser aquilo que agora é, porque, concretamente, nem sequer o podia desejar»[275].

---

[273] *Var,* p. 218.
[274] *Ibid.*, p. 214.
[275] *Ibid.*, p. 218.

FORTUNA POSTA A SALVO

Aquilo que em última instância salva Rahel do obscurecimento do olhar sobre si mesma e sobre o mundo, o obscurecimento que aflige o novo-rico, foi uma suscetibilidade que Rahel designava como o «seu maior e mais indizível erro». Este erro era o seguinte: «Mais depressa agarro com a mão o meu coração e o magoo do que ofendo um rosto e o vejo ofendido.»[276]

Para Arendt, esta sensibilidade instintiva, mas também pré-reflexiva, para o que o outro exige de nós é o verdadeiro centro da natureza do pária. Mas não só. Além disso, «a dignidade humana, a atenção dada ao rosto humano que o pária descobre instintivamente [...] é o único antecedente natural de todo o universo moral da razão...».[277]

Como se entabulando um diálogo aberto com a filosofia moral de Immanuel Kant, Arendt estabelece aqui o fundamento da sua própria ética da verdadeira autodeterminação perante o outro. Pois a verdadeira origem da autonomia e da dignidade humanas já não é constituída pelo respeito kantiano à lei em mim mesmo/a, mas pela espontaneidade preservada de me deixar comover pelo rosto sofredor do outro, assim reorientando a minha vontade. Gratidão pela existência de outras pessoas no mundo e *consideração* ativa à sua vulnerabilidade sempre presente — estas são, segundo Arendt, as duas verdadeiras fontes da nossa existência moral. E, dadas as circunstâncias concretas, não se trata de um acaso no modo de apresentação escolhido, ou de um acaso da orientação filosófico-sistemática, que uma e outra sejam disposições essencialmente estranhas a Howard Roark, o *Übermensch* idealizado por Ayn Rand.

No mundo de Arendt, um ser como Roark personifica paradigmaticamente os valores do novo-rico. Outro trecho de um capítulo escrito em Paris do livro sobre Varnhagen: «Ele [o novo-rico] não pode sentir-se grato, pois acha que deve tudo às suas próprias forças; não pode ter consideração pelo "rosto humano", porque tem de se ver a si mesmo como uma espécie de *Übermensch* da eficiência, um exemplar particularmente bom e forte e inteligente, um modelo para o seu pobre irmão pária.»[278]

---

[276] *Ibid.*, p. 223.
[277] *Ibid.*, p. 224.
[278] *Ibid.*

No caso de Rahel, em contrapartida, nada é realmente uno; pelo contrário, ao longo da sua vida tudo é cada vez mais ingovernável, dissimulado, «intermédio», aparentemente inconsequente e, num sentido muito salutar, desesperado («Posso jurar a Deus todo-poderoso que nunca na minha vida dominei uma fraqueza»[279]). É precisamente essa a sua salvação como «pessoa» na situação e nos tempos mais sombrios, a sua sustentada abertura para o caminho do autoconhecimento e do amor ao mundo. Um caminho em última instância filosófico, que está aberto ao pária de maneira particular. Pois o ponto de vista de Rahel é «o mesmo ponto de vista que permite ao pária, por ter sido expulso, ver a vida como um todo, é o mesmo caminho que lhe permite chegar ao "*grande* amor à liberdade". Quando ele, em particular, incapaz de se revoltar como indivíduo contra o todo, desdenha a saída do novo-rico e é recompensado pelo seu "infortúnio" com a "observação do todo", que é a sua única esperança digna, "pois tudo está relacionado: e na verdade tudo é suficientemente bom. Esta é a fortuna posta a salvo da *grande* bancarrota da vida"»[280].

A ÉTICA DA TRIBO

O que Arendt expõe reflexivamente nos capítulos que escreve em Paris sobre Rahel Varnhagen vai muito além da trivialidade (que decerto deve ser destacada) segundo a qual o marginal social tem perspetivas particularmente interessantes sobre as dinâmicas de um suposto centro. Pelo contrário, Arendt formula aqui tacitamente um ideal de vida e de investigação profundamente político que guiava toda a «tribo parisiense»: o ideal de, numa posição (psicológica, política, social, profissional) de total ensombramento e não-pertença, preservar a fortuna de se deixar comover, tocar e conhecer pelo mundo e pelos outros. Na prática da escrita, isto conduzia à recoleção, por uma espécie de «trapeiros» e «toupeiras» (Benjamin), de todos os testemunhos de párias que, mostrando aos contemporâneos como se pudera chegar ao evidente obscurecimento do humano, apontassem um caminho para sair das trevas. Pois, na formulação de Benjamin em carta ao amigo filósofo Gershom Scholem, que em 1938 se encontra em Nova Iorque para fazer

---

[279] *Ibid.*, p. 218.
[280] *Ibid.*, p. 224 sqq.

investigação, precisamente «esta época, que torna tantas coisas impossíveis, decerto não exclui isto: que no curso histórico do Sol incida uma luz certa precisamente sobre estas coisas»[281].

Quase todos os indícios começam por conduzir ao século XIX; era preciso examinar estas origens e trazê-las à luz.[282] E não enquanto interesse que guia uma investigação, mas sob a forma de uma missão partilhada. Benjamin trabalha intensivamente, ao longo destes meses sombrios, nos ensaios sobre Kafka e Baudelaire; o trefilador Blücher no resgate de Marx e Engels, raptados pelos novos-ricos; Arendt na sua Rahel e na história muitas vezes camuflada da assimilação judaica — e, logo, também numa espécie de pré-história do sionismo como movimento político.

Este *ethos* partilhado pela tribo deu azo a máximas de ação muito precisas também na prática quotidiana, como, por exemplo, tomar incondicionalmente partido, mas sem pertencer a nenhum partido — fosse ele comunista ou sionista. Nunca, em circunstância alguma, a impossibilidade reconhecida de «se revoltarem como indivíduos contra o todo» poderia conduzir à submissão da responsabilidade pelo pensamento próprio aos ditames de uma «lógica partidária» necessariamente desresponsabilizadora.

Nenhum fim justifica um meio se esse meio, enquanto ato, trai necessariamente o fim. E qual era, afinal, o objetivo da ação política senão a preservação da espontaneidade responsável do pensamento próprio? Em vez de partido ou agrupamento, a «tribo de Paris» via-se como um pequeno círculo de amigos, cujos membros cultivavam, mais do que lamentavam, a sua crescente marginalização. Um círculo de amigos, além do mais, cuja coesão sustentadora não relevava de afinidades de origem, mas de promessas dadas. À cabeça, a promessa — a única possível em tempos sombrios — de darem eles próprios forma ao futuro.

Não faltavam constrangimentos exteriores a condicionar a própria vida. E não havia nenhum pretexto para romantizar a crescente fragmentação desta. «Afinal, a famosa liberdade do escorraçado em relação à sociedade raramente é mais do que o direito perfeitamente livre de desesperar.»[283] Não obstante, ninguém pode viver ou sequer pensar livremente sem o amparo de um lugar seguro. E esse lugar, no ano de 1938,

---

281 Scholem, G. (2018), p. 262.

282 = *EuU.* [*As Origens do Totalitarismo.* (*N. da T.*)]

283 *Var*, p. 222.

desaparecia pedaço a pedaço mesmo em França. Quando a Juventude Aliyah muda a sua sede de Paris para Londres, Arendt corre o risco de perder o trabalho. O triângulo da sobrevivência mínima constituído por documentos profissionais, de residência e de identificação estreita-se cada vez mais a cada nova lei. Quem se candidata voluntariamente com documentos expirados corre o risco de ser expulso. Corre-o também quem não o faz e é apanhado. Esta é uma preocupação diária sobretudo para pessoas com existências precárias como Blücher e Benjamin, que de tempos a tempos têm de renovar os seus documentos especiais de *réfugiés provenants d'Allemagne.*

Já quase ninguém arrisca sair do país. Benjamin, não obstante, arrisca no verão de 1938 e aceita um convite de Bertolt Brecht para ir ter com ele, que está exilado na Dinamarca, e o maravilhar com o seu talento para o xadrez (apurado com Arendt). Arendt arriscou uma vez e outra ir a Genebra visitar Martha Mundt, uma velha amiga da família, desde logo também para preparar a viagem da mãe de Königsberg, onde já não se sentia segura, para Paris.

Além disso, com o malogro da solução dos dois Estados proposta pelos Britânicos (segundo a qual Jerusalém deveria continuar a ser um protetorado britânico), também a situação na Palestina se agudiza e conduz diretamente a uma espécie de guerra civil entre judeus e árabes. «No que toca aos judeus», escreve Arendt ao seu Stups a 22 de outubro de 1938, de Genebra para Paris, «estou muito preocupada por causa de Jerusalém e de outras coisas mais. Podemos sentir-nos tããããão mal que quase dá vontade de rir.»[284] A voz de Rahel, o temperamento de Arendt, cuja fundamental vitalidade nada nem ninguém consegue desencorajar. Um caso feliz de espontaneidade natural.

DEPENDÊNCIA ANORMAL

Entretanto, pessoas com índoles diferentes, por exemplo o amigo próximo «Benji», não conseguiam manter a firmeza. A 4 de fevereiro de 1939, Benjamin escreve ao amigo Scholem, em Jerusalém: «A chegada do inverno foi acompanhada por um período de depressão persistente, acerca da qual posso dizer que *je ne l'ai pas volé*[285]. Várias coisas

---

[284] Arendt/Blücher, p. 88.

[285] Não foi desmerecida. (*N. da T.*)

concorreram. Para começar, vi-me confrontado com o facto de o meu quarto ser praticamente imprestável para trabalhar no inverno; no verão, tenho a possibilidade de manter em cheque o ruído do elevador com o ruído das ruas de Paris; nos dias frios de inverno, não...»[286]

Acresciam os desentendimentos atmosféricos com Adorno e Horkheimer do Instituto de Investigação Social na distante Nova Iorque, os seus últimos empregadores. Não obstante, o trabalho tinha de continuar, o que não era fácil, «pois o isolamento em que vivo e sobretudo em que trabalho [...] cria uma dependência anormal do acolhimento que encontra aquilo que faço»[287].

Em junho de 1939, mesmo a Scholem, em Jerusalém, já não resta senão falar ao amigo de um «estado de espírito irrefreadamente sombrio e paralisado»: «Afinal, é impossível *não* pensar na nossa situação, e quando digo "nossa" não me refiro apenas a nós, palestinos. A terrível catástrofe que acometeu o judaísmo no último meio ano, e cuja dimensão ninguém consegue calcular, esta perfeita ausência de soluções para uma situação na qual já são inventadas soluções que troçam de nós (como o ignominioso "projeto" de enviar os judeus para "colonizar" a Guiana britânica), tudo isto se abate sobre nós certo dia e lá se vai a alegria. [...] Para mim, a degradação da Palestina, ao tornar-se cenário de uma guerra civil, é mais do que uma oportunidade perdida entre muitas outras. [...] A possibilidade de salvar uma colónia palestina[288] viável no mundo da próxima guerra mundial corre risco por nossa causa, e não só dos Ingleses e dos árabes. Também nós damos azo a coisas terríveis, e tenho medo só de pensar nas consequências que elas podem ter. Vivemos em terror; a capitulação dos Ingleses a esse terror leva os tolos entre nós a opinar que essa é a única arma com a qual poderemos obter alguma coisa, sem prejuízo para as nossas circunstâncias especiais.»[289]

O único momento luminoso desses meses foi para Scholem o livro que Hannah Arendt lhe enviara «sobre a Rahel». Tinha-lhe «agradado *muito*» e parece-lhe ser «uma análise excecional do que se passou, e mostra que um vínculo assente no embuste, como aquele entre os judeus alemães e a "germanidade", não podia senão terminar em

---

[286] Scholem, G. (2018), p. 290.

[287] *Ibid.*, p. 291.

[288] Scholem pensa aqui em termos de um «colonato judaico» no entendimento atual, ou seja, não no sentido que hoje daríamos a «palestino».

[289] Scholem, G. (2018), p. 307 sqq.

desgraça. [...] É pena que não consiga ver como pode o livro ser publicado»[290].

Se não era possível garantir a segurança da própria vida, então ao menos a segurança dos próprios escritos. E assim, seguindo o exemplo de anos e anos de Walter Benjamin, também Arendt enviara o manuscrito sobre Rahel Varnhagen[291] ao «arquivista» Scholem — também com a esperança silenciosa de que surgisse alguma possibilidade de publicação na Palestina. Mas não havia hipótese. Também aí o quotidiano e o pensamento são dominados exclusivamente por questões de pura sobrevivência.

Com vista a uma futura «existência livre», o mote desta primavera, que além de tudo o mais, como Benjamin se queixa, é também «particularmente fria», poderia ser o de manter tanto mar quanto possível entre si próprio e a velha Europa. Mas também a este respeito as saídas para o futuro parecem congestionadas. A menos que se fosse expressamente convidado por uma universidade americana ou por uma instituição equiparável, o tempo de espera por um visto para entrar nos EUA era de «quatro a cinco anos». Um lapso de tempo irreal para pessoas que em boa verdade não podiam sequer prever o que seria delas dali a quatro meses ou mesmo apenas quatro semanas.

Não obstante, Blücher e Arendt encontraram finalmente nesta primavera um apartamento onde podiam viver juntos — juntando-se-lhes, em abril de 1939, Martha Beerwald, a mãe de Arendt fugida de Königsberg. Não com grande agrado de Blücher, ou sequer de Arendt. Que mais podiam fazer? Certos deveres morais estendem-se muito para lá da pura voluntariedade da promessa. E os deveres em relação à nossa mãe contam-se incondicionalmente entre eles, pelo menos para Arendt.

SEM FUTURO

«Tinha tentado», recorda Simone de Beauvoir, «o ano inteiro incluir-me no presente, gozar cada momento.»[292] Porém, na primavera de 1939, esta postura atinge por fim o seu limite. Desde logo, a relação de

---

[290] *Ibid.*, p. 309.

[291] Com efeito, após a guerra este seria o único exemplar subsistente. A pedido de Arendt (carta de 17 de outubro de 1941), Scholem enviou-o para Nova Iorque. Foi publicado pela primeira vez em 1957, em inglês, em Londres; em 1959, em alemão; e, em 1974, nos EUA.

[292] *BJ*, p. 301.

Sartre e Beauvoir exibe uma complexidade que não fica atrás daquela que caracteriza a situação política mundial. Após três anos passados juntos em Paris, o triângulo Sartre — Beauvoir — Olga transformou-se em poliedros eróticos em diferentes sobreposições. De acordo com horários judiciosamente estabelecidos, Beauvoir, além da relação com Sartre, gere outras tantas com Olga (por esta altura, numa relação sólida com o «pequeno Bost»), com o «pequeno Bost» (sem que Olga possa saber) e com Bianca Bienenfeld, de dezoito anos, uma aluna finalista de Paris a quem dera aulas no ano anterior (com quem também Sartre tem uma relação desde o início de 1939, coisa que nega consistentemente a todas as outras pessoas com quem se relaciona). Ao mesmo tempo, Beauvoir (assim como Sartre) dá início a uma outra relação com uma antiga aluna chamada Natalie Sorokin. E estas são apenas as relações mais sólidas.

Atendo-se ao pacto que entretanto já dura há dez, Beauvoir e Sartre não poupam nas suas cartas nenhum pormenor, por mais degradante, a respeito das suas relações amorosas. Por outras palavras, o ímpeto de Beauvoir, que há anos definia a sua vida, de «gozar cada momento», sem com isso se pôr em causa enquanto pessoa, criara uma rede quotidiana de relações assimétricas e de dependências que não deixa margem para uma descrição benevolente.[293]

Nesta situação reside possivelmente aquilo que distingue o verdadeiro homem de letras — ou a verdadeira mulher de letras — da grande massa de escrevinhadores: a vontade, expurgada de todas as dimensões éticas, de pôr cada experiência, cada relação, cada vivência ao serviço de uma eventual história de ficção — de as instrumentalizar enquanto mero meio para a finalidade que norteia a sua existência.

Sartre não moraliza sobre a sua existência. O caso de Beauvoir é um tanto diferente. Sobretudo o triângulo de mentiras com Olga e o pequeno Bost é para ela um fardo cada vez mais pesado.[294] Isto tem menos que ver com considerações éticas relativas a Olga e mais com a sua paixão profunda, sobretudo sexual, pelo pequeno Bost, a quem afiança por esta altura numa carta: «Tenho apenas *uma* vida sensual, aquela que vivo contigo.»[295] E prossegue dizendo que com Sartre ainda tem relações físicas, «mas apenas muito raramente, e mais por ternura

---

[293] Beauvoir contestou publicamente ao longo de toda a vida ter tido relações sexuais com mulheres.

[294] Cf. Kirkpatrick, K. (2019), p. 156 sqq.

[295] *Ibid.*, p. 158.

um pelo outro — não sei como hei de dizer — mas eu não me entrego plenamente, porque ele também não o faz»[296].

Bost foi recrutado para o serviço militar na primavera de 1939. Se a guerra rebentar, Sartre também será imediatamente mobilizado. Quando Beauvoir pensa na guerra que agora parece cada vez mais inevitável, esta ameaça roubar-lhe o centro tanto intelectual quanto sensual da sua vida. Quem seria ela então? Quem ou o que a agarraria à vida?

Quando, a 6 de julho de 1939, apanha o comboio para Amiens para visitar Bost, que aí fora colocado, escreve a Sartre uma série de cartas que transmitem uma imagem representativa desta fase da sua vida:

6 de julho de 1939

Querida pequena criatura,

[...] No Café Flore, deparei com uma Kos. [ou seja, Olga (W. E.)] muito nervosa, que tinha acabado de se livrar de Wanda; fomos dar uma volta [...] e [...] falámos sobre a nossa relação, que a arrebata enormemente; depois estivemos no Café Capoulade e ela falou de Bost. [...] Em traços latos, quando ela se dá a ver a uma luz propícia, alegre e confidente e benevolente, parece ser extremamente interessante e até atraente, mas não simpática. Despedimo-nos gentilmente nas escadas do metro de Saint--Michel e provavelmente teremos uma relação idílica no próximo ano [ano letivo (W. E.)]...[297]

[...] Sinto-me melancólica, dormi pouco nestes dias, estou cansada; recebi uma primeira advertência sem custos por causa dos impostos, que ascenderão a cerca de 2400 francos, e Kos. pediu-me ontem 300 francos para pagar dívidas e a renda, pedido para o qual eu não estava preparada. [...] Kos. falou muito tempo sobre Bost, e quanto a isso não tenho problemas de consciência, mas tenho uma sensação de injustiça e de vanidade, que desaparecerá assim que vir Bost, mas que me rouba toda a vontade de viajar...[298]

---

296 *Ibid.*
297 Beauvoir/Sartre 1, p. 85 sqq.
298 *Ibid.*, p. 85.

E dois dias mais tarde, de Amiens:

8 de julho de 1939

[...] Às onze, Bost teve de voltar a vestir a farda, acompanhei-o até à caserna e depois fui para casa. Ele foi muito simpático, mas estava abatido, e eu também, um pouco; sentimo-nos sinistramente dilacerados: não podemos falar nem estar realmente com a outra pessoa, e ao mesmo tempo são as últimas horas da visita, nada tem futuro, e isso torna tudo sombriamente indiferente.[299]

PRONTA PARA ATACAR

Vida dilacerada, últimas horas, indiferença sombria — o estado de espírito de uma nação inteira. Entretanto, para Beauvoir, como bem mostra a sua correspondência, o vislumbre do abismo também tem, neste verão, qualquer coisa de redentor. Nunca trabalhara tão bem como agora, nunca se aproximara tanto do seu ideal de escrita. Há meses que escreve, como se possuída, um romance que deverá representar a súmula do seu pensamento até à data. Por sugestão de Sartre, o romance segue de perto as suas experiências biográficas. Porém, o seu cerne filosófico é constituído pela tensão que Beauvoir já apontara no diário aos dezanove anos como sendo a questão-chave do seu pensamento: «a oposição entre o eu e os outros»[300].

Tudo nesta fase da sua vida remete para ela. Não se trata apenas das experiências de Sartre e de Beauvoir entre si, ora de mútua absorção ora de distanciamento frio. Também a figura amorfa da guerra iminente concentrava em si, com particular acuidade, as duas ofensas que acometem todas as consciências em formação: por um lado, estar ciente da própria finitude e, por outro, saber que existem outras consciências: «Como a morte, de que se fala sem nunca a ter visto de frente», escreve Beauvoir, recordando a perceção filosófica decisiva que teve nesta fase da sua vida, «a consciência dos outros era para mim um "diz-se"; quando me acontecia estar perante essas realidades, sentia-me a braços com um escândalo da mesma espécie que a morte, e igualmente inaceitável;

[299] *Ibid.*, p. 90.
[300] Kirkpatrick, K. (2019), p. 143.

aliás, este podia absolutamente compensar aquele: tiro a vida a outro e ele perde todo o poder sobre o mundo e sobre mim.»[301]

A extinção do outro para salvar aquilo que é presumivelmente o mais próprio. Politicamente, isto significava ser a favor da guerra. Em privado, porém, significava ser a favor do homicídio. Com o que estava assim fixado o fio da ação de um romance de formação filosófico muito particular. A partir de outubro de 1938, Beauvoir começou a escrever com um fogo interior que até então desconhecia: «Finalmente, tinha a certeza, acerca de um livro a que me lançava, que o terminaria, que ele seria publicado.»[302]

À IMAGEM DE

Inicialmente, a vítima do assassínio perfeito deveria ser uma versão literária de Simone Weil — sempre a «grande outra» no pensamento de Beauvoir. «Por causa do prestígio longínquo que tinha a meus olhos, pensei em erguer diante de mim uma protagonista inspirada em Simone Weil.»[303] Mas também aqui Sartre dá uma sugestão decisiva. Olga, argumentou ele, conviria muito mais no papel de consciência intolerável, era até tipologicamente perfeita, considerando a ação do romance: mais jovem, fechada, temperamental, obstinada, egocêntrica.[304]

Beauvoir representaria a luta da sua consciência por autenticidade, dando assim forma de romance ao tema filosófico da sua vida, segundo as linhas do triângulo que havia já alguns anos girava em torno de Olga, tão intensamente gozado como difícil de suportar. E exatamente como Ayn Rand, que, pela mesma altura, afirma orgulhosamente que o objeto de investigação psicológica para o seu protagonista Howard Roark fora ela mesma, também a protagonista de Beauvoir, a dramaturga e escritora incipiente Françoise, fora concebida à sua imagem e semelhança. Olga é no romance a atriz Xavière, Sartre o genial encenador Pierre, e a ação passa de Rouen para o meio parisiense dos cafés e artistas em 1938. O esquema de base era assim bastante abstrato, mas o *décor* concreto não podia ser mais autobiográfico. Tudo bons pressupostos. Beauvoir tem particularmente claros diante dos olhos os aspetos filosóficos da

---

301 *BJ*, p. 269. [*A Força da Idade*, pp. 266–267. (*N. da T.*)]
302 *Ibid.*, p. 293.
303 *Ibid.*, p. 269. [*Ibid.*, p. 267. (*N. da T.*)]
304 Cf. *ibid.*, p. 270 sqq. [*Ibid.*, p. 267 sqq. (*N. da T.*)]

tensão que se irá desenrolar. Tratar-se-ia da tipologia das três maneiras diferentes como uma consciência se colocaria à presença manifesta de outras consciências.

A protagonista Françoise (Beauvoir) personificaria, neste esquema, uma consciência imaculada: «Françoise [...] julgava-se uma consciência pura, a única; associara Pierre à sua soberania: achavam-se juntos no centro do mundo, que ela tinha por imperiosa missão revelar.»[305]

Esta consciência entende-se como absolutamente pura em três aspetos filosóficos: em primeiro lugar, não se mostra maculada, transfigurada ou posta em causa por influência das outras consciências. Em segundo lugar, é pura no seu anseio de revelar o mundo como ele se dá e mostra. Em terceiro lugar, é pura também no sentido em que, visando a neutralidade, esta consciência procede por descrição, mais do que por valoração — porém, renunciando conscientemente a tudo aquilo a que comummente se chama subjetividade: «[Françoise], confundindo-se com tudo, não possuía, aos seus próprios olhos, uma figura definida.»[306] Depois de vários anos a estudar a filosofia de Husserl, Beauvoir apresenta a sua Françoise como personificação paradigmática de uma consciência puramente fenomenológica e, logo, recetiva à experiência, no melhor sentido, uma consciência que procura e encontra o seu centro sensorial não em si mesma, mas no mundo. A fenomenologia torna-se aqui psicologia, a epistemologia abstrata torna-se sub-repticiamente um estudo concreto de caráter.

Nos antípodas da consciência de Françoise está a de Xavière (Olga). Em vez de aberta ao mundo e neutra, permanece egocentricamente fechada em si mesma. Em vez de sempre alegre, fruindo da existência, mostra-se acentuadamente temperamental e volátil. Em vez de focada e amante da verdade, é preconceituosa e esvoaçante como uma libelinha: «Encarnei em Xavière a opacidade de uma consciência fechada em si mesma.»[307] E este fechamento obstinado de Xavière é acompanhado no romance pelos contornos claramente definidos e pela notória recalcitrância da personagem. Em termos filosóficos, a sua consciência encarna a atitude de um ceticismo movido pela angústia, que não quer conhecer — e sobretudo não quer reconhecer — um acesso próprio ao mundo.

---

[305] *Ibid.*, p. 287. [*Ibid.*, p. 285. (*N. da T.*)]

[306] *Ibid.* [*Ibid.* (*N. da T.*)]

[307] *Ibid.*, p. 289. [*Ibid.*, p. 287. (*N. da T.*)]

A terceira figura deste quadro é Élisabeth, que assume a posição de uma consciência profundamente estranha a si mesma — no romance, é a irmã de Pierre e uma pintora diletante.[308] Na maneira como acede ao mundo, Élisabeth não é neutra e amante da verdade nem espontaneamente obstinada, é antes controladamente cínica, com uma atitude de desprezo pelo mundo. Não sem algumas semelhanças com Rahel Varnhagen e o seu anseio por reconhecimento, na obra de Arendt, Élisabeth, nas palavras da sua criadora, «andava à cata de emoções e de convicções que nunca parecia levar a sério; censurava a si própria esta incapacidade e o desprezo em que se mantinha acabava por devastar o mundo [...]. A verdade do mundo e do seu próprio ser pertencia aos outros: a Pierre e a Françoise»[309]. Élisabeth sabe que é demasiado estranha a si mesma para algum dia poder conhecer-se e reconhecer-se. Só outros podem fazer isto por ela. E a sua verdadeira desgraça consiste em ter consciência disso.

Como três bolas numa mesa de bilhar sem buracos, Beauvoir deixa que as suas três personagens entrechoquem uma e outra vez — sendo Pierre (Sartre), qual imperturbável oito preto do jogo, o verdadeiro impulso e prémio das carambolas.

GUERRA DOS MUNDOS

O romance *A Convidada* desenrola-se ao longo de 450 páginas como variações em diálogo contínuo sobre um único tema: a questão das condições de possibilidade de encontrar um verdadeiro eu perante os outros. Eis um trecho representativo:

> — Acha que um dia me deixa ler o seu livro? — perguntou Xavière com uma expressão insinuante.
>
> — Claro — disse Françoise. — Posso mostrar-lhe os primeiros capítulos quando quiser.
>
> — Como é a história?
>
> [...]

---

[308] À época, a irmã mais nova de Beauvoir, Hélène, estava a caminho de se tornar pintora, bem como Gégé, amiga próxima de Beauvoir.

[309] *BJ*, p. 290. [*A Força da Idade*, pp. 287–288. (*N. da T.*)]

— É a história da minha juventude — disse Françoise —; gostava de explicar no meu livro porque é que se é tantas vezes infeliz quando se é novo.

— Acha que quando se é novo se é infeliz? — perguntou Xavière.

— Você não — disse Françoise. — Você é uma alma bem-fadada.

Refletiu.

— Olhe, quando somos crianças, resignamo-nos facilmente a não contar; mas aos dezassete anos, as coisas mudam. Começamos a querer existir, existir a sério, e, como por dentro continuamos a sentir-nos iguais, recorremos estupidamente a garantias exteriores.

— Como? — perguntou Xavière.

— Procuramos a aprovação das pessoas, escrevemos os nossos pensamentos, comparamo-nos com modelos de sucesso. Olhe, veja a Élisabeth — disse Françoise. — Em certo sentido, nunca ultrapassou esse estádio. É uma eterna adolescente. [...] A Élisabeth irrita-nos porque nos ouve servilmente, ao Pierre e a mim, e porque está sempre a fabricar a sua própria pessoa. Mas se tentarmos compreendê-la com um pouco de simpatia, vemos em tudo isso um esforço desajeitado que visa dar à vida e à pessoa dela um valor garantido. Até o respeito que ela tem pelas formas sociais: o casamento, a notoriedade, é ainda uma forma dessa preocupação.

O rosto de Xavière toldou-se um pouco.

— Élisabeth é uma pobre nulidade vaidosa — disse ela. — E é tudo!

— Não, justamente não é tudo — disse Françoise. — Temos que perceber porquê.

Xavière encolheu os ombros.

— De que serve tentarmos compreender pessoas que não valem a pena?

Françoise reprimiu um movimento de impaciência; Xavière sentia-se lesada logo que se falava de alguém que não fosse ela com alguma indulgência ou mesmo, simplesmente, com imparcialidade.

— Em certo sentido, toda a gente vale a pena — disse ela a Xavière [...].[310]

Françoise enquanto consciência com um entendimento puro e benevolente, Xavière enquanto consciência narcísica e encapsulada da afirmação proativa do eu, Élisabeth enquanto consciência deformada por uma inautenticidade conhecida. Cada uma observa e vigia as outras, cada uma é ora pergunta em aberto ora irritação ofensiva para as outras.

---

[310] *Skub*, p. 187 sqq. [Aqui e adiante seguiu-se a tradução de Miguel Serras Pereira *in* Beauvoir, Simone de, *A Convidada*, Lisboa, D. Quixote, 2000, p. 143. (*N. da T.*)]

Um triângulo infernal de grande espessura dramática, que não deixa antever nenhum desfecho benevolente[311], sobretudo no que toca a Françoise.

Profundamente irritada com o desejo, a rivalidade e a alteridade fundamental de Xavière, Françoise perde, ao longo da peça, o seu estatuto de consciência pura, é forçada a reconhecer o vazio factual do seu eu e depressa se vê exposta a uma situação que Beauvoir, enquanto autora real, descreve da seguinte maneira: «Mas um perigo a espreitava, aquele que desde a adolescência eu tentava esconjurar: [Xavière] podia não só roubar-lhe o mundo mas apoderar-se-lhe do ser e enfeitiçá-lo. Xavière [desfigurava-a] com os seus rancores e fúrias.»[312]

De forma paradigmática para todas as consciências no caminho de si mesmas, as protagonistas do romance travam também, nas vésperas da destruição do mundo, a sua *Guerra dos Mundos*[313] muito própria. Também esta é uma guerra que, pela sua própria natureza, só poderá terminar com a extinção total do outro.

A NOVA SITUAÇÃO

Chegada aos trinta, Beauvoir vê-se suficientemente estabelecida como mulher e como intelectual, o que não significa que a sua luta por reconhecimento tenha chegado ao fim. Pelo contrário. Com a publicação de *A Náusea* (que antes se chamava *Melancholia*), na primavera de 1938, Sartre tornara-se a nova estrela da literatura francesa, cuja obra e estilo chegaram a ser equiparados aos de Kafka pela crítica entusiasmada. Ao mesmo tempo, o livro de contos de Beauvoir é definitivamente rejeitado pelos leitores tanto da Gallimard quanto da Grasset. Profundamente ofendida, Beauvoir proíbe Sartre de continuar a propor o manuscrito.

Ao passo que ele granjeou nome, ela continua a ser literariamente ninguém, correndo assim o risco de ser reduzida pela cena literária à condição de «mulher de» — uma categoria com longa história. Neste momento, portanto, já estava próxima a ideia de tematizar a luta entre o eu e os outros, que Beauvoir examinara com pormenor microscópico, como sendo uma tensão determinante também dos papéis dos dois sexos.

---

[311] Esta constelação tem grandes semelhanças com a peça *Huis Clos* [*À Porta Fechada*], que Jean-Paul Sartre escreveu mais tarde.

[312] *BJ*, p. 288. [*A Força da Idade*, p. 286. (*N. da T.*)]

[313] A versão radiofónica d'*A Guerra dos Mundos*, de Orson Welles, foi emitida em outubro de 1938.

Afinal, não era a posição de partida de um homem no jogo dialógico de se encontrar a si mesmo fundamentalmente diferente da da mulher? Não entrava a mulher nesta luta pelo reconhecimento como uma espécie de pária logo à partida?

Como Hannah Arendt constata, pela mesma altura, na sua investigação de Rahel Varnhagen, que uma judia que vive numa sociedade cujo antissemitismo é muitíssimo real só «consegue assimilar-se realmente se assimilar o antissemitismo da sociedade», também Beauvoir, do seu posto de vigia, pode assegurar que, sempre que a consciência de uma mulher assimila papéis na sociedade que depreciam *a priori* as mulheres, estas terão de interiorizar a misoginia dessa sociedade.

Não é verdade que «mulher» e «homem» se encontrem como iguais no esquema do «eu» e dos «outros», pelo contrário, a situação sempre fora determinada pela posição manifestamente subordinada da alteridade — precisamente o papel do *deuxième sexe*, do segundo sexo ou também do «outro sexo». Para a elaboração deste pensamento potencialmente decifrador da sociedade, Beauvoir precisaria de mais dez anos e da experiência de mais uma guerra mundial — até finalmente sair da sombra de Sartre enquanto pensadora.[314]

Nos anos de 1938/1939, Beauvoir tinha já a ferramenta conceptual que lhe permitiria decifrar a situação específica da mulher. Porém, nesta fase, a sua pergunta condutora manifestamente não era ainda o que podia e o que devia significar ser «uma mulher», mas apenas esta mulher, ela própria.

FRENTE A FRENTE COM A ANGÚSTIA

Não obstante, ao longo dos dez anos precedentes da sua vida adulta, Beauvoir conseguira, contra todas as resistências da sua família, evitar ser definida de acordo com o papel então ainda dominante de esposa e mãe cuidadora. Sem se submeter a lógicas dominantes do desejo, seguira mais ou menos conscientemente no seu projeto de vida a estratégia de um estado intermédio sempre pronto para o prazer. A relação com Sartre, a «única necessária», estabilizada por uma forma de vida de bissexualidade poliamorosa, servia aqui como prova da possibilidade de

314 *Le deuxième sexe* [*O Segundo Sexo* na edição portuguesa. (*N. da T.*)] seria publicado em francês em 1949.

um projeto de vida radicalmente diferente. Não obstante, convém aqui referir que a conduta de Beauvoir para com as mulheres suas amantes não mostra diferenças assinaláveis em relação ao modo como Sartre entendia o seu papel e o das amantes nos seus inúmeros casos amorosos. A maneira de agir de Beauvoir trai igualmente uma atitude de dominação manipuladora, desprovida de simpatia e distante do prazer. Jogos veniais para reconfortar o ego — sem grandes preocupações quanto às consequências que as suas ações tinham na consciência dos outros.

Enquanto Sartre se gaba, nas suas cartas a Beauvoir, de ser um «grande apalpador» e, nesta qualidade, fala das «nádegas em forma de lágrimas» ou da surpreendente prontidão das suas conquistas mais recentes para os «beijos íntimos», Beauvoir sublinha com gosto como são indiferentes, parcos em prazer e até desagradáveis os seus encontros com antigas alunas — chegando a formular queixas demasiado concretas sobre o desagradável odor fecal da seduzida durante o sexo. Beauvoir fala sobre as suas amantes «de homem para homem» com Sartre, ou seja, como sujeito acerca de objetos. Pelo menos esta forma de assimilação ela interiorizara completamente.

O passo eticamente decisivo da preocupação pelo eu para a preocupação com os outros era, para o temperamento de Beauvoir, decerto mais difícil do que outros.

Não obstante, a ameaça concreta da guerra teve sobre ela um efeito dinamizador também a este respeito. Desde logo porque, nesta época, o seu projeto em curso de «integrar ideias filosóficas na sua própria vida» recebe novos impulsos decisivos. Na primavera, estuda intensivamente com Sartre os escritos do discípulo de Husserl, Martin Heidegger, em particular a sua obra *Ser e Tempo*.

Seguindo o impulso metódico do seu professor, Heidegger desenvolve nesta obra uma análise abrangente da situação existencial específica do ser humano. Lançado ao mundo sem chão nem amparo, cada *Dasein* tem a tarefa, segundo Heidegger, de se apreender a si mesmo sempre com uma consciência prévia e constante do nada ameaçador que é a morte. Um grito filosófico para que se viva com coragem e autenticidade, que encontrou em Sartre e em Beauvoir um chão particularmente fértil. Heidegger coloca, contra os ditames sempre inautênticos do homem anónimo, o humor vago da angústia — sobretudo da angústia da morte — enquanto fundamento da verdadeira autodeterminação. O verdadeiro catalisador da resolução existencial é, para Heidegger, precisamente a calma tensa antes da tempestade, é precisamente o tédio quase insuportável da aparente ausência de eventos.

Uma outra carta de Beauvoir a Sartre, escrita durante a sua visita a Bost em Amiens, revela com perfeita nitidez a influência de Heidegger na sua visão do mundo:

7 de julho de 1939

> [...] passei o dia todo num café triste, esperando em vão pelo pequeno Bost, que não apareceu. Arrasou-me os nervos; hoje de manhã cedo, estava desesperada e fui à caserna perguntar por ele, e encontrei-o esmagado por um capacete, ontem estivera o dia todo de vigia. [...] De resto, esta espera de várias horas deu-me uma excelente oportunidade para ler Heidegger, que já quase acabei e que percebi bem, ao menos pela rama, ou seja, sei o que ele quer dizer, mas não me detenho nas dificuldades, que pressinto serem muitas. Além disso, estou agora tão possuída que não lamento um dia a todos os títulos desagradável, como o de ontem, pois providenciou-me um dia típico que posso muito bem usar num romance. [...][315]

O medo do tédio, o medo da morte, o medo do poder deformador dos outros, bem como a coragem daí resultante para procurar e cultivar a sua própria voz — tudo isto converge neste verão e tornar-se-á obra escrita nas mãos de Beauvoir, após longos anos a tatear e a tentar.

Sartre e Beauvoir passam o mês de agosto com amigos numa casa de praia na Côte d'Azur. O próprio tempo parece suster a respiração. Sartre ensina Beauvoir a nadar. No final do mês, regressam juntos para uma capital que parece despovoada. Sartre resume assim as suas impressões: «Paris estava estranha. Tudo estava fechado. Restaurantes, teatros, lojas [...] e os bairros tinham perdido o seu rosto individual. Só restava uma totalidade, que era Paris. Uma totalidade que para mim era já *passado* e também, como diz Heidegger, sustentada e mantida pelo nada.»[316]

Com o nada diante dos olhos, também Sartre se sente mais resoluto. Durante um jantar, propõe a Beauvoir que o pacto que tinham feito há dez anos à experiência passasse agora a ser «para a eternidade». Nunca mais se separariam, continuariam sempre juntos como casal e, assim, permaneceriam na verdade — umas bodas filosóficas diante da morte.

Na noite de 1 de setembro de 1939, a Wehrmacht ataca a Polónia. Dois dias mais tarde, também França está em guerra.

---

[315] Beauvoir/Sartre 1, p. 87 sqq.

[316] Wroblewsky, V. v. (ed.) (2008), p. 281 sqq.

VI

VIOLÊNCIA

1939/1940

Weil sem inimigos, Beauvoir sem Sartre,
Arendt em fuga e Rand a resistir

INCESSANTEMENTE DIANTE DOS OLHOS

O conflito entre dois exércitos com milhões de soldados de início não tem batalhas nem vítimas. Entrincheirados atrás das linhas de defesa, os Franceses aguardam o assalto da Wehrmacht. Os dias de tensão passam a semanas, depois a meses. Simone Weil vive esta *drôle de guerre* no apartamento dos pais em Paris. Um artigo da especialidade põe o pai «Biri» a pensar, em novembro de 1939, que o sofrimento da filha, que se arrastava há anos, se podia dever a uma sinusite prolongada. Todos os sintomas coincidem. A terapia recomendada consiste em tratar o seio frontal com uma lavagem à base de cocaína. O tratamento resulta, mesmo que não cure completamente as dores.[317]

Confrontada com o excesso de violência que se esperava, Weil quer ponderar filosoficamente que consequências ele poderá ter para o seu país: em que consiste a essência de uma guerra? Que dinâmicas lhe subjazem? E, não menos importante, sob que condições se poderá considerar que é uma guerra justa? Para isso, socorre-se daquele que é, a seu ver, o maior e mais compassivo testemunho da história ocidental: o poema épico de Homero sobre a Guerra de Troia. Nos meses do inverno de 1939/1940, surge assim, com o título *L'Iliade ou le poème de la force*[318], uma meditação sobre a essência da violência bélica, que está entre os mais profundos documentos filosóficos da época.

---

[317] Cf. Pétrement, S. (1973), p. 501.

[318] In *KuG*, pp. 161–191. [*Œuvres*, p. 527. (*N. da T.*)]

Desde logo, segundo Weil, o que distingue a situação bélica é a sua relação ilimitada com a violência, que opera uma objetificação do ser humano, pois: «A violência transforma em coisa quem quer que lhe seja submetido. Quando ela se exerce até ao fim, faz do homem uma coisa no sentido mais literal, porque faz dele cadáver. Num momento, estava ali alguém e, no momento seguinte, ninguém. É um quadro que a *Ilíada* não cessa de nos apresentar.»[319]

Na verdade, porém, como a *Ilíada* pungentemente demonstra, essa lógica de objetificação vai muito mais longe na devastação. À laia de comentário filosófico do dia sobre a situação da *drôle de guerre* entre França e Alemanha, o ensaio de Weil põe a tónica nos efeitos ignorados da situação de guerra na consciência de todos os afetados:

> A violência que mata é uma forma sumária, grosseira da violência. Muito mais variada nos seus procedimentos, muito mais surpreendente nos seus efeitos, é a outra violência, aquela que não mata; ou antes, aquela que não mata ainda. Irá matar decerto, ou irá matar porventura, ou então está apenas suspensa sobre o ser que a todo o instante pode matar; de uma maneira ou de outra, ela transforma o homem em pedra. Do poder de transformar um homem em coisa, fazendo-o morrer, procede um outro poder, e não menos prodigioso, o de fazer uma coisa de um homem que continua vivo. Está vivo; e no entanto é uma coisa. Um ser bem estranho, uma coisa com alma; estranho estado para uma alma.[320]

A situação da guerra cria assim por toda a parte um novo estado existencial: o ser humano vivo de corpo, mas privado daquilo que faz dele um ser humano no verdadeiro sentido e que o guia — a abertura, a plasticidade, a vitalidade da sua alma diante do outro. Tendo em vista o mundo bélico grego, Weil entende este «estranho estado», no qual uma outra pessoa, provida de alma, é vista e tratada apenas como coisa, também como estado de «escravatura». Afinal, a consequência normal da derrota numa guerra era ser feito escravo dos vencedores — sobretudo aqueles que não tinham participado na refrega, como mulheres e crianças. O estado de escravidão assemelha-se a «uma morte que se estende ao longo de uma vida; uma vida que a morte congelou por

---

[319] *KuG*, p. 161. [*Œuvres*, p. 529. (*N. da T.*)]

[320] *Ibid.*, p. 162. [*Ibid.*, p. 530. (*N. da T.*)]

muito tempo antes de a suprimir»[321]. A guerra, enquanto situação partilhada, «escraviza» de facto todos, pois representa em cada indivíduo um enviesamento fundamental na relação com o «outro» enquanto «inimigo» declarado.

CONHECE-TE A TI MESMO!

Como patriota convicta, Weil insiste na obrigação do seu país de, precisamente na situação de guerra de defesa que agora começava, não continuar cego à opressão semelhante à escravatura que, enquanto potência colonial, criara por si mesmo e que ainda mantinha. Quando o escritor Jean Giraudoux, recentemente nomeado comissário-geral para a informação, publica, a 26 de novembro de 1939, no jornal *Le Temps*, um artigo no qual fala dos «110 milhões de pessoas» em todo o mundo «que sabem não estar ligados à metrópole apenas por uma relação de dominação e exploração», Weil já não se contém. Nesse mesmo dia, escreve uma carta de protesto furiosa: «[A sua alocução] contém uma passagem que me causou viva dor. [...] gostaria, de todo o coração, de poder levá-lo a perguntar-se se disse a verdade quando afirmou que França dispõe de um domínio colonial ligado à sua metrópole por outros laços além dos da subordinação e da exploração.»[322]

Precisamente na guerra urgia estar-se à altura do imperativo «conhece-te a ti mesmo». Pois aquilo que necessariamente acompanha a «petrificação das almas» é a turbidez do olhar para as consequências da própria ação violenta. O valor que Weil atribui à *Ilíada*, um valor potencialmente redentor do mundo, reside no facto de a intenção que preside à representação ter por objetivo curar desta cegueira específica os homens caídos na guerra:

> A violência esmaga impiedosamente, e impiedosamente inebria quem a possui, ou crê possuir. Ninguém a possui verdadeiramente. Os homens não são divididos, na *Ilíada*, em vencidos, escravos e suplicantes de um lado, e em vencedores e chefes do outro; não se encontra entre eles um único homem que não seja em dado momento obrigado a vergar-se à violência. Os soldados, ainda que livres e armados, não se sujeitam a menos ordens e ultrajes.[323]

---

[321] *Ibid.*, p. 165. [*Ibid.*, p. 533. (*N. da T.*)]

[322] Pétrement, S., p. 488.

[323] *KuG*, p. 168. [*Œuvres*, p. 535. (*N. da T.*)]

Se todos estão destinados à nascença a sofrer a violência, esta é uma verdade à qual o poder das circunstâncias fecha os espíritos dos homens. O forte nunca é absolutamente forte, nem o fraco absolutamente fraco, mas um e outro ignoram-no.[324]

Portanto, o verdadeiro objetivo de um «esclarecimento» a este respeito nunca pode consistir em erradicar a violência do mundo. Nem sequer a violência bélica. Pois a vida em comunidade absolutamente livre de violência só seria possível se deixasse de haver diferenças de poder entre as pessoas. E este estado, por sua vez, só poderia ser instaurado e mantido — se é que a possibilidade existe de todo — a custo da mais extrema violência social, ou da violência total. Não, uma descrição assim só pode e só tem de visar uma libertação da cegueira quanto às condições e consequências da própria ação na guerra, e ainda quanto às circunstâncias, que em última análise são condicionadas por nada mais do que acasos históricos, em que dada pessoa se descobre como alguém que inflige violência ou como alguém que a sofre. Só depois de abertos os olhos podem prevalecer a moderação e a compaixão que apontem uma saída da espiral de morte e matança, pois: «Não é possível amar nem ser justo sem se conhecer o poder da violência e sem se saber desrespeitá-lo.»[325]

GEOMETRIA DO ACASO

Com a entrada na guerra, instaura-se uma desconfiança que leva a que uma pequena irritação ou um transtorno acidental possam tornar-se catalisadores para o último recurso, ou seja, matar. Precisamente porque, numa situação em que se está «entre a vida e a morte», não se quer deixar a nada nem a ninguém o poder do acaso, este atinge na guerra o seu poder máximo, com efeito, torna-se o verdadeiro soberano dos acontecimentos. Enquanto ultima o seu texto, Weil depressa aprende por experiência própria como descrever esta distorção paradoxal.

Concretamente, quando a União Soviética invade a Finlândia a 30 de novembro de 1939 com um milhão e duzentos mil soldados e com três mil tanques, o seu irmão André, professor de matemática na

[324] *Ibid.*, p. 170. [*Ibid.*, p. 537. (*N. da T.*)]
[325] *Ibid.*, p. 189. [*Ibid.*, p. 551. (*N. da T.*)]

Universidade de Estrasburgo, encontra-se com a mulher em Helsínquia, onde tem uma bolsa de investigação de um ano. Ao passar, num passeio pela cidade, por um edifício onde se encontra a força aérea finlandesa, é revistado em plena rua e detido por causa da sua proveniência e por suspeita de espionagem — uma suspeita que parece confirmar-se quando as forças de segurança finlandesas passam revista ao seu apartamento e aí encontram uma correspondência volumosa com colegas russos, bem como textos num código estranho. Trata-se, na verdade, de exercícios de estenografia da sua mulher, a quem André lê em voz alta, à noite, o romance de Balzac *La cousine Bette*, para que ela pratique a transcrição. Uma história pouco verosímil, aos olhos dos finlandeses. André tem sorte de não ser executado no momento. Em vez disso, depois de mais indagações, é conduzido por dois polícias a um barco com destino à Suécia, onde de novo é detido e preso à chegada. É o início de um demorado processo de extradição, que Simone apoia de Paris — através de inúmeras cartas escritas num código secreto inventado por ela e pelo irmão.[326]

Ao mesmo tempo, o exército alemão adia vez após vez o ataque a França (nome de código: *Fall Gelb* [Caso Amarelo]). A razão prende-se sobretudo com um acidente ocorrido a 10 de janeiro de 1940, quando um avião de correio alemão, no caminho de Münster para Colónia, se perde no nevoeiro e tem de aterrar de emergência em Maasmechelen, na Bélgica. O piloto, Helmuth Reinberger, já não consegue destruir os documentos que leva a bordo, com o que os planos de ataque dos Alemães caem nas mãos do inimigo e o exército se vê forçado a escolher um rumo inteiramente diferente. Durante as deliberações, Hitler decide-se por fim pelo cenário *Sichelschnitt* [corte de foice] concebido pelo Chefe de Estado-Maior Erich von Manstein.

Esta decisão, nascida puramente do acaso, contribuirá consideravelmente, no decurso da guerra, para a fama de Hitler, alimentada pela propaganda, de «maior marechal de campo da história». Desde logo, aos olhos dos seus conselheiros mais próximos.[327] Não estaria aqui em jogo a «Providência» que o próprio *Führer* tanto gostava de citar? À semelhança de Homero, o «vidente cego», suposto criador da *Ilíada*, também o olhar de Simone Weil no início do ano de 1940 parece ter uma lucidez profética, quando esclarece por que razão o acaso acaba

---

[326] Cf. Pétrement, S. (1973), p. 502 sqq.

[327] Cf. a propósito deste episódio Roberts, A. (2019), p. 77 sqq.

por apanhar precisamente os maiores líderes de uma guerra, que se julgam absolutos:

> Aquele que detém o poder caminha num meio sem resistência, nada à sua volta, por entre a matéria humana, é de molde a suscitar, entre o impulso e o ato, o breve intervalo onde se aloja o pensamento. Onde o pensamento não tem lugar, não o têm a justiça nem a prudência. [...] Uma vez que os outros homens não impõem aos seus movimentos este tempo de intervalo, que é o único de onde procede a consideração pelos nossos semelhantes, concluem que o destino lhes deu toda a espécie de licença e nenhuma aos seus inferiores. E por isso eles vão para lá do poder de que dispõem. Fazem-no inevitavelmente, ignorando que ele é limitado. Nesse momento, ficam irremediavelmente entregues ao acaso, e as coisas já não lhes obedecem. [...] Este castigo de um rigor geométrico, que pune automaticamente o abuso do poder, foi o primeiro objeto de meditação dos Gregos. Constitui a alma da epopeia [...].[328]

Uma vez tomados pelo fogo da violência bélica, a ausência de contraditório conduz os vencedores à perda da prudência e, por fim, à perda da noção de que também as suas ações estão de facto expostas ao acaso. Sujeito ao acaso, que condiciona todas as coisas, um líder totalitário abre o seu próprio caminho para a ruína. E o curso das coisas não se deve a uma intervenção divina, mas sim, como já acontecia em Homero, à natureza da própria violência. Mais do que qualquer outra coisa ela exige moderação, mais do que qualquer outra coisa ela conduz, em cenário de guerra, à imoderação. Quanto mais iludido se encontra um senhor da guerra sobre o seu poder e liderança, tanto mais certo é ele ser apanhado e destruído pela natureza devoradora da violência.

Por conseguinte, a única questão a clarificar antes ainda do início da guerra só pode ser, para Weil, a de saber se (e como) a sua nação será capaz de não perder a alma e, logo, de não ser derrotada num sentido decisivo. Quem lesse corretamente a *Ilíada* perceberia que isso exigiria nada menos do que um verdadeiro milagre, ou pelo menos um esforço sobre-humano: «Um uso moderado da violência, o único que permitiria escapar à engrenagem, exigiria uma virtude sobre-humana, tão rara como uma dignidade constante na fraqueza. De resto, a moderação nem sempre é isenta de perigos; pois o prestígio, que constitui mais de

---

328 *KuG*, p. 170 sqq. [*Œuvres*, pp. 537–538. (*N. da T.*)]

três quartos da violência, é feito, antes de mais, da soberba indiferença do forte pelos fracos, uma indiferença tão contagiosa que se comunica àqueles que são o seu objeto. Mas normalmente não é um pensamento político que aconselha o excesso. É antes a tentação do excesso que é quase irresistível.»[329]

MORTE E TEMPO

Ser capaz, no confronto com a morte, de manter a moderação exige uma determinação sobre-humana. Como numa inversão das ideias de Heidegger em *Ser e Tempo*, que por essa altura incitavam Simone de Beauvoir e Jean-Paul Sartre a um novo entendimento da liberdade e da autenticidade, Weil considera que a grande tentação da guerra e da angústia da morte [*Todesangst*] que a acompanha consiste em desenvolver, na alma de cada indivíduo, uma espécie de existencialismo da inclemência. Por outras palavras, diante da perspetiva concreta da nossa morte, perdem-se também todas as perspetivas de moldar um futuro que exista depois da guerra. Ao passo que Heidegger nobilita a «corrida do *Dasein* à frente da morte e rumo a ela» [*Vorlaufen des Daseins zu seinem Vorbei*][330], uma corrida assolada pela angústia, enquanto condição necessária da verdadeira apreensão do eu, Weil vê nela o caminho mais certo para o indivíduo falhar fatalmente quem é. Isso mesmo é exemplarmente ilustrado pela relação que se estabelece na consciência de um soldado com o tempo como futuro:

> A ideia da morte, assim que sentimos que a morte é com efeito possível, só pode ser sustentada por clarões. É verdade que todos os homens estão destinados a morrer, e que um soldado pode envelhecer entre combates; mas, para aqueles cuja alma está submetida ao jugo da guerra, a relação entre a morte e o futuro não é a mesma que a dos outros homens. Para os outros, a morte é um limite imposto de antemão ao futuro; para eles, é o próprio futuro, o futuro que lhes é designado pela sua profissão. Que os homens tenham por futuro a morte é contranatural. [...] O espírito sofre assim uma distensão que só tolera por pouco tempo; mas cada nova alvorada traz a mesma necessidade; os dias acrescentados aos dias perfazem anos.

---

[329] *KuG*, p. 175 sqq. [*Ibid.*, p. 541. (*N. da T.*)]

[330] Heidegger, M. (2004/1924), p. 116.

> A alma sofre a violência todos os dias. A cada manhã a alma sofre a mutilação de todas as aspirações, pois o pensamento não pode viajar pelo tempo sem passar pela morte. Assim, a guerra apaga toda a ideia de um objetivo, apaga até a ideia de que a guerra sirva um objetivo.[331]

Presa num presente eternamente sombrio de consagração à morte, a consciência está como que anestesiada em relação a um futuro além da guerra, contribuindo assim tanto para a irrealidade fantasmática da experiência da guerra, como para a progressiva desumanização daqueles que, em nome dos chamados objetivos da guerra, dia após dia deverão ser mortos — até se chegar ao ponto em que a matança não conheça nem possa conhecer um objetivo que lhe seja exterior. Nada consegue então deter esta espiral. Salvo a própria morte. «A alma que se viu obrigada, pela existência de um inimigo, a destruir em si o que nela havia posto a natureza julga que só pode curar-se destruindo esse inimigo. [...] O homem habitado por esta dupla necessidade de morte pertence, a menos que se torne outro, a uma raça diferente da raça dos vivos.»[332]

UMA TERNURA ÚNICA

Assim, é a desumanização recíproca decorrente da natureza da violência que confere à guerra o seu verdadeiro terror, bem como a sua falta de sentido, da qual rapidamente parece não haver saída. Nenhuma das partes envolvidas pode escapar a esta dinâmica — nem vencedor nem vencido, nem agressor nem vítima, nem herói nem súbdito inocente.

> Um e outro, ao contactar com a violência, sofre o seu efeito infalível, que é o de tornar mudos ou surdos aqueles a quem toca.
>
> É esta a natureza da violência. É duplo o seu poder de transformar os homens em coisas e exerce-se dos dois lados; ela petrifica diferentemente, mas igualmente, as almas daqueles que a sofrem e daqueles que a infligem.[333]

---

[331] *KuG*, p. 177 sqq. [*Œuvres*, p. 542. (*N. da T.*)]

[332] *Ibid.*, p. 179. [*Ibid.*, p. 543. (*N. da T.*)]

[333] *Ibid.*, p. 181 sqq. [*Ibid.*, p. 545. (*N. da T.*)]

> [...] esta dupla propriedade de petrificação é essencial à violência, e uma alma posta em contacto com ela não escapa senão por uma espécie de milagre. Milagres desses são raros e breves.[334]

E no entanto, segundo Weil, encontram-se sempre na história da humanidade testemunhos desse milagre, do salto para um estádio mais alto, de fuga da escuridão para a luz. Seja sob a forma de indivíduos e fundadores concretos — como Buda, Krishna, Sócrates ou Jesus —, seja sob a forma de textos basilares da cultura humana e de poemas épicos, como *Bhagavad-Gita*, os Evangelhos ou também, e sobretudo, a *Ilíada*. Para Weil, o olhar que a *Ilíada* lança aos eventos bélicos é inspirado por uma luz de misericórdia por todas as criaturas envolvidas na guerra: pelo amor a cada uma delas, pelo desejo de justiça e de paz para as suas almas atormentadas, pela predisposição, isenta de vingança, para travar amizade com o inimigo, assim como pela tristeza partilhada quanto ao estado sombrio do mundo para o qual foram lançadas.

> É por isto que a *Ilíada* é uma coisa única, é por esta amargura que procede da ternura e que se estende sobre todos os humanos, exatamente como a luz do sol. [...] A justiça e o amor, que não podem ter lugar neste quadro de violências extremas e injustas, banham-na com a sua luz sem nunca serem percetíveis a não ser pelo tom.[335]
>
> Tudo o que, no interior da alma e nas relações humanas, escapa ao poder da violência é amado, mas amado dolorosamente, por causa do perigo de destruição que continuamente paira sobre ele.[336]

Recorrendo ao mais antigo poema épico dessa mesma cultura que, passadas poucas décadas, se entrega inteiramente uma segunda vez à dinâmica da guerra, Weil formula também os requisitos de uma paz futura que pudesse ser mais do que a fase prévia, alimentada pela cegueira e pela vingança, de uma nova guerra.

No momento em que termina o texto, confrontam-se ainda nas linhas da frente cerca de cinco milhões de soldados, prontos para lutar. Weil não duvida da determinação nem dos objetivos radicalmente

---

334 *Ibid.*, p. 182. [*Ibid.*, p. 546. (*N. da T.*)]
335 *Ibid.*, p. 184. [*Ibid.*, p. 548. (*N. da T.*)]
336 *Ibid.*, p. 187. [*Ibid.*, p. 550. (*N. da T.*)]

desumanizadores da Wehrmacht. Porém, admoesta os seus conterrâneos: uma vitória combatida e eventualmente alcançada no mesmo espírito seria, perante este cenário, praticamente mais humilhante do que a derrota.

Só a luz misericordiosa que inspirava a *Ilíada* seria capaz de proteger o seu país dessa derrota concreta. Para Weil, trata-se da mesma luz presente nos Evangelhos e da mesma luz que, como ela sabe por profunda experiência pessoal, a inspira a ela também. É por esta razão que, no final do texto, a sua maneira de falar se transforma e adquire o tom que caracterizará o seu pensamento nos anos de guerra que se seguirão: da análise sóbria passa para a intimação profética, do mundo terreno passa para um outro, do argumento puro passa para um apelo ao despertar da consciência: «Os povos da Europa talvez reencontrem o génio épico quando aprenderem que nada está ao abrigo do acaso, quando aprenderem a nunca admirar a violência, a não odiar os inimigos e a não desprezar os infelizes. É improvável que seja para breve.»[337]

PARA-QUEDISTA

Um episódio quotidiano ocorrido em maio de 1940 dá bem conta da seriedade com que Weil considerava o seu existencialismo da misericórdia. A *drôle de guerre* vai no seu nono mês. Já não pode durar muito mais tempo. Quando pergunta, em casa, durante o jantar, o que fariam os presentes se um jovem para-quedista alemão aterrasse nesse preciso momento na varanda do apartamento, o pai «Biri» responde que, se fosse possível, o entregaria imediatamente à polícia militar. Indignada, Simone replica que não quer continuar a comer à mesma mesa de alguém que revela uma atitude semelhante.

Simone Pétrement, boa amiga de Weil e presente no jantar como convidada, pensa primeiro tratar-se de uma piada.[338] Mas Weil recusa-se agora, de facto, a engolir mais uma garfada que seja. Não é decerto a primeira vez que, com o seu rigorismo obstinado, recorre à ameaça de se recusar a comer — assim instrumentalizando violentamente a constante preocupação dos pais pelo seu bem-estar físico. Como se esperaria, o pai corrige-se ainda à mesa, apenas em nome do bom ambiente familiar,

---

[337] *Ibid.*, p. 190 sqq. [*Ibid.*, p. 552. (*N. da T.*)]

[338] Pétrement, S. (1973), p. 514.

e promete solenemente não entregar os soldados às autoridades, independentemente do que pudesse acontecer.

A 10 de maio de 1940, Hitler dá início ao *Fall Gelb*, e a Wehrmacht põe-se a caminho de França. A 13 de junho, o governo francês abandona oficialmente Paris, e a cidade é declarada «livre» pelos vencedores. Um dia mais tarde, as primeiras tropas alemãs chegam à cidade. Nesse momento, o recurso aos para-quedistas já não seria necessário.

ÊXODO

A 9 de junho de 1940, Simone de Beauvoir sofre o primeiro esgotamento nervoso da sua vida. O pai de Bianca Bienenfeld soube pelas mais altas esferas militares que a invasão da Wehrmacht estava para breve. A família de Bianca partiria de carro para oeste logo no dia seguinte. Quase sem forças, Beauvoir faz a mala. Apenas o estritamente necessário — incluindo a sua correspondência com Sartre, mantida há já dez anos. Quando entra no carro ao final do dia 10 de junho, Beauvoir e a família Bienenfeld estão na vanguarda daquilo a que os Franceses até hoje chamam «o êxodo». Em poucos dias, mais de três milhões de residentes fogem dos Alemães que se aproximam, avançando do Norte para o centro de Paris.

O caos é o que se imagina: veículos abarrotados, ruas engarrafadas. Primeiro, as cidades da província ficaram sem gasolina, assoberbadas pela procura originada pelo êxodo, depois, ficaram sem bens alimentares. Uma vez longe da linha de fogo, Beauvoir quer dirigir-se para La Pouëze, a oeste, para a casa de campo de uma antiga amiga e mecenas de Sartre, *Madame* Morel. Quando chega dois dias depois, «num estado de angústia sombria», passa aí «os piores dias da minha vida»[339].

A linha Maginot não resistiu uma semana sequer ao ataque da Wehrmacht de Hitler. Como era isso possível? Traição? Sabotagem? Ou seriam os nazis, afinal, tão poderosos como a sua propaganda asseverava?

Jacques-Laurent Bost, tanto quanto Beauvoir sabe, luta pela vida num lazareto depois de ferido no abdómen. A última carta de Sartre, com data de 8 de junho, diz: «[...] já não consigo ter a esperança *positiva*

[339] Beauvoir/Sartre 2, p. 198.

de que ganharemos a guerra (também não penso que a perderemos: não penso nada, o futuro está vedado)»[340].

Ainda estaria na frente ou já teria saído? «Durante três dias», escreve Beauvoir, «não fiz senão ler romances policiais e desesperar-me. [...] A aldeia estava cheia de parentes e amigos. Escutavam-se febrilmente todos os comunicados. [...] Uma noite tocaram à porta às nove horas: tinham visto para-quedistas [...]. Soube-se no dia seguinte que os para-quedistas eram simples balõezinhos.»[341]

SITUAÇÃO-LIMITE

Mas o que aconteceria se os Alemães chegassem de facto? Na aldeia, não faltam fantasias mórbidas a este respeito. Com uma mistura de incredulidade, desespero e esperança, Beauvoir ouve na rádio, a 22 de junho, a notícia de que o velho marechal Pétain assinara em Compiègne um armistício. «Estava um sol muito forte. Tinha a impressão de viver um romance de antecipação [...]. Tinha sido projetada para um momento que não fazia parte da minha vida. Já não era a França, não era ainda a Alemanha: era um *no man's land*.»[342]

Beauvoir sente-se presa num pesadelo de que não pode acordar. Menos de seis semanas antes, a editora Gallimard aceitara publicar o romance que estava a escrever.[343] Nesta primavera, Sartre e ela estavam certos de que fariam progressos decisivos. Como se trabalhassem em conjunto ao longo de dez anos num *puzzle* infinitamente complexo, as peças pareciam agora encaixar por fim. Como se deveria conceber a relação entre consciência e realidade? O que se seguia daí para a liberdade do indivíduo? E para uma vida vivida autenticamente? E, não menos importante, que papel desempenhava nela a existência de outras pessoas?

Em fevereiro de 1940, é publicado em forma de livro o ensaio de 400 páginas de Sartre *L'Imaginaire: psychologie phénoménologique de l'imagination*. Como se não bastasse, desde o início do ano está a trabalhar, como se possuído, numa nova grande obra acerca do «nada» — um trabalho interrompido apenas pelas medições meteorológicas diárias.

---

340 Wroblewsky, V. v. (ed.) (2004), p. 292.

341 *BJ*, p. 379. [*A Força da Idade*, p. 375. (*N. da T.*)]

342 *Ibid.*, p. 380. [*Ibid.*, p. 376. (*N. da T.*)]

343 Cf. Kirkpatrick, K. (2019), p. 175.

Numa carta redigida na frente a 15 de janeiro de 1940, diz euforicamente a Beauvoir:

> Meu encantador Castor,
>
> Mais um dia de trabalho [...] filosofia [...] teve de ser. Hoje de manhã, reli a conferência de Heidegger *Was ist Metaphysik?* e durante o dia inteiro ocupei-me da questão do nada e de «tomar posição» quanto a ela. Eu tinha uma teoria do nada. Ainda não estava muito bem formulada e agora já o está. [...] a filosofia que pratico [...] é egoísta. Desempenha na minha vida a função de me proteger da melancolia, da frustração e da tristeza da guerra. Além disso, agora já não tento proteger a minha vida *a posteriori* através da filosofia, o que é uma estupidez, nem adaptar a minha vida à minha filosofia, o que é pedante; agora, a vida e a filosofia são realmente uma só. Li a este respeito uma frase bonita de Heidegger que se poderia aplicar a mim: «A metafísica do *Dasein* não é apenas uma metafísica sobre o *Dasein*; é a metafísica que se cria sob a forma de *Dasein*.»[344]

Por estes mesmos dias, também Beauvoir pode informar a sua «querida pequena criatura» de que o romance corre agora muito bem: «Acho que receberei o seu elogio quando ler as minhas 250 páginas (pois serão no mínimo 250, meu pequeno, por quem tanto tenho de esperar).»[345] E o modo como Beauvoir se expressa numa carta, apenas dois dias mais tarde, mostra quão profundamente os impulsos heideggerianos de autenticidade marcam agora também o seu pensamento: Bienenfeld irrita-a sobremaneira — lamenta-se ela a Sartre —, porque «não percebeu absolutamente nada do que eu lhe expliquei, em particular, que a moral é antes de mais uma atitude existencial; e, com efeito, ela é a criatura deste mundo mais desprovida de qualquer sentido existencial [...] não vive absolutamente nada a *sua* situação, ela é [...] uma pessoa anónima e nada mais.»[346]

---

344 Wroblewsky, V. v. (2004), p. 41 sqq.
345 Beauvoir/Sartre 2, p. 60, 15 de janeiro.
346 *Ibid.*, p. 66, 18 de janeiro.

A LIBERDADE OU NADA

Tal como Beauvoir e Sartre leem Heidegger enquanto teorizador do nada, o problema da liberdade não se deixava compreender facilmente, muito menos resolver. Em vez de um facto passível de constatar objetivamente, a liberdade era antes qualquer coisa que se tinha de apreender agindo em dada situação. Assim, a liberdade era incondicional por assentar exclusivamente nessa resolução. Nas palavras de Heidegger em 1929: «A liberdade só é e só pode ser na libertação. A única relação adequada entre liberdade e pessoa é a libertação da liberdade na pessoa.»[347] Sob a égide do nada, o ser humano estava irrevogavelmente exposto à situação da liberdade, estava condenado a ela. Afinal, a renúncia por parte das pessoas anónimas a esta autolibertação, guiada por uma necessidade de segurança, é também ela uma espécie de decisão.

Ainda durante as últimas férias de Sartre na frente, em abril de 1940, Beauvoir e ele discutiram estes temas em longos passeios à beira do Sena. «Sobretudo», como Beauvoir recorda, «a relação entre a situação e a liberdade. Eu mantinha que do ponto de vista da liberdade, tal como Sartre a definia — não resignação estóica, mas superação ativa dos dados —, as situações não são equivalentes: que possibilidades de superação são possíveis a uma mulher fechada num harém? Há diferentes maneiras de viver, mesmo nessa clausura, dizia-me Sartre. Obstinei-me durante muito tempo e só cedi superficialmente.»[348]

A liberdade que nasce na fonte do nada seria realmente sempre incondicional, como Sartre defendia? Ou teria ela, segundo a argumentação de Beauvoir, de ser sempre compreendida como liberdade numa dada situação — e, logo, ser essencialmente condicionada por essa situação? Perguntas deixadas em aberto e flancos expostos, que agora diziam diretamente respeito a Beauvoir na sua situação excecional em La Pouëze. Bastava-lhe olhar ao espelho ou pela janela, isolada das pessoas que mais lhe importavam, petrificada pelo medo, numa casa de campo no extremo ocidental de uma nação sob ataque. O que podia querer dizer apreender-se a si mesma numa França ocupada pelos nazis? Que possibilidades de *superação* da situação lhe eram agora oferecidas?

---

[347] Heidegger, M. (2010/1929), p. 285.

[348] *BJ*, p. 373. [*A Força da Idade*, p. 369. (*N. da T.*)]

«Depois, qualquer coisa explodiu sob as nossas janelas, os vidros do restaurante da frente voaram em estilhaços, uma voz gutural lançou palavras desconhecidas e eles apareceram, todos muito altos, muito louros, de caras rosadas. Marchavam ritmadamente e não olhavam para nada. Desfilaram durante muito tempo. Atrás deles passaram cavalos, tanques, camiões, canhões e cozinhas rolantes. [...] Os alemães não cortavam as mãos às crianças, pagavam o que comiam e os ovos que compravam nas quintas; falavam educadamente: todos os comerciantes lhes sorriam. Começaram imediatamente a fazer a sua propaganda.»[349]

EM MARCHA

Naturalmente, como qualquer outra propaganda também a propaganda nazi visava antes de mais manipular a relação entre a situação e a decisão para a pôr ao serviço dos seus próprios fins. Não obstante, havia uma diferença decisiva, fundada nos objetivos abertamente formulados pelos nazis. Esses objetivos consistiam na criação de pessoas que não considerariam, nem sequer pressentiriam, a liberdade como uma opção, pessoas que existiriam para lá da alternativa entre resignação silenciosa e tentativas ativas de superação. Consistiam, em suma, no sonho totalitário de um coletivo existencial constituído por indivíduos absolutamente iguais e cegamente obedientes.

A «cortesia» e «correção» das forças de ocupação, que inicialmente suscitam o alívio de Beauvoir, não contradizem em nada esta interpretação. Pelo contrário, reforçam-na da maneira o mais sinistra possível. Pois o que valia para o «passo uniforme» dos soldados da Wehrmacht, valia também, segundo as mais severas ordens, para o modo como estes deveriam lidar com a população conquistada: «não olhar para a esquerda nem para a direita, mas ater-se estritamente às ordens recebidas». De acordo com as alucinadas categorias raciais que determinavam estas ordens, «os Franceses» não eram *Untermenschen* [sub-humanos]. Assim, o objetivo dos ocupantes não consistia numa extinção ou escravização física direta, mas, antes de mais, numa submissão estritamente intelectual e existencial. Noutras regiões invadidas pelos nazis, a conduta fora muito diferente. Seria assim difícil encontrar descrições semelhantes de testemunhas oculares da entrada da Wehrmacht nas aldeias

[349] *Ibid.*, p. 380 sqq. [*A Força da Idade*, p. 376. (*N. da T.*)]

ou nas cidades da Polónia ou da Ucrânia[350] — cujas populações haviam sido classificadas como «sub-humanas» pela mundivisão racista dos nazis. Já para não falar do modo como os judeus foram tratados, inclusive em França.

REGRESSO A CASA

No final de junho de 1940, a vida quotidiana já se restabeleceu, pelo menos, em La Pouëze. Os camponeses voltaram às quintas, os cafés e as lojas reabriram. Quando Beauvoir ouve rumores de que os primeiros prisioneiros de guerra também já estão a caminho das respetivas famílias, decide voltar para Paris à boleia.

Porém, o único sinal de vida de Sartre que encontra no hotel após uma odisseia de vários dias é uma carta lacónica de 9 de junho, do dia, portanto, em que Beauvoir fugira de Paris. Ele tinha «trabalhado bem» e tinha tido «muitas pequenas *Erlebnisse* [experiências]».[351] Isto podia querer dizer tudo. Ou nada: «De repente, depois de me ter sentido ontem à noite mais miserável do que nunca na minha vida inteira, reencontro uma espécie de alegria esta manhã — está bom tempo — estou no meu lugar habitual no Dôme [...]. Com todas as minhas forças, subitamente, acredito num "depois" [...], um "depois" em que viveremos juntos [...]. Hoje é o primeiro dia em que saio um pouco da minha concha e em que deixo de ser um "percevejo esborrachado" e tento voltar a ser uma pessoa.»[352]

De um ponto de vista neutro, é certo que a sua situação poderia ser pior. Os pais estão bem, as irmãs Kosakiewicz estão em segurança na província, em Rouen, e Natalie Sorokin já está a caminho de Paris de bicicleta. Dentro em breve, até recomeçarão as aulas nas escolas. «Uma espécie de vida ganha de novo forma à minha volta», escreve Beauvoir apenas dois dias mais tarde, «é interessante ver como se vive uma separação como aquela. De início, um estado de suspensão do mundo, de

---

[350] Na verdade, existem relatos históricos de cenas semelhantes, mas explicam-se à luz do comportamento muitas vezes igualmente desumano das tropas de Estaline, que a Wehrmacht expulsou. No entanto, as esperanças que as populações depositaram nesta expulsão depressa sofreram uma desilusão atroz.

[351] Wroblewsky, V. v. (2004), p. 297.

[352] *Kriegstagebuch*, p. 391 sqq. [Aqui e adiante traduzido do francês, *Journal de Guerre*. (*N. da T.*)]

vida entre parêntesis, do presente inteiro [...] quase nenhuma imagem viva de Sartre, uma vaga imagem estereotipada e a palavra "Sartre" que ressurgem em todos os intervalos da ação e do pensamento preciso sem serem chamadas [...]. Em suma, o que espero mais precisamente quando, apesar de tudo, me oriento no tempo é uma carta.»[353] Um caso exemplar de autoanálise da escola fenomenológica. Quem precisa de um subconsciente quando se tem uma consciência? A última já era complexa o suficiente.

PROJETO HEGEL

Na sequência desta análise, «Castor» (como Sartre toda a vida tratou Beauvoir) impôs a si mesma novos projetos e rotinas estritas. Tudo menos ficar parada. Pois a imobilidade é acompanhada pelo vazio. E, com o vazio, o medo. Entre estes projetos, conta-se também andar de bicicleta. Natalie Sorokin ensina-a pacientemente por estes dias: «há de se rir quando me vir; é encantador, sabe, andar às voltas por Paris de bicicleta [...]. Praticamente já não há cinemas»[354].

Quer as cartas cheguem a ele quer não, todos os dias ela conta em pormenor a Sartre como vai a sua vida. E, ainda que os teatros e os cinemas estejam fechados, as bibliotecas estão abertas. A partir de 6 de julho, Beauvoir senta-se todos os dias das duas às cinco na sala de leitura da Bibliothèque Nationale — e estuda as obras de Georg Wilhelm Friedrich Hegel. Hegel, justamente. Mas o que tem a *Fenomenologia do Espírito* que ver com a «fenomenologia» de Husserl ou de Heidegger?

À primeira vista, nada, com exceção do nome. Em vez da coragem nascida em dada situação de se ser autêntico, o pensamento de Hegel era antes regido pela coragem de se abstrair inteiramente da própria situação por via da razão. Em vez de se concentrar na sua consciência, o foco de Hegel incide num espírito do mundo anónimo. Em vez de uma liberdade absoluta nascida da experiência do nada, uma lógica da absoluta consistência nascida do conceito do nada. A liberdade representava, em Hegel, a perceção da necessidade das dinâmicas que em última instância escapavam às ações ou omissões de atores históricos concretos: «Hegel acalmava-me um bocado. Da mesma maneira que aos

---

353 *Ibid.*, p. 420 sqq.

354 *Ibid.*, p. 201; entrada de 11 de julho de 1940.

vinte anos, com o coração a sangrar por causa do meu primo Jacques, lera Homero "para pôr toda a humanidade entre mim e a minha dor particular", tentava fundir na "marcha do mundo" o momento que estava a atravessar.»[355]

Neste primeiro verão da ocupação, Beauvoir lê a épica *Fenomenologia do Espírito* de Hegel como poema de autoincapacitação redentora em nome de uma lógica superior: «Continuei a ler Hegel, que começava a compreender melhor [...] o sistema no seu todo dava-me vertigens. Sim, era tentador suprimirmo-nos em proveito do universal; considerar a própria vida na perspetiva do fim da História, com a distanciação que o ponto de vista da morte também implica: como parecia então irrisório este ínfimo momento da marcha do mundo: um indivíduo, eu! Para quê preocupar-me com o que me acontecia, com o que me rodeava, precisamente aqui e agora?»[356]

Beauvoir, com a mesma clareza com que pressente o atrativo de um pensamento que, nas suas palavras, vê o indivíduo «apenas como uma formiga num formigueiro»[357], sente também uma profunda resistência interior contra ele. Na medida em que o eu tivesse realmente noção de si, nunca lhe seria indiferente o lugar ou o papel que teria neste mundo. Contra essa atitude, rebelava-se vivamente, se não a razão pura, então a espontaneidade dos sentimentos e da sensibilidade.

Depois, a 11 de julho, recebe finalmente notícias de Sartre! Chegadas de um campo de concentração perto de Nancy, rabiscadas à pressa com um lápis apenas duas semanas antes: «Meu encantador Castor, estou preso e sou muito bem tratado, consigo trabalhar um pouco e não me aborreço demasiado.»[358] Beauvoir sente comoção e também alegria, mas não a esperada libertação emocional. Sartre vive, está preso — isso ela também já sabia. A pergunta decisiva era a de saber quanto tempo ainda o manteriam preso. Podiam ser anos: «Sabe, Hegel é terrivelmente difícil, mas muitíssimo interessante, e deverá conhecê-lo, tem afinidades com a sua filosofia do nada.»[359] Que afinidades eram essas era uma questão a esclarecer em conjunto. Até lá, teria de continuar a trabalhar nas represas contra o vazio interior.

---

[355] *BJ*, p. 393. [*A Força da Idade*, p. 388. (*N. da T.*)]
[356] *Ibid.*, p. 402. [*A Força da Idade*, p. 397. (*N. da T.*)]
[357] *Ibid.*, p. 403.
[358] Wroblewsky, V. v. (2004), p. 299.
[359] Beauvoir/Sartre 2, p. 201.

DECIDIDA

A terapia do Castor — «cartas, bicicleta, Hegel, cartas...» — corre cada vez melhor. A 14 de julho, dia da Tomada da Bastilha, Beauvoir fala a Sartre de um conjunto de experiências que se revelarão decisivas nos meses seguintes: «Uma vez choquei contra um cão e noutra vez contra duas mulheres, mas de resto foi glorioso. No Boulevard Raspail, cruzei-me com carros blindados cheios de alemães vestidos de preto; são os soldados dos tanques, creio eu, com fardas pretas, grandes boinas e caveiras. Sentei-me no Dôme, li trechos escolhidos de Hegel; encontrei uma frase que seria um mote maravilhoso para o meu romance. [...] De repente, tive um breve momento de ardor intelectual, tive vontade de fazer filosofia, de falar consigo, de retomar o meu romance — mas sinto-me demasiado indecisa para voltar a sentar-me a escrever o romance, não conseguirei tocar-lhe enquanto não o voltar a ver a si.»[360]

O génio de Beauvoir anunciava o seu regresso. O romance voltava-lhe à consciência. Como, de resto, tinham voltado a Paris as personagens de referência: Olga, a irmã Wanda, depressa também o «pequeno Bost» já restabelecido. Na medida do possível, a «família» retoma no outono a sua vida anterior. As cartas de Sartre chegam-lhe agora muito irregularmente de um campo de prisioneiros alemão (Stalag XII) perto de Trier. Mesmo sem ele, o trabalho no romance avança a bom ritmo. O mote encontrado na *Fenomenologia do Espírito* de Hegel guia-a no primeiro terço. Provém do capítulo sobre «Dominação e Servidão» e reza, na transcrição de Beauvoir: «Cada consciência visa a morte do outro.»[361]

Entre o espírito do mundo e o da própria existência havia, também na obra de Hegel, uma terceira categoria da consciência: a consciência do outro ou dos outros. A respeito deste seu problema fundamental, Beauvoir começará por revelar uma resolução incondicional nas figuras de Françoise e Xavière. Em dezembro de 1940, já está pronta uma versão do romance. A passagem final reza assim:

> [...] [Françoise] pôs a mão no manípulo do contador. [...] bastava descer aquele manípulo para aniquilar [Xavière]. Aniquilar uma consciência. Como serei eu capaz de o fazer? pensou Françoise. Mas como podia

---

[360] *Ibid.*, p. 226.

[361] Cf. *Skub*, epígrafe. [*A Convidada*, epígrafe. (*N. da T.*)]

também existir uma consciência que não era a sua? Então, era ela quem não existia. Repetiu: «Ou ela ou eu.» E desceu o manípulo. [...] Aquilo seria considerado um acidente ou um suicídio. «Seja como for, não haverá provas.» [...] Só. Agira por si só. [...] «Sou eu quem assim quer.» Era a sua vontade que estava a realizar-se, já nada a separava de si própria. Escolhera enfim. Escolhera-se.[362]

Um final que em boa verdade é apenas um começo. Pois também Beauvoir sente, neste inverno, que encontrou finalmente a sua escolha: sair da resignação silenciosa e entrar na superação ativa da situação.

ESCÓRIA DA TERRA

Ao menos, tinham escapado dos campos de concentração. Mais não se podia esperar deste mundo no verão de 1940. À semelhança de Heinrich Blücher, também Arendt aproveitara o caos instalado com a capitulação para fugir do campo de concentração. Fugira juntamente com cerca de duzentas das 6000 chamadas *prisonnières volontaires* do campo de concentração para mulheres de Gurs, perto dos Pireneus, levando apenas a escova de dentes. De Gurs, Arendt dirigiu-se primeiro para leste, para Lourdes, em marchas que duraram dias inteiros, onde encontra Benjamin, que fugira de Paris. «Foi no momento da derrota, já não havia comboios; ninguém sabia onde tinham ficado as famílias, os maridos, os filhos, os amigos. Benji e eu jogávamos xadrez de manhã à noite e líamos os jornais de Paris, sempre que os encontrávamos. Tudo corria pelo melhor até que foi declarado o armistício com a famosa cláusula de extradição.»[363] Foi a 22 de junho de 1940.

Além da suspensão do direito de exílio, o armistício impunha a obrigação de entregar aos nazis, «a pedido»[364], antigos cidadãos alemães. Sobretudo os refugiados judeus, o verdadeiro alvo desta passagem do texto. Assim, era apenas uma questão de tempo até a Gestapo começar a processar também em França as longas listas produzidas havia muito tempo e a iniciar as deportações para leste.

---

362 *Ibid.*, p. 552 sqq. [*Ibid.*, p. 415. (*N. da T.*)]

363 Arendt/Scholem, p. 17.

364 *Ibid.*, p. 21 (nota de rodapé 10).

É com extrema relutância que Arendt deixa Benjamin para trás em Lourdes (Benjamin está por ora a salvo, mas mostra já claras tendências suicidas) e parte em busca de Heinrich. O ponto de encontro mais plausível é Montauban, a cerca de 180 quilómetros para nordeste. Uma vez que o presidente da câmara socialista então no poder acolhe os refugiados, esta pequena comuna tornara-se uma espécie de ponto de encontro dos antigos prisioneiros de campos de concentração que vagueavam pelo país. Com efeito, Arendt encontra à chegada inúmeros amigos de Paris e membros da «tribo», desde logo Lotte Klenbort e o casal Cohn-Bendit.[365] E apenas uns dias mais tarde, por mero acaso, encontra também o seu *Monsieur*. Tal como Arendt, desde o final de junho que Blücher atravessa o país em marchas a pé com antigos prisioneiros como ele. Ambos, oficialmente casados desde janeiro de 1940, ocupam então o *atelier* de um fotógrafo que está devoluto.

Arendt e os seus percebem que têm relativa sorte em Montauban. No seu livro *Abschaum der Erde*[366] [*Escuma da Terra*], o autor e repórter de guerra Arthur Koestler, também ele em fuga por França e amigo e vizinho de Benjamin na Rue Dombasle, relata a situação de outras *gursiennes*. Guiadas pela esperança de serem aí encontradas pelos seus familiares ou maridos, elas demoram-se nas redondezas do campo de concentração várias semanas após a fuga. Enquanto algumas trabalham nos campos em troca de pão e cama, outras são obrigadas a prostituir-se nos bares e bistrôs da província. A este respeito, Koestler regista nas suas notas, a 13 de julho de 1940, uma «esquálida orgia» organizada por um oficial às ordens numa sala reservada do Bistrô Sus com três *gursiennes*, «duas polacas e uma judia alemã. Mandou servir-lhes Pernod com rum. [...] Na casa de banho, encontrei a judia; sentia-se mal, chorava e perguntava: "É verdade que ele me vai dar uma licença de viagem?" Quando voltei, Lefèbre perguntou-me se eu tinha dormido com a rapariga, ontem ele tinha dormido com uma judia de Gurs por vinte francos, e o marido soubera. "Um tipo simpático, parecia ser médico ou assim..."»[367]

---

[365] Cf. Young-Bruehl, E. (2018/1982), p. 229.

[366] Koestler, A. (1971).

[367] *Ibid.*, p. 424.

CADÁVERES VIVOS

Cada vez mais amiúde, chegavam notícias de suicídios. Quando se dispõe ainda de alguma liberdade para decidir, há situações — também Arendt partilha esta convicção — a que uma pessoa não se deve expor. Este tópico já surgira várias vezes em Lourdes em conversas com Benjamin, que avisava profeticamente que era possível não se saber que já era tarde de mais mesmo para esse desfecho. Em Gurs, também tinham ocorrido suicídios, e as prisioneiras falaram até de um suicídio coletivo como forma de protesto. Mas depois, quando alguém observou que estavam ali «para bater a bota», recorda Arendt, a disposição tornou-se subitamente mais alegre. Afinal, reinava aí a opinião geral de que «era preciso ser-se anormalmente associal e destituído de preocupações quanto aos acontecimentos de caráter geral se se continuava a ser capaz de interpretar o desastre no seu todo como se de infortúnio pessoal e individual se tratasse, pondo-se por conseguinte termo à vida de maneira puramente pessoal e individual.»[368]

A tentativa de compreender o curso e os objetivos do desastre que então se desenrolava precisava de se abstrair, segundo Arendt, de todas as notas individuais. Não era nada de pessoal da parte do universo. Nem sequer da parte dos nazis. Era precisamente nisso, bem ponderada, que consistia a sua verdadeira bestialidade. Não lhes interessava perseguir ou matar este ou aquele indivíduo, na verdade, não lhes interessava sequer extinguir os Judeus no seu todo. A sua ação obedecia antes à visão alucinada de extinguir toda a espontaneidade da conduta ou até dos sentimentos, ou seja, obedecia ao plano de «transformar cada pessoa numa coisa que agiria da mesma forma em quaisquer circunstâncias»[369].

Na análise que fará posteriormente sobre a lógica dos campos de concentração, Arendt fala deste objetivo totalitário de uma objetificação [*Verdinglichung*] integral — quase em eco com Simone Weil — como a «preparação de cadáveres vivos»[370]. Na análise da natureza dos campos de concentração, ter-se-ia primeiro de compreender que «aquilo a que se chama «alma» (ou carácter) pode ser destruído sem que a pessoa física seja também necessariamente destruída ao mesmo tempo»[371].

---

[368] *Flüchtlinge*, p. 18 sqq. [*Nós, Refugiados*, p. 26. (*N. da T.*)]

[369] *EuU*, p. 908.

[370] *Ibid.*, p. 921.

[371] *Ibid.*, p. 912.

Porém, «o primeiro passo decisivo rumo ao totalitarismo» consiste no «assassínio da pessoa jurídica, que ocorre automaticamente com a perda da cidadania, pois o apátrida fica fora do direito em vigor.»[372]

O mais tardar em 1940, este objetivo tinha sido atingido. Como Arendt constata no seu ensaio publicado em 1943 *Nós, Refugiados*, com os judeus alemães em França criara-se até «um novo tipo de seres humanos — o tipo de seres que são postos em campos de concentração pelos seus inimigos e em campos de internamento pelos seus amigos»[373]. «Tendo sido mandados para a prisão por sermos alemães, agora não éramos libertados por sermos judeus.»[374] O seu crime, portanto, não consistia em nenhum ato individual, antes na sua simples existência, razão pela qual a maioria dos prisioneiros em campos eram pessoas «que não tinham feito nada que, fosse na sua consciência, fosse na consciência dos seus carrascos, tivesse alguma relação racional com a sua detenção[375]. No seu reconhecimento como indivíduos, estavam, portanto, abaixo mesmo de qualquer criminoso, violador ou assassino.

Assim, quem não encontrara coragem para escapar pelos seus próprios meios nos dias de caos de junho, depressa se vira encafuado nos campos mais bem vigiados e pudera calcular por si mesmo quanto tempo os vigias franceses seriam mantidos até serem revezados por forças alemãs.

EM TRÂNSITO

Seria mais ilegal partir ou ficar? Seria mais perigoso requerer oficialmente um livre-trânsito ou não o fazer? A profusão de regras em Montauban só até certo ponto era planeada. Do lado francês, o caos era demasiado grande — não era claro quais eram as regras nem quem as ditava e em nome de quem.

O primeiro ato oficial de Pétain como governante da França de Vichy foi o de suspender a Constituição por decreto a 11 de julho de 1940. Em vez do mote «Liberdade, Igualdade, Fraternidade», o novo *État* francês estear-se-ia nas ideias de «Trabalho, Família, Pátria». Uma medida cínica para os refugiados. Em menos de dez anos, tinham sido privados por

---

[372] *Ibid.*, p. 922.

[373] *Flüchtlinge*, p. 12 sqq. [*Nós, Refugiados*, pp. 18–19. (*N. da T.*)]

[374] *Ibid.*, p. 24 sqq. [*Ibid.*, p. 33. (*N. da T.*)]

[375] Cf. *EuU*, p. 925.

duas vezes destas pedras basilares: tinham abandonado as suas casas e tinham perdido os empregos e as famílias, que haviam sido presas ou ficado para trás. Por alegre que fosse de temperamento e apesar da solidariedade e amizade que recebera no local, também Arendt luta por estes dias e semanas contra a petrificação interior.

Entretanto, Walter Benjamin, há semanas debilitado por uma gripe, escreve de Lourdes uma carta, a 2 de agosto, a Theodor Adorno, em Nova Iorque, que documenta impressionantemente a situação de quase todos os judeus alemães na nova França:

«A total incerteza sobre o que o dia seguinte, a hora seguinte trará domina há várias semanas a minha existência. [...] Espero ter-lhe transmitido até agora a impressão de que mantenho a compostura mesmo nos momentos difíceis. Isso não mudou, acredite. Mas não me posso furtar ao perigo da situação. Receio que um dia se contará o número daqueles que conseguiram salvar-se dela.»[376] Apenas uma semana mais tarde, explica de novo, agora com mais pormenores, a sua situação a Arendt em Montauban: «Tudo o que neste momento sei é que em Nova Iorque acreditam que [...] deverá estar um visto para mim no consulado de Marselha. Bem pode imaginar como gostaria de ir imediatamente para lá. Mas parece impossível obter o livre-trânsito sem confirmação de Marselha. Há vários dias, enviei um telegrama para Marselha (com franquia de volta) a pedir a dita confirmação. Ainda não recebi resposta. A minha incerteza prolonga-se, portanto, tanto mais que não sei se as minhas diligências para imigrar não podem pôr em causa as minhas diligências para fazer esta "visita". Este calor tórrido favorece a minha inclinação para manter a vida do corpo e a vida do espírito em lume brando. [...] O grande medo que me acomete sempre que penso no destino dos meus manuscritos dói a dobrar. Pouco contacto com amigos; poucas notícias.»[377]

Assim escreve um homem isolado, cujo fogo vital está na iminência de se extinguir. Já não se preocupa acima de tudo consigo mesmo, mas com a obra da sua vida, que tem por perdida. Semanas antes, Benjamin soubera que a Gestapo revistara o seu apartamento em Paris e confiscara todos os manuscritos.

Também para Arendt e para Blücher todos os caminhos rumo à liberdade passam por Marselha, o último porto livre da França não

---

[376] Adorno, T. W. e Benjamin, W. (1994), pp. 441–443.

[377] Arendt/Benjamin, p. 139.

ocupada, a única cidade onde ainda se podia arranjar um visto e/ou um bilhete de barco para o Norte de África. De bicicleta, era uma viagem de dois ou três dias de Montauban a Marselha. Em comparação com o ano anterior, as quotas de emissão de vistos tinham-se reduzido drasticamente, mas Arendt podia contar com a ajuda do seu ex-marido Günther Stern, que entretanto vivia na Califórnia. E também com os contactos e o apoio da Juventude Aliyah. *Monsieur* Heinrich seria também contemplado, enquanto marido. O caso da mãe de Arendt, que também chegara a Montauban vinda de Paris, era mais complicado.

Milhares de refugiados em Marselha querem uma única coisa: sair o mais depressa possível de França. Mas nenhum sabe ao certo como. Menos ainda legalmente. Pois, além do visto do país de acolhimento, por regra, precisavam também de um livre-trânsito para Portugal e Espanha e, acima de tudo, de um documento válido para sair de França (*visa de sortie*). Precisamente o último é quase impossível de obter. O mercado negro floresce à medida da procura com toda a espécie de documentos, alguns deles autênticos. Simone Weil, também ela encalhada com os pais em Marselha, recebe a informação secreta de que quem quiser ir primeiro para Casablanca, poderá seguir depois para qualquer país. Por esta razão, nesse mês de agosto de 1940, ela compra três vistos no consulado de Sião. Depois constata, no entanto, que estes só são válidos para navios que viajem diretamente de Marselha para Sião. E esses navios não existem nem nunca existiram.[378]

O ANJO DA HISTÓRIA

Quando Arendt e o seu Blücher se encontram uma vez mais com Benjamin em Marselha, a 20 de setembro de 1940, este está finalmente em posse de todos os documentos necessários para arranjar um bilhete de Lisboa para Nova Iorque — bem como de uma dose de morfina que, segundo confidenciara ao seu antigo vizinho Arthur Koestler apenas uns dias antes, bastaria para matar um cavalo.

Arendt recorda-se precisamente do encontro: «Quando voltei a ver Benjamin, o seu visto espanhol era válido por mais oito ou dez dias. Naquela altura, era totalmente impossível obter um *visa de sortie*. [...] Ele perguntou-me, desesperado, o que devia fazer. [...] Disse-lhe [...] que

[378] Pétrement, S. (1973), p. 523.

era para mim altamente improvável que estes vistos espanhóis durassem ainda por muito tempo e que, por isso, ele não podia arriscar deixá-lo caducar. Disse-lhe que evidentemente seria melhor irmos os três, que ele depois deveria vir connosco para Montauban, mas que ninguém poderia assumir a responsabilidade pela situação. Ele decidiu então partir muito precipitadamente.»[379]

O casal Arendt/Blücher, entretanto, regressa a Montauban, levando na mala, além de dois vistos para os EUA, também um manuscrito de Benjamin, que este lhes confiara à despedida. Trata-se do texto «Sobre O Conceito da História»[380], que Benjamin terá escrito em Lourdes. Neste quadro composto por doze esboços filosóficos casualmente dispostos, Benjamin condensa poeticamente todo o seu pensamento sobre a relação entre o tempo, a historicidade e o papel do indivíduo. O esboço VII contém a figura de um «Anjo da História»:

> Tem os olhos esbugalhados, a boca escancarada e as asas abertas. O anjo da história deve ter este aspecto. Voltou o rosto para o passado. A cadeia de factos que aparece diante dos nossos olhos é para ele uma catástrofe sem fim, que incessantemente acumula ruínas sobre ruínas e lhas lança aos pés. Ele gostaria de parar para acordar os mortos e reconstituir, a partir dos seus fragmentos, aquilo que foi destruído. Mas do paraíso sopra um vendaval que se enrodilha nas suas asas, e que é tão forte que o anjo já as não consegue fechar. Este vendaval arrasta-o imparavelmente para o futuro, a que ele volta costas, enquanto o monte de ruínas à sua frente cresce até ao céu. Aquilo a que chamamos o progresso é este vendaval.[381]

De costas voltadas para o futuro, no ano de 1940 o anjo de Benjamin não consegue reconhecer na história do chamado progresso nada senão um monte crescente de ruínas e de cadáveres: sem poder parar, recordar, reconstituir tudo no pensamento. Nem sequer as asas de um anjo resistem à força da tempestade. O texto termina, não obstante, com uma visão peculiarmente redentora, através da qual Benjamin se inscreve numa tradição que, apesar dos esforços de Scholem ao longo de toda a vida, nunca quis compreender como sendo a sua:

---

[379] Arendt/Scholem, p. 18.

[380] Arendt/Benjamin, pp. 101–112. [Aqui e adiante seguiu-se a tradução de João Barrento *in* Benjamin, Walter, *O Anjo da História*, Lisboa, Assírio & Alvim, 2010. (*N. da T.*)]

[381] *Ibid.*, p. 106. [*Ibid.*, pp. 13–14. (*N. da T.*)]

> Mas isso não significa que, para os Judeus, o tempo fosse homogéneo e vazio, pois nele cada segundo era a porta estreita por onde podia entrar o Messias.[382]

Lidas uma e outra vez, em voz alta e em silêncio, estas linhas acompanhariam Arendt no seu quotidiano de espera e reflexão em Montauban. Os aviões de Hitler lançam as primeiras bombas sobre Inglaterra, a situação militar agrava-se uma vez mais. Novos transportes de prisioneiros chegam a Gurs: centenas de mulheres e crianças judias do norte de Baden e de Karlsruhe, que a Gestapo deporta inicialmente para França, onde ainda há campos com capacidade para receber prisioneiros.[383] As portas para a liberdade começam a fechar-se. Durante muito tempo, Arendt também não tem notícias da passagem de Benjamin pelos Pireneus e depois ouve rumores nos quais se recusa a acreditar. A 21 de outubro de 1940, também ela já não tem dúvidas. Empunha a caneta para avisar Scholem, na Palestina, acerca do destino do amigo comum:

> Querido Scholem,
>
> Walter Benjamin suicidou-se, a 26/09, na fronteira espanhola, em Port Bou. Tinha um visto americano, mas desde o dia 23 que os Espanhóis só deixam passar quem tem passaportes «nacionais». Não sei se estas linhas chegarão até si. Vi o Walter várias vezes nas últimas semanas e meses, a última foi a 20 em Marselha. — Esta notícia, bem como a irmã dele, chegou até nós com quase quatro semanas de atraso.
>
> Os judeus morrem na Europa e são enterrados como cães.[384]

Era mais do que tempo de partir. Também para Heinrich e para Arendt tudo dependia do momento certo. De início sem a mãe de Arendt, puseram-se ambos a caminho dos Pireneus no princípio de janeiro. A estrada pela montanha, a subida de várias horas por caminhos escondidos, também Benjamin as atravessara. As pessoas do Emergency Rescue Committee que ajudam à fuga de Arendt também são as mesmas. Entre elas, uma antiga prisioneira de Gurs, Lisa Fittko. Mas neste

---

382 *Ibid.*, p. 112. [*Ibid.*, p. 20. (*N. da T.*)]

383 Cf. Meyer-Moses, H. (2019), p. 10: Nessa altura, foram deportadas cerca de 5600 pessoas de Baden para Gurs. Cerca de um terço morreu em Gurs ou num dos campos de concentração mais próximos.

384 Arendt/Scholem, p. 10.

dia a passagem é bem-sucedida. Hannah e Heinrich chegam a Lisboa no final de janeiro com um visto válido para os EUA. Só têm de apanhar um navio para chegar à «terra da liberdade». «Procurámos em vão», contará Arendt mais tarde a Scholem, «pela campa dele [de Benjamin]: não se encontrava em lado nenhum, em lado nenhum se via o seu nome.»[385]

FIASCOS

«Se a história mundial não fosse tão podre, seria um prazer viver»[386], uma máxima de Arendt com a qual Ayn Rand se poderia ter identificado ao longo de toda a vida. Mas sobretudo no inverno de 1940. As eleições de 5 de novembro de 1940 concederam, com uma clara maioria, o terceiro mandato ao democrata Franklin Delano Roosevelt. Para Rand, esta eleição representa não apenas uma catástrofe política, mas também uma derrota muito pessoal. Durante um longo outono, andara de porta em porta a distribuir panfletos e crachás como apoiante da campanha eleitoral de Wendell Willkie («*Wendell Willkie: America's Hope*»), proferira panegíricos ao seu candidato em salões e cinemas, trocara até argumentos na rua com os seus concidadãos nova-iorquinos: «O que é que você tem que ver com a América? Você é estrangeira!» «Eu *decidi* ser americana. O que fez você ao certo além de ter nascido aqui?»[387] Em vão.

Em última instância, Wendell Willkie, um *self-made millionaire* do Indiana, não tinha a mais pequena hipótese. Apresentado pelos republicanos já perto do fim como candidato-surpresa, a sua campanha sofreu um grande revés quando se soube que, até 1939, Willkie era ainda militante dos democratas. Um duro golpe para a sua credibilidade, mormente nos influentes círculos da então chamada *Old Right*.

Também o entusiasmo de Rand depressa esmoreceu. Oito anos após o início do New Deal, o desemprego estava ainda acima dos 15 por cento. Em vez de insistir no seu programa político de apoio às empresas e aos negócios, Willkie preferia falar aos eleitores em grandes tiradas sobre as suas «raízes do Indiana rural». Não conseguira sequer tomar uma posição clara contra a entrada dos EUA na guerra para reforçar a sua política conservadora de *America first*. A sentença de Rand após

---

385 *Ibid.*, p. 19.
386 Cf. Young-Bruehl, E. (2018/1982), p. 223.
387 Heller, A. C. (2009), p. 132.

a derrota esteve à altura do caso: «De entre todos aqueles que estão prestes a destruir a América, Willkie foi o mais culpado. Muito mais culpado do que Roosevelt, que foi apenas uma criatura do seu tempo.»[388]

O ano de 1940 terminou assim exatamente como começara para Rand: com mais um fiasco. Contando com um novo êxito no teatro, interrompera no ano anterior o seu trabalho no romance *The Fountainhead*, para redigir uma versão dramatúrgica da sua primeira obra, *We the Living*. A adaptação do romance à cena revelou-se um puro tormento, como seria de esperar. Ainda assim, a peça fora encomendada por afamados produtores da Broadway e tinha assim um grande potencial para ser lucrativa. Com grande fanfarra, estreia-se a 13 de fevereiro de 1940 no New York Premiere com o título *The Unconquered* — e é considerada unanimemente pela crítica, ainda na noite da estreia, «um dos maiores fiascos da temporada»[389].

Rand fecha-se no seu quarto nos dois dias seguintes. Nem mesmo Frank pode entrar. Quando volta a sair, a primeira coisa que faz é redigir uma carta endereçada ao General John F. O'Ryan com um donativo para o Fighting Funds for Finland: «Encontrará anexo o meu donativo para o seu fundo que visa a aquisição de armas para a Finlândia. Permita-me expressar a minha admiração pelo seu trabalho, que está ao serviço de uma grande causa.»[390] Confrontado com o inimigo soviético, de longe mais poderoso, o exército de 300 000 soldados da Finlândia mantinha a sua posição há já três meses desta «guerra de inverno». Um exemplo inspirador de vontade de resistir.

O PRINCÍPIO TOOHEY

Na manhã seguinte, Rand senta-se de novo à secretária. O tempo urge. Já no ano anterior falhara o prazo de entrega do romance. O contrato estipulava que o manuscrito teria de estar pronto até outubro. Uma data impossível, na verdade, pois não escrevera ainda sequer um terço. O beco sem saída tornava-se mais tormentoso de dia para dia. Mas o que valia para os Finlandeses vale também para Ayn: desistir não é opção.

---

388 *Ibid.*, p. 133.
389 *Ibid.*, p. 129.
390 *Letters*, p. 42.

Sobretudo porque agora já tinha o inimigo muito claramente diante dos olhos, assim como os seus métodos e objetivos. A devastação militar que Hitler e Estaline agora propagavam pelo mundo fora precedida por uma forma de condução da guerra culturalmente muito diferente — mesmo nos EUA. A sua tarefa consistia agora em delinear com toda a clareza essas formas de infiltração intelectual levadas a cabo em nome de conceitos fundamentais falsamente entendidos — e de lhes dar corpo pungentemente num romance.

Um episódio iluminador a este respeito remonta ao ano de 1937, quando Rand assiste às conferências do politólogo e publicista britânico Harold Laski na New School de Nova Iorque, uma universidade associada à esquerda.[391] Laski, uma verdadeira estrela entre os intelectuais dos EUA que se gaba publicamente de aconselhar o Presidente Roosevelt, há anos que profere aclamadas conferências sobre questões atuais da sociedade — amiúde, como é próprio do *Zeitgeist* da época, sobre a tensão entre democracia e capitalismo.

Rand nem podia acreditar na sua sorte. Ali estava ele: o anti-Roark por excelência! Dotado de grande talento retórico, com uma evidente arrogância sempre aligeirada pela ironia, Laski apresentava, com todas as palavras certas na boca e com todas as teorias certas, precisamente tudo aquilo que o seu entusiasmado público do meio cultural nova-iorquino interiorizara ser a verdade após anos de propaganda silenciosa de infiltração. E o público ovacionava-o. Rand só tinha de observar Laski, ouvi-lo e transcrever as suas palavras.

Depressa encontrou também o nome certo para Laski. Como sempre acontece nos seus romances, teria de ser um nome eloquente: Ellsworth M. Toohey (leia-se *else worth*, outro valor). Dedicar-lhe-ia a ele, o grande e diabólico antagonista de Roark, a segunda secção inteira das quatro que comporiam o romance. Ao longo da primavera de 1940, Rand fixa-o definitivamente como personagem. Toohey, o mais influente crítico de arte de Nova Iorque no mais influente jornal do país, seria o grande nivelador.

> 24 de fevereiro de 1940
>
> [O objetivo] de Toohey consiste em arruinar o que é forte, único, original, saudável, alegre — com a arma das «outras pessoas», do humanitarismo.[392]

---

[391] Cf. Heller, A. C. (2009), p. 116.

[392] *Journals*, p. 209.

22 de abril de 1940

Toohey ascendeu a uma posição de grande poder na sociedade. É o ditador não declarado da vida intelectual e cultural do país. «Coletivizou» todas as artes com as suas variadas «organizações», e só permite que cheguem à preeminência os artistas medíocres da sua escolha.[393]

Toohey destrói toda a independência das pessoas e todos os grandes feitos. [...] Para desacreditar os grandes feitos, ele estabelece critérios de qualidade que os pseudoartistas facilmente cumprem.[394]

Para Rand, o verdadeiro requisito cultural para a incursão do totalitarismo consistia na obnubilação intencional e alimentada pelos *media* da faculdade de juízo de cada indivíduo. E este efeito em nenhum outro lado se mostrava com tanta clareza como na faculdade de juízo estético: nos juízos sobre obras de arte.

Assim, na sua qualidade de mestre do nivelamento, o crítico de arte Toohey personifica para Rand uma banalidade do alegado «bem» (do bem «humanitário», do bem «social»...), que na verdade tem por alvo precisamente a faculdade que distingue o indivíduo enquanto indivíduo e lhe permite agir como tal: a perceção do que é verdadeiramente belo, a perceção de como a existência humana deve ser e pode ser. Em suma, tem por alvo precisamente aquele *sense of life* a que o protagonista Roark se atém, sem hesitação nem compromissos, quase sobre-humanamente, no seu projeto de vida como arquiteto. Aquilo que Toohey quer exterminar, servindo-se de todas as regras do periodismo, é a coragem que Roark personifica no romance, bem como a capacidade de tecer juízos autónomos e de criar coisas novas. Ou, por outras palavras, pensar, conceber e agir sem o esteio de outros.

No verão de 1940, Rand trabalha num novo resumo do romance em que explicita os aspetos sociais e políticos do «princípio Toohey» e conclui com a ameaça iminente da vitória global do totalitarismo europeu:

No fundo ele [Toohey] é estéril; não tem nenhuma grande paixão por nada nem nenhum grande interesse por nada salvo por outros homens. Assim, ele não decide tentar alcançar a superioridade, decide uma coisa melhor: destruir o próprio conceito de superioridade. Ele não pode elevar-se.

---

[393] *Ibid.*, p. 215.

[394] *Ibid.*, p. 209 sqq. Entrada não datada.

Mas pode puxar os outros para baixo. Ele não pode chegar às alturas. Mas pode aplaná-las. A igualdade torna-se a sua grande paixão.[395]

Ele compreende perfeitamente a antítese básica, os dois princípios que se digladiam na consciência humana — o individual e o coletivo, o um e os muitos, «Eu» e «Eles». [...] Sabe que a origem de todos os males e mágoas, de todas as frustrações e mentiras é o sentido coletivo [*collective sense*], a intrusão dos outros nos motivos básicos de um homem. E, porque Toohey se dedica à destruição da grandeza, torna-se o inimigo do indivíduo e o grande paladino do coletivismo.[396]

O programa de vida [de Toohey] é simples: destruir os homens vinculando-os entre si; pregar o sacrifício do eu, a negação do eu, o rebaixamento do eu; pregar a escravidão espiritual de cada homem a todos os homens; lutar contra o grande criador e libertador — o Ego do Homem. Toohey é famoso como «O Humanitário». [...] Escravidão universal — sem sequer a dignidade de um amo. Escravos para escravos. Um grande círculo e uma igualdade suprema. Eis Ellsworth M. Toohey.[397]

FALSA IGUALDADE

Também Rand vê o mundo à beira do precipício do totalitarismo no ano de 1940. E também Rand elabora, nesta situação, uma teoria do mal radical cujo principal ponto de fuga político consiste na escravização total e na privação da individualidade do homem às mãos do homem. Inicialmente, vê isto ocorrer numa alta cultura das massas, que tudo nivela em prol de uma igualdade sem diferenças — e, logo, da nulidade — celebrada por cínicos assumidos ao estilo de Toohey. O prazer desinteressado é substituído no mundo de Toohey pelo desinteresse aprazível; a coragem de usar o próprio juízo é substituída pela coragem barata de julgar sempre para todos e por todos; a capacidade de discriminação fina em tempos fundamental para a cultura é substituída pela vontade de tornar tudo igual — e, logo, indiferente.

[395] *Ibid.*, p. 229.
[396] *Ibid.*, p. 228.
[397] *Ibid.*, p. 229.

Numa passagem central do romance, Ellsworth M. Toohey pronuncia este credo — em diálogo com o arquiteto sensação Peter Keating, que Toohey «celebra», mas que na verdade é desprovido de talento — nos seguintes termos: «Não acredito no individualismo [...]. Não acredito que um certo homem é uma certa coisa que mais ninguém pode ser. Acredito que somos todos iguais e interpermutáveis.»[398]

Aos ouvidos de Rand, este é o mote totalitário por excelência. Se se escutasse com atenção, ele era soberano por toda a parte, mesmo na América era o critério segundo o qual cada pronunciamento público era considerado razoável, moralmente justificado ou apropriado.

Esta visão de total igualdade em termos de total interpermutabilidade e, logo, de anulamento do indivíduo começava assim por se manifestar na faculdade de juízo no domínio da arte e tinha o seu desumano término na perda completa do mais elementar de todos os estados de consciência, a saber, a singularidade de facto de cada eu humano.

MANHATTAN TRANSFER

Este processo avançava a todo o vapor tanto militar quanto culturalmente — também, e sobretudo, na vida pública nos EUA. Por essa razão, Rand decidiu basear as personagens centrais do seu romance, que se desenrola em Nova Iorque nos anos 1930, em pessoas reais desse tempo, pessoas que todos os leitores conseguiriam reconhecer. A carreira de Roark (um gémeo psicológico de Rand) inspirava-se claramente na de Frank Lloyd Wright — que Rand venerava profundamente e com quem tentou repetidas vezes entrar em contacto (sem êxito). Toohey era Harold Laski, o protótipo do intelectual de esquerda nova-iorquino. A figura de Gail Wynand, o magnata dos órgãos de comunicação social, seguia nos seus traços essenciais aquele que era então o mais influente e vulpino editor de jornais dos EUA: William Randolph Hearst.

De acordo com o conceito agora revisto do romance, este já não seria uma alegoria intemporal da luta entre indivíduo e coletivo na nossa vida anímica, mas um *roman à clef* sobre o perigo iminente da autorrendição dos EUA ao totalitarismo que triunfava no mundo inteiro. Um cenário de terror cuja concretização iminente, pelo menos no mundo de Rand,

398 *Ursprung*, p. 822.

era da responsabilidade de um homem: o Presidente Roosevelt, de facto dotado de um poder quase ditatorial.

A decisão de Rand de interromper, no outono de 1940, o trabalho no romance, apesar dos seus apertos financeiros e do prazo de entrega para breve, e de se dedicar, com a sua entrega característica, à campanha eleitoral dos republicanos estava assim ao serviço exclusivo dos seus interesses: já vivera em tempos na própria pele aquilo de que o «princípio Toohey» era capaz. No que estivesse ao seu alcance, queria impedir que o pior cenário político se concretizasse na sua nova pátria. Além disso, não há dúvida de que Rand se sentia particularmente oprimida e vilipendiada como artista às mãos das dinâmicas descritas, por todos os Tooheys da cena cultural de Nova Iorque.

Por ora, em novembro de 1940, tinha de se reconhecer derrotada em todas as frentes, tanto profissional quanto politicamente: a peça de teatro saíra de cena após cinco récitas, a editora denunciara por fim o contrato do romance, a relação com a sua agente Jean Wick sofrera um profundo abalo.[399] Hitler e Estaline, entretanto, avançavam sem detença pela Europa, e aparentemente os eleitores do seu país eram demasiado canhestros para conseguirem somar um mais um sem se enganarem. Rand perdera até o seu espaçoso apartamento na Park Avenue, em Manhattan. Frank e ela mudaram-se para uma cave de dois quartos não muito longe dali, junto da Lexington Avenue.

O PATRIOTISMO CONSTITUCIONAL DE RAND

Não obstante, os tempos também davam sinais encorajadores. Nas suas inúmeras apresentações públicas e sobretudo nas conversas que travara com a chamada «base» eleitoral, apropriara-se de uma clarividência e de um raciocínio político que mudara a sua atitude anterior, nitidamente elitista, perante as massas. O eleitorado americano não era desprovido de sentido de liberdade. O que faltava era a maneira certa de o mobilizar e tornar politicamente eficaz. Assim, por grave que fosse a situação, estava longe de ser desesperada. Sobretudo se conseguisse virar o bico ao prego e, à boa maneira estalinista, opusesse aos criadores de opiniões na cultura e nos órgãos de comunicação social, que eram tendencialmente totalitários, uma elite de defesa da liberdade. Para assim

---

[399] Cf. Heller, A. C. (2009), p. 134.

redespertar, «de cima para baixo» e também com o apoio dos meios de comunicação social, aquele anseio verdadeiramente americano por *life, liberty and happiness* que tornava a América tão singular.

Entre 1940 e 1941, o objetivo cada vez mais nítido de Rand é o de uma contrarrevolução política baseada no documento político que mais clara e profundamente promete proteger a liberdade de escolha incondicional de cada indivíduo: a Declaração de Independência dos EUA e a sua Constituição. Em vez de assentar num povo etnicamente determinado ou mesmo numa nação, este movimento deveria ser mobilizador graças a um documento, graças, portanto, a um patriotismo puramente constitucional.

Pois também esta fora uma lição importante dos meses de campanha eleitoral pelas ruas, redações e clubes políticos de Nova Iorque. Rand, com as suas convicções políticas e preferências intelectuais, não estava de modo algum tão isolada quanto julgara nos anos precedentes, passados a trabalhar na sua secretária de nogueira. Assim, durante este outono, toma contacto com autores como Albert Jay Nock, escritor e jornalista que escrevera o *bestseller* de 1935 *Our Enemy, The State.* Ou com Henry L. Mencken, jornalista e tradutor de Nietzsche, de ascendência alemã, que à época, com as suas colunas de escrita brilhante e teor controverso, era um dos mais influentes críticos de Roosevelt. Bem como com a escritora e crítica literária Isabel Paterson, que, nas suas colunas para o *Herald Tribune,* também desenvolvia posições com as quais Rand em grande medida se identificava.[400]

Uma vez que Roosevelt, ao longo dos anos 1930, conseguira reclamar a palavra «liberal»[401] para a sua forma de fazer política, todos estes autores se designam «libertários», com a intenção de se demarcarem conceptualmente de tudo o que Roosevelt representa. Naturalmente, não seria fácil entusiasmar individualistas radicais de maneira que fizessem parte de uma organização política e, pior ainda, de um partido. Mesmo que a orientação destes fosse apenas a de ser uma «organização contra todas as organizações». Não obstante, Rand tem em vista precisamente este círculo quando, em janeiro de 1941, se propõe redigir um primeiro documento fundador. À melhor maneira da Revolução Russa, escolhe para tal a forma de uma «carta aberta» ao eleitorado americano.

---

[400] Cf. Burns, J. (2009), p. 43 sqq.

[401] O termo «liberal», que até hoje confunde muitos observadores europeus, designa nos EUA uma posição em grande medida de esquerda e é usado quase como sinónimo de «democrata» enquanto militante partidário.

I WANT YOU!

Para realçar o dramatismo da situação, Rand abre a sua carta — talvez não com grande astúcia psicológica — invetivando este mesmo eleitorado:

> Você, que lê estas palavras, representa o maior perigo para a América.
>
> Qualquer que seja o desfecho da guerra na Europa, o Totalitarismo já teve uma vitória completa em muitas mentes americanas e conquistou a nossa vida intelectual. Você ajudou-o a vencer. [...]
>
> Não se iluda minimizando o perigo. Bem vê o que está a acontecer na Europa. [...] De que mais provas precisa? Não diga presunçosamente que «não pode acontecer aqui». [...]
>
> Podia acontecer em França? Ter-se-iam rido na sua cara se tivesse feito esta pergunta um ano atrás. *Pois bem, aconteceu em França* — França, a mãe da liberdade e da democracia, França, a nação intelectualmente mais independente do mundo.[402]

Rand mantém-se estritamente aversa à entrada dos EUA na guerra. A única coisa que lhe interessa é a luta ideológica na frente interna. No entanto, era precisamente esta frente que mais exigia uma resistência resoluta, pois: «*Os Totalitários não querem o seu apoio ativo.* Não precisam dele. [...] A única coisa que querem de si é a sua *indiferença.*»[403] Sobretudo porque o totalitarismo, ao contrário do que diziam outras análises, não era nada de novo na história mundial, era sim um fenómeno antiquíssimo, a saber — e aqui Rand volta a cair na sua dicção elitista e nietzscheana —, «a tentativa dos falhados e dos criminosos de se apoderarem de uma sociedade. Esse elemento está sempre presente, em qualquer país. Mas uma sociedade saudável não lhe dá hipótese»[404]. Estreitamente relacionado com a dita tentativa está o segundo elemento que é comum a todos os movimentos totalitários — como se pode observar com particular clareza nos exemplos da Alemanha nazi e da União Soviética estalinista:

> [...] *o Estado é superior ao indivíduo.* O Coletivo tem todos os direitos e o indivíduo nenhuns. [...] Este é o ponto crucial. [...] Estes horrores foram

[402] *Journals*, p. 345 sqq.
[403] *Ibid.*
[404] *Ibid.*

possíveis *apenas* por causa de homens que perderam todo o respeito pelos seres humanos individuais, homens que aceitam a ideia de que as classes, as raças e as nações interessam, mas os indivíduos não, que a maioria é sagrada, mas uma minoria é pó, que os rebanhos contam, mas o Homem é nada.

Qual é a sua posição? Aqui, não há meio-termo.[405]

Para abrir caminho a esta decisão a todos os homens e a todas as mulheres, Rand determina que o cerne de uma sociedade aberta a defender a todo o custo é «o princípio dos *Direitos Individuais*, da *Liberdade Individual*, do *Valor Individual*. [...] É *este* o âmago da questão mundial. É *esta* a única oposição ao Totalitarismo e a nossa única defesa contra ele»[406].

Urgia agora travar esta luta recorrendo aos mesmos meios, públicos ou ocultos, de que também o adversário se servia há muito tempo: a propaganda, os órgãos de comunicação social, bem como as grandes artes do público, cujos profundos efeitos eram ainda, segundo Rand, vastamente subestimados: a literatura e o cinema.

Era precisamente nos romances e nos filmes que se criava e moldava a subjetividade. Obras verdadeiramente profundas e populares marcavam a consciência de uma pessoa de forma muito mais abrangente e permanente do que fenómenos superficiais como o jornalismo ou a publicidade. Também aqui, e sobretudo aqui, urgia travar a luta, que no contexto americano tinha ainda de ser reconhecida e aceite como tal. Por fim, de uma coisa Rand estava absolutamente certa, como escreve no final da sua carta à nação: «O mundo é um lugar maravilhoso e merece que lutemos por ele. Mas não sem Liberdade.»[407]

Sem um contrato para o seu livro, sem outros rendimentos e sem nenhuma ideia concreta do que viria a acontecer no ano de 1941, Rand começa por enviar a sua carta ao escritor e dramaturgo Channing Pollock, mais um potencial membro fundador do círculo libertário que espera criar. Rand decidira-se incondicionalmente pela América. E, muito simplesmente, não era mulher para mudar de convicções. Iria opor-se à tempestade que se aproximava com tudo o que era e tinha. E não de costas voltadas para o futuro, mas virada de frente para ele.

---

[405] *Ibid.*, p. 350.
[406] *Ibid.*, p. 351.
[407] *Ibid.*, p. 355.

VII

LIBERDADE

1941/1942

Beauvoir emancipa-se, Arendt isola-se,
Weil escreve o seu testamento e Rand o seu registo de nascimento

COMO SE LIBERTADA

Um ano após a ocupação de Paris, Simone de Beauvoir encontrou um novo sentimento existencial. Do imobilismo passou à resolução, da depressão à vontade de agir e do medo da morte a uma tranquilidade, «mas de uma menira muito diferente de outrora [...]. Os acontecimentos tinham-me mudado [...]. Eu admitia, finalmente, que a minha vida não era uma história que contava a mim própria, mas um compromisso entre mim e o mundo; ao mesmo tempo, as contrariedades e adversidades tinham deixado de me parecer como uma injustiça; não me devia revoltar contra elas; era preciso encontrar uma maneira de as contornar ou de as suportar; eu sabia que iria ter horas muito negras para atravessar, que até talvez me afundasse nelas para sempre: a ideia não me chocava. Ganhei com esta espécie de renúncia uma despreocupação que nunca tinha conhecido. Aproveitei a primavera e o verão; acabei o romance»[408].

O regresso de Sartre do campo de prisioneiros é um fator essencial desta mudança de estado de espírito. No entanto, no que toca à nova maleabilidade e gosto de viver que Beauvoir encontrou, a sua presença revela-se de início bastante perturbadora: «O que me desorientou foi a rigidez do seu moralismo. Servia-me do mercado negro? Comprava um bocadinho de chá de vez em quando: era de mais, disse. Eu tinha feito mal em assinar o papel afirmando que não era franco-maçónica nem

[408] *BJ*, p. 415. [*A Força da Idade*, p. 411. *(N. da T.)*]

judia. [...] Se [Sartre] tinha voltado a Paris, não era para gozar as delícias da liberdade, mas para agir. "Como?", perguntei-lhe eu, atordoada.»[409]

Pelo engajamento político, pela *résistance*! Logo no final de março de 1941, poucas semanas após o seu regresso, Sartre organiza um encontro no Hotel Mistral, que decorre no quarto de Beauvoir. Antigos alunos de Sartre, amigos de Bost, bem como alunos de Merleau-Ponty, que entretanto dava aulas na universidade e se convertera ao comunismo. Todos se declaram incondicionalmente decididos. Mas nenhum sabe exatamente ao quê.

Os jovens selvagens do grupo advogam ataques isolados. Mas com que bombas? E com que perícia técnica? Sartre, além disso, considera que a primeira ação a tomar é pensar. «Se as democracias ganhassem, a esquerda precisaria de uma nova doutrina: devíamos, mediante um conjunto apurado de reflexões, discussões e estudos, aplicar-nos para a pôr de pé. O essencial do nosso programa estava contido em duas palavras — que serviriam para batizar o nosso movimento: "Socialismo e Liberdade". Entretanto, encarando a eventualidade de uma derrota, Sartre escreveu no nosso primeiro boletim que, se a Alemanha ganhasse a guerra, a tarefa seria fazer com que ela perdesse a paz.»[410] O que, no princípio do verão de 1941, parecia bastante mais provável.

No Egito ou na Noruega, na Grécia ou na Jugoslávia, por toda a parte a Wehrmacht somava vitórias retumbantes. Inebriada com a sua própria força, a 22 de junho de 1941 invade a União Soviética. Infringindo o pacto, sem declaração de guerra e para total surpresa de Estaline. À semelhança da campanha nos Balcãs, também o «Caso Barbarossa» é planeado como uma guerra-relâmpago. Quatro a seis semanas no máximo — é o prazo que o comando da Wehrmacht estabelece para a invasão. Além disso, a «luta dos Germanos contra os Eslavos»[411], que Hitler declara ser a guerra principal, deverá ser conduzida de forma particularmente impiedosa. As etapas seguintes já estão fixadas: «Afeganistão, Índia, Irão, os Turcos, Síria, Iraque, Norte de África, Gibraltar, Malta e as ilhas atlânticas.»[412]

A eclosão da guerra ilimitada coincide com o início do genocídio dos judeus da Europa. No mesmo dia 22 de junho de 1941, cerca de 3000 soldados alemães de uma força especial começam a matar a tiro

---

[409] *Ibid.*, p. 411. [*Ibid.*, p. 406. (*N. da T.*)]
[410] *Ibid.*, p. 413. [*Ibid.*, p. 408. (*N. da T.*)]
[411] Schreiber, G. (2013), p. 58.
[412] *Ibid.*, p. 42.

judeus em regiões da antiga Polónia. De início apenas homens, pouco depois também mulheres e crianças. (O número total dos judeus assassinados desta maneira ascenderá, até abril de 1942, a cerca de 560 000.[413] Em média, portanto, mais de 10 000 execuções por semana.) Já não havia ponto de retorno.

As consequências da escalada de violência sentem-se imediatamente também em Paris. «De futuro, não era permitido aos judeus possuir, dirigir ou gerir qualquer empresa; Vichy deu ordens para se recensearem [...]. Milhares de judeus estrangeiros foram metidos em campos de concentração em Pithiviers e começaram a deportá-los para a Alemanha.»[414] Além de tudo o mais, aumenta a pressão sobre as inúmeras células de resistência já ativas em Paris. O que dificulta a Sartre associar-se a elas. Com efeito, a sua reputação nestes círculos não é a melhor. Por um lado, isso deve-se ao seu célebre estilo de vida de libertino burguês de café; por outro, à história que ele deixa circular sobre os motivos para a sua libertação, segundo a qual o terão deixado partir por causa de problemas de saúde fingidos (distúrbios do equilíbrio) e do seu olho estrábico. Ou então — bastante mais plausível para os ouvidos apurados da Resistência — para ser seguido pela Gestapo enquanto tentasse estabelecer os contactos que com efeito andava a procurar. Ou o homem era um diletante bem-intencionado ou era um espião encapotado. Porventura, ambas as coisas. Em todo o caso, não era um camarada em quem se pudesse confiar. Nas palavras de Samuel Beckett, cujo grupo da Resistência, Gloria, Sartre também tentou contactar: «Havia sempre aqueles que ninguém levava a sério, nem os *résistants* nem a Gestapo. Muitas pessoas eram da opinião de que Sartre se contava entre eles.»[415]

Assim como um homem só consegue cumprir o papel de um empregado de mesa quando os clientes fazem um pedido, também Sartre se vê remetido à bondade de estranhos no seu papel de ativista da resistência. Por ora, não se concretizará.

Mesmo Beauvoir tinha dúvidas quanto ao seu novo projeto. Sartre não era para ela verdadeiramente indispensável nem como herói erótico nem como herói político, era-o, sim, como contraparte dialógica e fonte profunda e familiar de inspiração: «Impossível passar junto dele horas insípidas [...]. A sua curiosidade e o seu entusiasmo animavam-lhe cada

---

[413] *Ibid.*, p. 66.

[414] *BJ*, p. 413 sqq. [*A Força da Idade*, p. 408. (*N. da T.*)]

[415] Baird, D. (1998), p. 310.

parcela. [...] tantas coisas ainda para olhar, compreender e amar!»[416] Por fim, ali estava ele outra vez, a única pessoa com quem realmente podia falar sobre tudo e também contestar tudo: fosse o novo chique-de--refugiada das parisienses (turbantes de tecido), fossem as bizarras mini--esculturas do Sr. Giacometti (uma das conquistas de Sorokin num café) ou ainda o conceito de simpatia na fenomenologia de Max Scheler: lendo os seus escritos, como era possível chegar à ideia de querer sentir e pensar exatamente como o outro? Por mais amado e admirado que esse outro fosse? Que espécie de compulsão era essa?

EMANCIPADA POR FIM

Mais uma boa pergunta. Mas para Beauvoir não era central. Ao longo do ano anterior, enquanto concluía o seu primeiro romance, a tensão entre Hegel e Heidegger laborara nela. Tratava-se, mais concretamente, do problema de saber «como pode o universal ter um sentido se o indivíduo não o tem».

O sistema de Hegel representava uma universalidade anónima do espírito do mundo, que ameaçava menorizar o indivíduo concreto ainda mais do que a pressão social para a conformidade de um «homem comum» sem rosto. O de Heidegger, em contrapartida, representava a resolução radical de um *Dasein* isolado, que se preocupa antes de mais com a conquista da sua autenticidade (e da de mais ninguém). É possível indicar a data precisa da revelação filosófica que foi decisiva para Beauvoir: 9 de janeiro de 1941, ou seja, à vontade dois meses antes de Sartre regressar a Paris. A entrada do seu diário de guerra diz o seguinte:

> Uma ideia que me impressionou fortemente em Hegel: a exigência do *reconhecimento* das consciências umas pelas outras — pode servir de base a uma visão social do mundo — sendo o único absoluto esta consciência humana, a exigência de *liberdade* de cada consciência para que o reconhecimento seja válido e livre: reconhecimento no amor, na expressão artística, na ação, etc. Ao mesmo tempo, ideia existencial de que a realidade humana não é senão aquilo que ela *se faz* ser, aquilo que a impele a transcender-se.[417]

---

[416] *BJ*, p. 430. [*A Força da Idade*, p. 424. (*N. da T.*)]
[417] *Kriegstagebuch*, p. 452.

Longe de visar uma simples síntese de Hegel e Heidegger, Beauvoir apropria-se de motivos determinantes do pensamento de ambos e cria, após anos e anos de leituras e discussões (com Sartre), uma nova filosofia da liberdade que passa pelo reconhecimento existencial mútuo. Em vez de modelar a relação entre «eu» e o «outro» como uma luta, cujo resultado só pode ser o de vencedores dependentes (dominação) e de perdedores (servidão), Beauvoir define-a como uma situação que só pode ser ganha em conjunto e num plano de igualdade. Ninguém é uma ilha. Ninguém pode ser livre só para si. Pelo contrário, a verdadeira condição prévia da minha liberdade é a liberdade da outra consciência — elaborando esta ideia consequentemente, é o livre reconhecimento de todas as outras consciências. Politicamente, segue-se daqui a exigência de uma luta pela libertação de todos sob a égide de uma emancipação existencial recíproca — pela liberdade de cada um: liberdade *e* socialismo.

Nesta nova filosofia de Beauvoir, o elemento de inspiração heideggeriana central é o postulado de que «a realidade humana não é senão aquilo que ela *se faz* ser». Ou seja, a recusa explícita de uma qualquer mão escondida, artimanha ou lei — seja ela de feição hegeliana, marxista ou religiosa: não há nenhuma dialética sem rosto por trás de todo o ser, não há nenhumas leis de base puramente económica que determinem a evolução, não há Providência, não já Juízo Final, não há destino. O verdadeiro criador, a verdadeira medida, continua a ser apenas a pessoa que age, lançada para a liberdade da sua existência — como uma entre outras. O fogo da liberdade individual e o fogo da liberdade política eram assim na verdade apenas um. E ardia em cada um de nós — por todos.

Não há testemunho mais claro de que Beauvoir estava ciente de ter alcançado esta revelação autonomamente do que a sua sensação de estar deste modo a trair aquele que continuava a ser para si o único outro necessário à sua vida:

> Encontro-me longe do ponto de vista hegeliano que em agosto foi um socorro tão grande para mim. Retomei consciência da minha individualidade e do ser metafísico oposto ao infinito histórico no qual Hegel dilui todas as coisas com otimismo. Angústia. Percebi finalmente o que era o que no ano passado despertava em mim uma espécie de nostalgia: a solidão, tão grande como a que se sente diante da morte. No ano passado ainda estava com Sartre — agora vivo num mundo do qual Sartre

está ausente, amordaçado. Psicologicamente, senti-me por vezes estupidamente orgulhosa de me sentir tão sólida e de me sair tão bem. Mas hoje essas defesas superficiais já não me ajudam. Tenho vertigens. A única razão para aceitar a morte é a esperança de manter o próprio *ser*. Não se trata de «razões de viver» — não se trata da vida. Mas de qualquer coisa mais. Fazer-se formiga entre as formigas ou consciência livre entre as consciências. Solidariedade metafísica, que é para mim uma descoberta nova, pois eu era solipsista. Não posso ser consciência, espírito, entre formigas. Compreendo como era limitado o nosso anti-humanismo. [...] não há outra realidade além da realidade humana — todos os valores se fundam nela. E é «aquilo que a impele a transcender-se» que sempre nos moveu e que orienta o destino de cada um.

Desde 21 de novembro, não fiz senão fugir — porque este recomeço solitário me pareceu quase uma traição. Agora, ele aconteceu por si. E, no entanto, parece-me que faço este recomeço mais em nome dele do que no meu. E sinto como nunca antes (inconsequentemente) que me mataria se não pudesse voltar a vê-lo.[418]

Após mais de dez anos de escalada filosófica, Beauvoir sai por fim, em janeiro de 1941, da caverna da sua consciência: o solipsismo dá lugar à solidariedade metafísica, o narcisismo hedonista dá lugar à admissão desangustiada de ser uma pessoa lançada ao mundo, e logo mortal, entre outras. Não haveria aqui razões mais profundas ou provas mais concludentes a aduzir. Mas haveria algo de mais fundamental: a consciência clara da possibilidade de agarrar, agindo, esta liberdade recentemente encontrada. Não como formiga nem como soberana, mas como indivíduo autenticamente libertado.

OCUPAÇÃO POSITIVA

Não há casal que não tenha de passar por uma fase de readaptação após uma separação prolongada. Sobretudo quando as experiências vividas durante essa separação são marcantes. No caso de Beauvoir e de Sartre, e do estranhamento que ambos sentem na primavera de 1941, acrescem, como vimos, profundas divergências filosóficas.

---

[418] *Ibid.*, p. 453 sqq. [*Ibid.*, pp. 361–362. (*N. da T.*)]

Quando regressa a Paris, Sartre está a meio do seu *opus magnum*, *O Ser e o Nada* — mais precisamente, nos capítulos sobre «A Temporalidade»[419]. Quando a obra de mais de mil páginas é publicada em junho de 1943, encontram-se, mesmo no fim da dissertação, cinco páginas sobre questões éticas. Sob o título «Perspetivas Morais», Sartre admite que, no âmbito da sua filosofia, «resulta no mesmo embriagar-se solitariamente ou conduzir os povos. Se uma destas atividades vence a outra, não será por causa do seu objetivo real, mas devido ao grau de consciência que possui do seu objetivo ideal»[420].

Esta posição, com o seu niilismo vácuo, choca mesquinhamente com a de Beauvoir. Aquilo que faltava a Hitler e a Estaline em visão moral seria mesmo aquilo que lhes faltava como pessoas: um grau insuficiente de consciência dos seus ideais? Uma falta de transparência própria, de autenticidade?

Como pessoa e também como mulher ao lado de Sartre, Beauvoir teve toda a vida de cuidar zelosamente da sua relação intelectual com ele, sobretudo no que tocava à sua genialidade. E à sua originalidade filosófica. Mas não foi essa a dinâmica interna da corrente de pensamento que, sob a égide bastante egocêntrica de Sartre, conquistou o pensamento ocidental sob o conceito de «existencialismo» a partir de 1943 — e a todo o vapor a partir de 1945. Pois, a respeito da questão, que a partir de 1943 também Sartre dirá ser o problema-chave, de saber se este «existencialismo é um humanismo»[421] e, logo, de saber qual seria o seu núcleo ético, a descoberta decisiva remonta a Beauvoir.[422] Sem que Sartre tenha assinalado devidamente essa autoria.

Para Beauvoir, no entanto, este não é motivo para grandes lamentos. Nem depois nem durante a guerra. Logo no verão de 1941, a vida a dois já voltou ao seu quotidiano. O que mais contribui para a harmonia é a reconquista das rotinas preferidas de ambos. Desde logo, as férias letivas de seis semanas passadas a dois. Passando ilegalmente a fronteira no meio de uma floresta, ambos andam de bicicleta pelo Sul «livre» e fruem um do outro como nos primeiros anos. O Castor Beauvoir fala da

---

419 Cf. Sartre, J.-P. (2019/1943), p. 254 sqq.

420 *Ibid.*, p. 1071. [Aqui e adiante seguiu-se a tradução de Victor Gonçalves *in* Sartre, Jean-Paul, *O Ser e o Nada*, Lisboa, Edições 70, 2021, p. 737. (*N. da T.*)]

421 Sartre, J.-P. (2018/1947), pp. 145–191.

422 Podemos concordar aqui sem reservas com o juízo de Kirkpatrick, K. (2019), p. 198: «Tem-se assumido erradamente que Sartre desenvolveu a ética do existencialismo, um dos mais populares movimentos do século XX, quando de facto foi Beauvoir.»

paisagem e das curiosidades da Côte d'Azur, ao passo que o seu «queridíssimo pequeno» — por temperamento mais sedentário — aproveita as horas livres para escrever debaixo de um chapéu de sol.

Depressa passa para segundo plano o facto de o camarada Sartre, por decisão do grupo, estar aqui realmente numa missão secreta. Desde logo, porque ele recebe recusa após recusa também fora de Paris. André Gide remete-o cortesmente para André Malraux. A receção na moradia de verão deste decorre de forma tão amigável como alimentícia («galinha grelhada à americana»[423]), mas não traz resultados. Nem sequer Colette Audry, também ela camarada comunista, dá mostras de entusiasmo. O sonho de Sartre de vir a ser um líder da Resistência espipa-se como o pneu de uma bicicleta furado numa pista de gravilha. Nas suas memórias, Beauvoir faz o balanço do fiasco com o tom de uma mãe aliviada: «Custava a Sartre renunciar a este projeto [...]; no entanto, abandonou-o, contra vontade. [...] Trabalhávamos muito.»[424]

Com efeito, de volta a Paris, a situação da família, mesmo nas questões sexuais, parece ter-se apaziguado no melhor sentido. Sartre dedicava-se agora quase monasticamente a Wanda, ao passo que Beauvoir se atinha escrupulosamente à repartição das pernoitas que estabelecera no outono passado (duas vezes por semana Sorokin, duas vezes Olga, duas vezes Bost...).[425] *Flirts* — como o de Sorokin com Sartre — não entravam em consideração. Não que estivessem cientes disso, mas todos os membros da família «tinham entre eles e com cada um de nós relações diversas, de que nos preocupávamos em respeitar a singularidade. [...] era a formação de "duos" que prevalecia. Quando eu conversava no Flore com Lise [Natalie Sorokin], quando Sartre saía com Wanda, quando Lise e Wanda falavam juntas, nenhum de nós teria a ideia de se ir sentar à mesa dos outros dois. As pessoas achavam estes hábitos absurdos: a nós pareciam-nos naturais»[426].

Neste inverno inusitadamente frio e nevoso de 1941/1942, «ter um mínimo de decência exigia já um esforço considerável»[427], fosse no que tocava ao alojamento, à alimentação ou à roupa. Ainda assim, a família conseguiu transformar este estreitamento compulsivo em novos espaços de criação. Começa a época que Sartre, apenas poucos anos mais tarde,

---

[423] *BJ*, p. 424.

[424] *Ibid.*, p. 428. [*A Força da Idade*, p. 423. (*N. da T.*)]

[425] Cf. Kirkpatrick, K. (2019), p. 178.

[426] *BJ*, p. 433. [*A Força da Idade*, p. 427. (*N. da T.*)]

[427] *Ibid.*, p. 431. [*Ibid.*, p. 426. (*N. da T.*)]

descreveria com um aparente paradoxo: «Nunca fomos mais livres do que sob a ocupação alemã.»

Para Beauvoir, como filósofa e como autora, esta nova liberdade já começara em janeiro de 1941. A mudança então ocorrida na sua relação com o mundo constituiria o centro do seu novo romance. Se a sua primeira obra ainda tratava dos aspetos *psicológicos* da luta entre «eu» e «os outros», agora era a vez dos aspetos *sociais* e políticos: «Queria que o meu próximo romance ilustrasse esta relação com outrem na sua complexidade existencial. É um belo tema. *Suprimir* a consciência de outrem é um tanto pueril. O problema tem que ver com o social [...].»[428]

Este revelou ser um desafio *sui generis*: «Mas como é ingrata a expressão do social, e como evitar que pareça edificante e moralizadora? Deveria ser possível moldar a matéria social (greves, motins, a ação de um chefe), de maneira a marcar a relação com outrem: liberdade, facticidade.»[429]

Encenar uma greve, uma revolta, de tal modo que ela ponha em evidência a verdadeira relação com o outro sem com isso ter um efeito aborrecidamente edificante ou falsamente moralizador: eis uma das coisas mais difíceis de concretizar. Isso mesmo viveria Simone Weil no próprio corpo pela mesma altura.

FESTA DA COLHEITA

Os habitantes de Saint-Marcel bem que podiam desviar-se dela por medo ou até por repugnância, mas Simone Weil nunca se sentira mais abençoada do que nas primeiras semanas do outono de 1941: «Paisagem admirável, ar delicioso, repouso, ócio, solidão, legumes e fruta frescos, água da fonte, lareira — volúpias e mais volúpias»[430], escreve ela numa carta na sua «casa dos quatro ventos» — na verdade, uma cabana derruída de madeira na orla da floresta, sobre cujo sobrado apodrecido corriam à noite as ratazanas.

Uma amante do agricultor? Uma judia em fuga? Ou apenas uma doente mental acolhida por caridade na quinta dos Thibons? Ninguém na aldeia sabia dizer ao certo o que fazia ali aquela mulher de casaco de

---

[428] *Kriegstagesbuch*, p. 456. [Traduzido do orginal francês, *Journal de Guerre*. (*N. da T.*)]

[429] *Ibid.*, p. 460.

[430] Pétrement, S. (1973), p. 571 sqq.

burel azul-marinho. Viam-na todas as manhãs sentada, magríssima, num banco de pedra perto da fonte a recitar versos numa língua estrangeira. Só faltava que começasse a pregar aos animais.

Por intermédio de amigos católicos em Marselha, Weil fora contratada para ajudar nas colheitas da quinta de Gustave Thibon, agricultor de Ardèche e escritor. Como se pode ler nas cartas que escreveu ao longo do verão, era seu desejo ardente «transformar as fadigas do meu corpo e da minha alma em batatas e em coisas do mesmo género por entre um povo que passará fome»[431]. Batatas, que em francês são as maçãs da terra (*pommes de terre*) — o fruto do Paraíso na sua terra natal.

Não podia ter tido mais sorte, portanto. Numa outra carta, escrita no outono, faz o louvor da sua sorte: «Sem o horror da desgraça que submerge neste momento tantas partes do globo terrestre, a situação atual, no que me diz respeito pessoalmente, convém-me muitíssimo. O governo do meu país não poderia ter-me feito maior favor do que proibir-me as profissões intelectuais, assim fazendo do pensamento uma coisa gratuita, como ele sempre devia ser. Desde a adolescência que sonho com o casamento de S. Francisco com a pobreza, mas sentia que não devia tentar o mesmo, pois um dia ela viria buscar-me à força e seria melhor assim [...].»[432]

De acordo com a nova legislação, Weil, por ser judia, já não pode continuar a lecionar nas escolas do seu país. Repetidas vezes se dirige ao ministério para perguntar pelos motivos mais profundos desta deliberação, já que ela não tivera uma educação judaica, nunca entrara numa sinagoga toda a sua vida, nunca assistira a um ritual judaico e nunca se sentira judia um único dia da sua vida. Com base em quê era então considerada judia?

Nestas suas sarcásticas admoestações ao ministério, Weil não pretende ser poupada de algum modo, quer apenas fazer uma *reductio ad absurdum* dos critérios propostos. Como sempre, ela saberia garantir a sua suspensão por si mesma, sem precisar de mais ninguém. Muito menos do governo do seu país ocupado. Ela seria conhecida pelos seus frutos!

---

[431] *Ibid.*, p. 581.

[432] *Ibid.*

TENSÃO DA ESPERA

O plano original de Weil, de participar nas vindimas até à exaustão física total, soçobra inesperadamente no final de outubro (talvez por iniciativa de Thibon, para a proteger), o que a obriga a regressar a Marselha, onde os seus pais esperam há já mais de um ano por um bilhete para os EUA que os salve.

Nesta fase, os pensamentos de Weil giram quase compulsivamente em torno do batismo e da questão de saber se, e, se sim, em que condições, ela seria digna deste primeiro e santíssimo sacramento. Simone Weil sabe que é profundamente crente, sabe que foi tocada por Deus. Mas o que se segue daí para uma pessoa, para uma filósofa como ela? Até onde teria de ir a submissão voluntária para poder existir diante do rosto de Deus? Ou seria a *vontade* explícita de se submeter o verdadeiro sacrilégio? Podia-se sequer conceber a salvação da alma fora da Igreja Católica? E o pedido para ser acolhida no seu seio não seria, por seu turno, uma ignominiosa falta de solidariedade para com todas as almas perdidas e sem salvação que também se encontravam fora dela? Faria isto sentido?

Weil atormenta-se, espera por uma solução, por um sinal. O padre dominicano Joseph-Marie Perrin, entretanto um amigo próximo e confidente, aconselha-a, quanto à última e importantíssima questão, a não procurar nem desejar nada além da vontade de Deus.

Interiormente em profunda agitação, mas socialmente condenada à inação, os meses de espera durante o inverno vêm a ser os mais intelectualmente produtivos da sua vida até ao momento. Além de inúmeras conferências[433] sobre a filosofia grega e os cultos dos mistérios, proferidas na cripta da ordem dominicana em Marselha e publicadas como artigos na revista *Cahiers du Sud*, a mais influente nos círculos intelectuais não comunistas, a energia espiritual de Weil verte-se sobretudo nos seus cadernos.[434]

Baseando-se nas suas experiências de despertar religioso e no diálogo direto com as grandes fontes de sabedoria da antiga Era Axial (platonismo, hinduísmo, budismo), Weil procura esclarecer neles, em sentenças e entradas aparentemente desconjuntas, as questões para ela decisivas: o valor e a origem do eu, a sua relação com o outro, com Deus,

---

433 Cf. OCIV-1 = Écrits de Marseille 1940–1942.

434 Os cadernos desta época foram publicados em alemão como *Cahiers 2* e *Cahiers 3*.

com a sociedade e com a situação histórica; a natureza e a origem do amor e do bem; a tensão humana fundamental entre finitude e infinitude, entre imanência e transcendência.

SEM UM EU

Comparando os *Cahiers* de Weil com os diários e escritos de Beauvoir da mesma altura, tem-se a desconcertante impressão de um contacto telepático entre dois espíritos que, numa ponta e noutra de um fio infinitamente comprido, estão em tensa ressonância. Pois também Weil, nos *Cahiers*, toma como ponto de partida para as suas investigações filosóficas a situação humana de uma consciência angustiada da própria mortalidade e finitude. Claro que com uma orientação muito diferente da dos «existencialistas», como já se chamavam em 1941/1942.[435]

> *Dasein* — uma verdade no «existencialismo», mas introduziram-lhe uma tentação.[436]

Ao usar o termo *Dasein* em alemão, Weil remete claramente para a obra de Heidegger, *Ser e Tempo*. Quando o *Dasein* é acometido pela angústia — como evento que torna presente a sua futura inexistência — revelam-se-lhe verdades essenciais. Porém, ao invés de suportar o vazio deste abismo e de o tomar como pretexto purificador para uma «des-criação» [*de-création*] total do eu, no existencialismo esse vazio, segundo a crítica de Weil, torna-se o fundamento de uma autêntica potenciação do eu por via do livre-arbítrio do «ego», por via do «Eu quero».

Logo no primeiro passo de tomada de consciência filosófica, o «existencialismo», segundo Weil, segue o rumo errado da conservação do eu e da revolta do eu. Assim abrindo caminho para um egoísmo estritamente terreno de apreensão do eu, cujo obstinado desamparo excede

---

[435] O termo «existencialista» foi inicialmente usado pelo filósofo (católico) Gabriel Marcel (1899–1973) para designar a filosofia de Sartre. A tradução do alemão para o francês estabeleceu uma proximidade terminológica entre este termo e o conceito de «filosofia da existência» [*Existenzphilosophie*] de Karl Jaspers (inserindo-se na tradição de Kierkegaard) — uma posição que é também ela afim ao pensamento de Marcel. Não é claro a quem se refere Weil aqui — o ponto crítico que formula aplica-se tanto a Jaspers (e a Heidegger) quanto a Sartre e a Beauvoir.

[436] *Cahiers 2*, p. 102.

mesmo o mais rombo conformismo de um «homem comum» constrangido pela tradição. Algumas entradas dos seus cadernos:

> O egoísta sacrifica tudo, mas não a sua própria pessoa, antes o conforto da vida; não é a mesma coisa.[437]

> O ser humano gostaria de ser egoísta, mas não pode. Esta é a característica mais evidente da sua miséria e a fonte da sua grandeza.[438]

> Seria muito agradável poder-se ser egoísta. Significaria sossego. Mas literalmente não é possível.[439]

Este é, *in nuce*, exatamente o mesmo raciocínio de Beauvoir em 1941/1942, quando olha em retrospetiva para o rumo da sua vida. Porém, ao passo que Beauvoir associa a liberdade do eu à existência dos outros no sentido de uma «solidariedade metafísica», Weil considera este movimento mais uma fuga apenas. O objetivo verdadeiramente libertador não consiste na entrega solidária aos outros, mas no abandono misericordioso de si mesma à transcendência divina, pois:

> Não possuímos nada no mundo — pois o acaso pode tirar-nos tudo — salvo poder dizer eu. É isto que temos de dar a Deus, ou seja, destruir.[440]

Assim, para o existencialismo da graça de Weil, uma existência só pode praticar o bem depois deste último e primeiro ato de destruição redentora do ego:

> Tudo o que *eu* faço é mau, sem exceção, incluindo o bem que faço, porque *eu* é uma coisa má.[441]

> Deixar a necessidade agir dentro de nós. (Renunciar à vontade própria.)[442]

---

[437] *Ibid.*, p. 105.
[438] *Ibid.*, p. 210.
[439] *Cahiers 3*, p. 249.
[440] *Cahiers 2*, p. 289.
[441] *Ibid.*, p. 320.
[442] *Ibid.*, p. 180.

A única boa ação consiste assim — seguindo as tradições orientais e ocidentais das visões místicas, Weil embate aqui nos limites da linguagem — numa forma eminente de não-ação, que afeta até a decisão de amar a Deus. O problema central nesta fase da vida de Weil do batismo católico não pode, portanto, ser resolvido por uma decisão do eu. Afinal, quem sou eu para fazer uma escolha por ou contra Deus — quem sou eu para decidir conscientemente a favor ou contra Ele? Seria o mais arrogante de todos os pensamentos, o mais grave de todos os sacrilégios. «Não sou eu que devo amar a Deus. É Deus que Se deve amar através de mim.»[443]

SEM UM NÓS

Assim, aquilo que serve como fundamento da terapia puramente terrena contra o niilismo no existencialismo de Beauvoir é precisamente aquilo que Weil considera o foco da doença. E, mais contundentemente ainda, este diagnóstico aplica-se também ao esforço de abrir caminho ao eu individual rumo a uma existência ética através da ideia de um «nós» libertador. «Não se pode ser *eu*, mas menos ainda se pode ser *nós*.»[444]

Com efeito, o passo de Eu para Nós assinala, segundo Weil, a verdadeira entrada no domínio do mal. Sobretudo quando este «nós» é invocado e politicamente mobilizado em nome «da sociedade». Orientar a própria ação para «a sociedade» — para o seu bem-estar, proveito e subsistência — é a maneira mais devastadora de uma existência se desresponsabilizar da sua nulidade de forma supostamente moral: «Na sociedade, o indivíduo é o infinitamente pequeno.»[445]

Mas para Weil o indivíduo não é suficientemente pequeno. Pois, em comparação com a infinitude transcendente de Deus com que a existência se confronta, a infinitude da sociedade é de segunda ordem, derivada, demasiado terrena e, logo, um sucedâneo diabólico. Weil designa esta esfera da sociedade e da pressão social como «o grande animal», na esteira de Platão: «Fariseu é um indivíduo que é virtuoso por obediência ao grande animal.»[446]

443 *Ibid.*, p. 323.
444 *Ibid.*, p. 240.
445 *Cahiers 3*, p. 145.
446 *Ibid.*, p. 10.

Até aqui, Beauvoir poderia concordar sem reservas. Mas a crítica de Weil «ao grande Nós» nos *Cahiers* vai muito além deste lugar-comum e insurge-se expressamente contra a esfera social enquanto finalidade e destinatária da ação moral — sob qualquer forma. Mesmo Ayn Rand não seria capaz de uma formulação tão extrema: «O ser humano é um animal social, e o social é o mal.»

No entanto, uma vez que o ser humano é um animal social (ou, na expressão de Aristóteles, um *zoon politikon*), não há para ele uma saída terrena deste mal, como Weil constata logo de seguida — mostrando-se uma leitora inspirada de Kafka na descrição que faz desta situação paradoxal:

> Não podemos fazer nada para o evitar. [...] Por conseguinte, a vida só pode ser um sofrimento dilacerante. Este mundo é inabitável. Por isso, temos de fugir para o outro. Mas a porta está fechada. Quanto tempo teremos de bater para que ela se abra? Para entrarmos de facto, para não ficarmos no limiar, temos de deixar de ser uma criatura social.[447]

Há, portanto, uma meta — mas não um caminho. Pelo menos, não um caminho que um indivíduo puramente terreno possa encontrar e percorrer graças à sua própria força. Se a porta para um outro mundo se pode abrir no nosso tempo de vida, então seguramente não se abrirá por batermos nela. Isto acontece apenas como um ato de graça.

A verdadeira sedução do «grande animal» é, para Weil, a esperança perfeitamente quimérica de poder atingir pelo caminho da transcendência terrena aquilo que, na verdade, só a transcendência divina daquilo que é uno pode conceder.

SEM ÓPIO

Para Weil, cuja visão de si mesma enquanto cristã está profundamente permeada pelo espírito de Platão, nada que nasça da esfera terrena ou lhe pertença, nada que se alimente apenas da imanência finita da existência humana, é, na verdadeira aceção da palavra, «real», «bom» ou meramente justificável. Sobretudo não os valores ou os ideais que

---

[447] *Ibid.*, p. 145.

possam guiar uma vida. Por esta razão, qualquer humanismo que tenha fundamentos puramente terrenos falha necessariamente a origem de todo o bem, assim como a essência na verdade profundamente votada à transcendência da existência finita.

> É preciso dissolver o conceito de humanismo enquanto tal e, ao mesmo tempo, aquilo que se opõe ao humanismo, reconhecendo que o humanismo é a fé cristã.[448]

A falácia humanista assumira, segundo Weil, a sua forma socialmente mais influente e historicamente mais devastadora no marxismo político vulgar, com a sua promessa de progresso estritamente vertical.

> O grande animal é o único objeto de idolatria, o único substituto de Deus, a única imitação de um objeto que está infinitamente longe de mim e que é Eu.[449]

> O grande erro dos marxistas e de todo o século XIX consistiu em acreditar que bastaria caminhar em frente para se subir aos ares.[450]

Weil conclui portanto:

> Não a religião, mas a revolução é o ópio do povo.[451]

Decorre daqui que o desejo de revolução do comunismo/socialismo padece de uma distorção psicológica que, na sua forma totalitária, o torna factualmente indistinguível do nacional-socialismo com a sua motivação racial:

> O socialismo consiste em atribuir o bem aos vencidos; o racismo consiste em o atribuir aos vencedores. Mas a ala revolucionária do socialismo serve-se daqueles que, embora nascidos em baixo, são por natureza e vocação vencedores; e assim termina na mesma ética.[452]

---

448 *Ibid.*, p. 145.
449 *Ibid.*, p. 341.
450 *Ibid.*, p. 118.
451 *Ibid.*, p. 310.
452 *Ibid.*, p. 256.

E o seguinte também é válido:

> O totalitarismo é um sucedâneo do cristianismo.[453]

A filosofia da liberdade da «solidariedade metafísica» que Simone de Beauvoir louva num mundo sem Deus (liberdade *e* socialismo) constitui, para Simone Weil, no inverno de 1941/1942, o caminho direto para o inferno perene do grande animal. É uma filosofia que abre caminho à idolatria eterna de um anseio cegante por autenticidade, que não podia estar mais longe daquilo que verdadeiramente significa uma pessoa procurar-se, encontrar-se — ou, melhor dizendo, perder-se.

ÉTICA DA ACEITAÇÃO

O pequeno fanfarrão que é o ego foi eliminado, a grande besta do Nós foi suprimida, mas o que dizer do Tu como contraparte? O que acontece ao mandamento central do cristianismo de amar o próximo numa conceção que não parte nem de sujeitos que agem de forma autodeterminada nem de uma responsabilidade social de todos por todos? Como se funda e como se determina a relação com o outro? A resposta direta de Weil é que essa relação se funda e determina através da aceitação atenta e incessante da vulnerabilidade essencial do outro, do seu sofrimento.

> Aceitar a desgraça dos outros e sofrer com ela. Aceitar não significa senão reconhecer que uma coisa é.[454]

> *Contemplar a desgraça dos outros sem desviar o olhar; não só o olhar dos olhos; antes sem desviar o olhar da atenção, com a ajuda da revolta ou do sadismo ou de qualquer outro consolo interior. Isso é belo.*[455]

> Amar a Deus através da miséria dos outros é muito mais difícil do que O amar através do nosso sofrimento.[456]

---

[453] *Ibid.*, p. 194.
[454] *Cahiers 2*, p. 233.
[455] *Ibid.*, p. 238.
[456] *Ibid.*, p. 177.

A imersão propriamente meditativa no sofrimento dos outros não serve nenhum outro propósito além de ganhar consciência dele. O sofrimento é. *Da-sein* é sofrer. Reconhecer, no sentido descrito, que o outro sofre, e perguntar por que razões e por que normas se deveria ajudá-lo, não é para Weil prova de um consciência (eticamente) apurada, é antes a prova reflexiva de que ainda nem sequer se interiorizou em que consistiria uma existência realmente ética. Não há, no cenário esboçado, nenhum problema com a forma: Porquê ser ético? Porquê ajudar os outros? Serei eu guarda do meu irmão?

A pergunta supostamente filosófica pelo fundamento do «dever» no «ser» revela ser um pseudoproblema de uma mundivisão que julga ter de estabelecer uma separação entre «ser» e «dever». Mas esta separação é um mero efeito do eu a superar na contemplação do sofrimento. Por outras palavras, a dor e o sofrimento são para Weil dados objetivos e, pela sua natureza, relacionados com a ação. Não se vislumbra nenhum problema a resolver de forma argumentativa em torno de um fundamento a justificar mais profundamente. Na verdade, é um problema que não existe.

O que existe é uma atenção deficitária e impulsos cuidadores embotados por uma permanente distração e por considerações egoístas. O que existe é, segundo Weil, a vontade demasiado humana de instrumentalizar a vulnerabilidade dos outros para os próprios fins — incluindo fins supostamente «bons», «sociais» ou «humanitários».

INDIFERENÇA SUPERIOR

Se o olhar claro sobre o sofrimento dos outros não requer normas nem imperativos éticos, também não precisa de, nem tolera, encorajamento ou incitações explícitos. A inclinação para a aceitação ativa do outro como pessoa que sofre pode ser diferente de indivíduo para indivíduo, mas essas diferenças individuais deverão ser aceites, no estado de uma «indiferença superior»[457], como Weil lhe chama, como dados objetivos, à semelhança da realidade do próprio sofrimento.

> Não é preciso fazer crescer a inclinação para ajudar — quer ela seja forte ou fraca, pois ela é natural e, logo, nem boa nem má — é antes preciso eliminar o que a impede de se concretizar.[458]

[457] *Cahiers 4*, p. 67 sqq.

[458] *Cahiers 2*, p. 224.

No caso da vida de Simone Weil, esta inclinação era manifestamente extremada — aos olhos dos que lhe eram próximos tinha até contornos patológicos. O seu «eu» era débil, e, logo, poroso ao sofrimento de todos, como nunca se vira. Se lhe fosse concedido, com perfeita atenção e imersão, com o ego enfraquecido até ao ponto mais extremo, cruzar a última porta e suprimir totalmente a fronteira entre o eu e o outro — esse seria o supremo bem. Significaria ser levíssima. Significaria ser, por fim, incondicionalmente livre — mesmo não tendo escolha.

> A atenção é, no seu grau mais elevado, o mesmo que a oração. Pressupõe fé e amor. A atenção está associada a outra liberdade que não a da escolha, que se encontra ao nível da vontade. Em particular, o nível da graça. Ser tão atenta que já não se tem escolha. É então que se conhece o próprio *dharma*.[459]

> O verdadeiro objetivo não consiste em ver Deus em todas as coisas, mas em que Deus veja todas as coisas através de nós, que as vemos.[460]

> Tenho de me retirar para lhe entregar este olhar.[461]

> Amar todos os factos significa apenas ler Deus neles.[462]

A ética de Weil de uma «indiferença superior» totalmente desprovida de finalidade aproxima-se de posições que, no Ocidente, foram também defendidas por Baruch de Espinosa[463] ou pelo seu contemporâneo Ludwig Wittgenstein[464].[465] Mas, na cultura oriental, também as encontramos no budismo e no hinduísmo — correspondências que Weil sonda e explicita uma e outra vez nos seus cadernos. O que diminui e é nocivo à inclinação para se ser ativo entre pessoas *corretamente* é a persistência de um eu, ou até de um nós, valorativo enquanto presumível fonte de todos os valores e fins.

---

459 *Ibid.*, p. 104.
460 *Ibid.*, p. 316.
461 *Ibid.*, p. 349.
462 *Ibid.*, p. 193.
463 Cf. Espinosa, B. (1986/1677).
464 Cf. Wittgenstein, L. (1984/1923).
465 Cf. também a este respeito Winch, P. (1989).

O *engagement* existencialista atenta, enquanto ego todo-poderoso, contra a bondade do ser — é esta a consequência impiedosa do veredicto que Simone Weil pronuncia no inverno de 1941/1942. O que lhe opõe é um caminho superior de redenção pela ascese, livre de toda a espécie de vontade meramente terrena. «Claro que não é para toda a gente», constata Weil laconicamente no seu caderno, «mas amar a Deus não é para toda a gente.»[466] Porém, como tudo o que neste mundo tem valor e importância — o belo, o bem, a justiça —, também a origem deste amor está num outro mundo.

> Só o amor sobrenatural cria realidade. Por essa via, somos nós também cocriadores. Participamos na criação do mundo na medida em que nos des-criamos.[467]

TRAVESSIA

Os cadernos de Weil de 1941/1942 parecem esboços de um mundo de planícies e vales solitários que a existência humana tem de atravessar no caminho da escuridão para a luz. Os mesmos pontos — ou quase os mesmos — são abordados a partir de direções diferentes e desenhados em cada vez mais esboços[468], o que está relacionado com o facto de Weil os desenhar ao longo do caminho.

Ao invés de uma teoria que pode ser friamente transmitida ou até de uma ciência dos primeiros princípios, fazer filosofia é para ela a travessia destemida deste caminho. Por outras palavras, não é uma atividade que possa ser objetivamente determinada, mas uma atividade existencialmente transformadora. Por esta razão, também não pode ser delegada ou intelectualmente comunicada, só pode ser transmitida a terceiros por alusões e indícios. Ou seja, como uma maneira de guiar aqueles que também já se encontram no seu caminho. Diz a experiência que estes nunca são todos nem sequer muitos, mas poucos e isolados. É destes poucos e raros — mais uma vez, Weil mostra-se discípula de Platão — que tudo depende nos tempos mais sombrios. São eles que levam a luz do mundo. E, quanto mais escuro o lugar onde se encontram, mais clara a sua chama.

---

[466] *Cahiers 3*, p. 331.

[467] *Cahiers 2*, p. 254.

[468] Cf. Wittgenstein, L. (1984/1923), p. 305; retirado do prefácio às *Investigações Filosóficas*.

Estas pessoas tão raras não podem ser descritas com precisão nem julgadas à luz de registos meramente terrenos. E, quando alguém tenta fazê-lo, isso acontece com profundo estranhamento e perturbação. É o que sucede com Weil nesta fase — tanto quando ajuda nas vindimas em Ardèche quanto nos meses de primavera em Marselha. Quando os amigos lhe perguntam quais são os seus planos para o futuro próximo, ela dá sempre a inquietante resposta de que quer «servir, ir para onde o perigo é maior, para onde a minha vida está o menos protegida possível»[469]. Weil escreve carta após carta a militares e a funcionários da França Livre — e expõe planos detalhados para missões que cumpram os requisitos mencionados. A pressão psicológica a que está sujeita é manifestamente tremenda. A um primeiro olhar, não se lhe vê nenhum traço de tranquilidade concedida por Deus e de entrega libertada da vontade. Desde logo, porque ela considera que é sua estrita obrigação acompanhar os pais na travessia para Nova Iorque. O medo de, uma vez nos EUA, não poder regressar à sua pátria sofredora pesa-lhe mais do que tudo.

As malas estão feitas desde o fim de janeiro de 1942. Cada dia pode ser o dia da partida. Absoluto vazio do tempo. Pura espera. Todos os outros planos estão suspensos. Mas é nesta suspensão exteriormente imposta que Weil abre caminho para a «des-criação» libertadora. Com total presença de espírito, escreve página após página nos seus cadernos: «Momentos de paragem, de contemplação, da pura intuição, do vazio espiritual, de aceitação do vazio interior. Graças a estes momentos, [o ser humano] é capaz do sobrenatural. Quem suporta o vazio por um momento ou recebe o pão sobrenatural ou cai.»[470]

«Tive a impressão», recorda Gustave Thibon acerca do último encontro dos dois na primavera de 1942, «de estar diante de um ser transparente, que estava a ponto de regressar à luz original [...] ela comentou o Evangelho. As palavras caíam dos seus lábios como frutos de uma árvore. Essas palavras não traduziam a realidade, deslocavam-na, nua e total, por mim adentro. Senti-me elevado acima do espaço e do tempo [...].»[471]

Ciente de ter escrito o seu testamento espiritual — como documento da sua última vontade —, Weil entrega os seus cadernos a Perrin e a

[469] Pétrement, S. (1973), p. 608.

[470] *Cahiers 2*, p. 24.

[471] Perrin, J.-M. e Thibon, G. (1954), p. 172.

Thibon em abril de 1942, para que os guardem. A 14 de maio de 1942, os Weils deixam Marselha, de início tendo Casablanca como destino. Debruçada sobre a amurada, Simone exclama aos amigos que lhe acenam do cais: «Se formos torpedeados, que bonito batismo será!»[472]

THIS MEANS YOU!

Pelo menos, Hannah Arendt foi poupada ao batismo de fogo dos torpedos dos submarinos alemães. Contudo, um ano após a sua chegada, ainda não se aclimatou em Nova Iorque. Sobretudo não nos círculos sociais que deveriam ser os mais próximos — os círculos dos intelectuais e académicos judeus. «Dificilmente conseguirá imaginar», escreve ela a Scholem em Jerusalém a 25 de abril de 1942, «como é estranha e desconcertante esta *social life* (tinha deixado *Monsieur* em casa por uma questão de segurança, por causa dos *goyim* e assim). As pessoas falam sobre tudo o que diz respeito a nós, judeus, e sobre tudo o que aconteceu com um desespero distanciado, como só é possível quando se sabe que, no fundo, essas coisas não nos afetam. E isto, se me permites, é um erro grave.»[473]

Arendt estava convencida de que todos os povos do mundo eram afetados, mais, que os nazis eram uma ameaça direta à existência de qualquer pessoa. O verdadeiro perigo, na sua perspetiva, era que nem os sionistas nem os Aliados tivessem noção disto. Tanto para o futuro dos judeus quanto para o futuro de todos os outros povos e nações do mundo.

«Mas, tirando isso», prossegue Arendt, «está tudo bem connosco. *Monsieur* trabalha agora como uma espécie de especialista em vários livros e pesquisas. Eu escrevo os meus textos sobre antissemitismo e publico-os parcelarmente em jornais judeus. [...] Ao mesmo tempo, escrevo com grande regularidade para o *Aufbau*, no qual me estabeleci com grande contentamento como a mais pequena colunista da América.»[474]

Quase dissera a verdade. Juntamente com a mãe de Arendt, o casal vive num apartamento mobilado de duas assoalhadas entre Central Park e o Hudson River. Tudo menos confortável, desde logo porque a relação entre *Monsieur* e a sogra se torna cada vez mais tensa. Com a robustez de um taxista nova-iorquino, Blücher anda aos solavancos numa língua

[472] Pétrement, S. (1973), p. 617.

[473] Arendt/Scholem, p. 28 sqq.

[474] *Ibid.*, p. 29.

que lhe é estranha. Não chega para mais do que conversas quotidianas entrecortadas, o que não favorece propriamente, como a mãe de Arendt repetidas vezes lhe faz notar, as suas hipóteses de encontrar um trabalho remunerado. Os textos que escreve para fins militares ou para a propaganda americana continuam a ser redigidos em alemão.

Arendt, pelo contrário, poucos dias após a chegada já se lançara cheia de energia ao americano — no verão de 1941, passou até várias semanas no campo, na casa de uma família que a acolheu para praticar a língua — e poucas semanas depois já escrevia os primeiros textos na nova língua. Mesmo nela o tom continua a ser mordaz, assim como a contundência dos raciocínios. Arendt é motivo de conversas e, em novembro de 1941, é-lhe confiada uma coluna no semanário de língua alemã *Aufbau*, então o principal órgão do círculo de judeus no exílio.

O título da coluna, «This means you»[475], era programático e deixava perceber que Arendt não visava estabelecer-se *pacificamente*. Pelo contrário, dedicou as suas primeiras colunas quase exclusivamente à exigência, defendida com verve, de criar um exército de judeus recrutados por todo o mundo, que lutasse lado a lado com os Aliados pela libertação do jugo dos nazis:

> Um exército judeu não é uma utopia, se os judeus de todos os países o exigirem e estiverem prontos a integrá-lo como voluntários. Utópica é a ideia de que a derrota de Hitler poderá ser-nos de algum modo proveitosa se essa derrota não se dever também a nós.[476]

> Um povo a quem não é permitido defender-se dos seus inimigos não é um povo, é um cadáver vivo. [...] Não queremos promessas de que os nossos sofrimentos também serão «vingados», queremos lutar; não queremos piedade, queremos justiça. [...] Mas a liberdade não é um prémio para sofrimentos suportados, e a justiça não é recebida como se recebem migalhas da mesa dos ricos.[477]

Arendt estava firmemente convencida de que o seu povo só conseguiria escapar ao papel de grupo sacrificial, um papel aparentemente cimentado na história da Europa, através da luta armada, sob uma

---

[475] Era o título genérico de todos os textos de Arendt publicados no *Aufbau*.
[476] *Ibid.*, p. 21, texto de 14 de novembro de 1941.
[477] *Wir Juden*, p. 171 sqq e p. 173.

bandeira própria, só através da prontidão, visível aos olhos do mundo inteiro, daqueles que foram atacados como judeus para se defenderem militarmente. Além disso, um exército judeu de todos os países impediria a cisão, que o estabelecimento da Palestina ameaçava instaurar, dos judeus num povo de dois mundos — um povo na pátria da Palestina (Sião) e um povo do exílio eterno e da diáspora (*Galuth*). Porém, para Arendt, o ponto realmente decisivo psicológica e politicamente era que esse exército contribuísse para uma normalização, a seu ver incondicionalmente necessária, da imagem que os judeus têm de si mesmos e que os outros têm deles como sendo apenas *um* povo oprimido entre muitos outros povos e grupos étnicos por todo o mundo. Afinal, na sequência das conquistas de motivação racista de Hitler, quase «todas as nações europeias [...] se tornaram povos-párias, todas são obrigadas a retomar de novo a luta pela liberdade e pela igualdade de direitos. O nosso destino, pela primeira vez, não é um destino especial, a nossa luta, pela primeira vez, é idêntica à luta da Europa pela liberdade. Como judeus, queremos lutar pela liberdade do povo judeu, pois: "Se eu não lutar por mim, quem lutará?", como europeus, queremos lutar pela liberdade da Europa, pois: "Se eu lutar apenas por mim, quem sou eu?" (Hilel)»[478].

NOVO TERROR

No que toca ao destino do povo judeu, Arendt argumenta, mesmo no Novo Mundo, numa perspetiva essencialmente europeia. E, por convincentes que sejam as suas exigências, o mais tardar em maio de 1942 tem de reconhecer que a sua campanha periodística falhou no círculo do sionismo. O que a magoa particularmente, dado que a situação da política mundial revela uma mudança decisiva. Logo em outubro de 1941, o avanço alemão rumo a Moscovo parara e, com a chegada do inverno russo, transformara-se numa guerra de desgaste com inúmeras perdas declaradas de ambas as partes. Em vez de colapsar em poucas semanas, o Exército Vermelho de Estaline mostra cada vez maior firmeza. O destino de Leninegrado é paradigmático desta nova constelação. Cercada e bloqueada pelos nazis desde setembro de 1941, a cidade é mantida e defendida pelas tropas de Estaline a todo o custo. Logo no primeiro

---

[478] *Aufbau*, p. 28, texto de 28 de novembro de 1941.

inverno, centenas de milhares de habitantes da «cidade heroica», como mais tarde viria a ser designada, morrem à fome, um desfecho imposto pelos nazis contra o direito internacional — e que Estaline aceitou por razões estratégicas.

Como consequência do ataque de bombardeiros japoneses à frota americana no Pacífico em Pearl Harbour a 7 de dezembro de 1941, também os EUA declararam oficialmente a sua entrada na guerra. Em conjunto com os Britânicos, as forças americanas começam por se concentrar na frente ocidental da Europa. O mote é: «*Germany first.*» Desenha-se assim, na primavera de 1942, um cenário de duas frentes na Europa que iria necessariamente sobrecarregar a capacidade de ataque da Wehrmacht alemã.

Em abril de 1942, as tropas de Hitler fazem uma nova tentativa decisiva de avanço na União Soviética — e mais uma vez em vão. Considerando objetivamente os recursos bélicos existentes, a derrota dos nazis seria agora mais uma questão de tempo — e do espírito de sacrifício das tropas aliadas.

Quando os principais líderes do movimento sionista se reúnem a 9 de maio de 1942 no New Yorker Biltmore Hotel para um congresso extraordinário, as discussões sofrem uma peculiar dupla tensão. As informações ainda não eram certas, mas parecia evidente que, no início de 1942, os nazis tinham começado com as deportações em massa, para campos de extermínio construídos expressamente para este fim, de judeus presos e forçados a viver em guetos nos territórios orientais ocupados — primeiro, de Lviv e de Lublin.[479] O assassínio em massa dos judeus da Europa entrava nesse momento visivelmente numa nova fase, até então nem sequer considerada concebível. O que conferia uma renovada premência à reivindicação sionista de que as restrições de viagem para o protetorado britânico da «Palestina» fossem atenuadas ou anuladas. Ao mesmo tempo, esboçava-se no horizonte o cenário de uma vitória dos Aliados, o que ofereceu uma nova perspetiva a uma Palestina politicamente soberana como pátria do povo judeu. Também Arendt participa na conferência como observadora. E sente-se aterrorizada com as resoluções aí tomadas.

[479] Schreiber, G. (2013), p. 64 sqq.

FALSA UNIDADE

Havia meses que Arendt andava preocupada com a possibilidade de o movimento sionista endurecer interiormente ainda mais perante a situação aterradora dos judeus e, sobretudo, que se reduzisse ao nacionalismo. Para confrontar estas forças, que para mais ameaçavam apropriar-se também da sua campanha periodista por um exército judeu, em março de 1942 faz nascer um círculo de discussão política sob o nome Grupo de Jovens Judeus.

Sendo ela a propulsora intelectual, as discussões giram em torno da questão de saber «que espécie de configuração política se deve dar ao povo judeu na Palestina»[480]. Uma questão que Arendt começou por abordar como teórica política, não como judia. O que se explica à luz do facto de ela interpretar o problema dos judeus na Palestina apenas como a condensação paradigmática de uma constelação que, na verdade, afeta todos os povos e todos os grupos étnicos que, enquanto minorias num dado Estado-nação, aspiram à autodeterminação e à representação proporcional, à preservação da sua identidade e língua, das suas características religiosas e culturais, da sua tradição.

De acordo com as análises de Arendt, a ideia fixa, nascida do espírito do século XIX, e que se tornara vinculativa por toda a Europa, de um Estado-nação como *unidade necessária de povo, território e Estado* era a verdadeira origem de ambas as guerras mundiais, bem como do moderno antissemitismo (um conceito também ele nascido no século XIX). Nas palavras de Arendt:

> Nesse tempo, o antissemitismo era a expressão de um conflito típico e inevitável num Estado-nação no qual a identidade fundadora de povo, território e Estado é necessariamente perturbada pela presença de uma outra nacionalidade que quer manter a sua identidade seja sob que forma for.[481]

Ora, segundo as resoluções tomadas no Biltmore Hotel sob a direção do social-democrata (e mais tarde primeiro-ministro de Israel) David Ben-Gurion, era precisamente este modelo de um Estado-nação etnicamente homogéneo que o povo judeu deveria instituir na Palestina enquanto lar nacional. Pois, a par da reivindicação de que dois milhões

---

[480] *Wir Juden*, p. 171 sqq e p. 173.

[481] *Ibid.*, p. 188.

de judeus europeus fossem autorizados a emigrar para a Palestina, neste congresso instituiu-se a visão da Palestina como uma Nação Judaica (*Jewish Commonwealth*). A população árabe que lá vivia e que constituía uma maioria deveria ter apenas os direitos de uma minoria (entre os quais não se contava o direito de voto).

Arendt espumava de raiva, mais ainda, de desespero. Pois via que as resoluções de Biltmore, em nome do sionismo e da eventual solução da «questão judaica», glorificavam precisamente o mesmo ideal que, segundo a sua mais profunda convicção, conduzira ao antissemitismo político e, logo, a uma «questão judaica» no sentido moderno: a ideia fixa de um Estado-nação que idealmente constitui uma unidade coesa entre povo, território e Estado — e no qual os judeus, enquanto povo, eram necessariamente vistos como uma profunda perturbação.

Para Arendt, as decisões de Biltmore representam um grave erro, na verdade, uma traição aos objetivos emancipadores originais do movimento sionista. Além disso, numa perspetiva de *real Politik*, considera-as um disparate condenado a autodestruir-se a médio prazo. Nos inúmeros textos furiosos das semanas e meses que se seguiram, qualifica como absurda a ideia de atribuir a uma maioria populacional (os árabes) direitos de minoria numa comunidade judaica democrática. Igualmente ilusória parece-lhe ser a ideia de um Estado-nação que se proclama soberano ficar dependente, para a sua subsistência e prosperidade, da ajuda militar de um Estado protetor. Um destino que, olhando para o mapa, parecia inescapável para uma Palestina exclusivamente judaica:

> O nacionalismo já é mau quanto baste quando se baseia em nada mais do que a força bruta da nação. Mas um nacionalismo que, necessária e confessadamente, depende da força de uma nação estrangeira é com certeza pior ainda. [...] Mesmo uma maioria judaica na Palestina [...] não mudaria nada de fundamental numa situação em que os judeus ou dependem de uma potência estrangeira que os proteja dos seus vizinhos ou são obrigados a estabelecer um acordo eficaz com eles.[482]

Além disso, a via escolhida tornaria duradouramente impossível qualquer convivência pacífica com os palestinos árabes e atiçaria o crescente antissemitismo pan-arábico nos países limítrofes.

---

[482] *Ibid.*, p. 177.

Biltmore marca a rutura definitiva de Arendt com o sionismo institucional. Mas ela nem por um segundo duvida de que existe um «povo judeu» que se conservara ao longo dos milénios como uma unidade politicamente eficaz e que merecia a autodeterminação. Do mesmo modo que, como judia, se identificará toda a sua vida com o objetivo enunciado por Theodor Herzl de criar um lar nacional para o povo judeu. Mas não sob a forma de um Estado-nação clássico, ao estilo da velha Europa.

INTENÇÕES COSMOPOLITAS

Existiam outras possibilidades de constituição de uma comunidade política, e isso mesmo era demonstrado pelo seu país de acolhimento: os Estados Unidos da América. Os EUA tinham-se constituído como uma federação, compunham-se, portanto, «de diferentes elementos políticos, claramente nacionais ou outros, que no seu conjunto formavam o Estado. Numa federação nestes moldes, os conflitos nacionais só podem ser resolvidos porque o problema insolúvel das maiorias/minorias deixou de existir. [...] Nesta federação, nenhum Estado individual tem precedência sobre um outro, e todos os Estados em conjunto governam o país»[483].

É precisamente uma solução federal — ou como parte de uma futura federação de Estados europeia ou da *Commonwealth* britânica — que parece a Arendt ser a solução ideal para a Palestina no futuro. Está firmemente convencida de que «a Palestina, enquanto lar nacional para os judeus, só pode ser salva (à semelhança de outros pequenos países e de outras pequenas nações) se for integrada numa federação»[484].

Porém, na defesa desta forma de um patriotismo judeu de intenção cosmopolita, ela era sem dúvida uma voz isolada na selva de betão de Nova Iorque. E isto não se devia apenas ao facto de a sua visão da primavera de 1942, para quem se curvasse sobre o tabuleiro de jogo com olhar treinado, poder ser qualificada como bem-intencionada e «filosófica». O crescente isolamento de Arendt nos círculos sionistas quer americanos quer europeus de Nova Iorque tinha também razões sociais e interpessoais concretas. O tom determinava a música. E «a mais

[483] *Aufbau*, p. 122.
[484] *Ibid.*, p. 120.

pequena colunista da América» dava sempre o tom mais acutilante e intransigente. Mesmo numa altura em que o povo judeu na Europa olhava para o abismo da sua extinção, ela não poupava no sarcasmo, na ironia cortante, bem como numa argumentação que se aproxima de uma equiparação factual entre o racismo nacional-socialista e o nacionalismo judeu.[485] Como *public intelectual*, dá visivelmente azo a mau sangue. Arendt julga ser esse o seu dever e o dever dos seus. Em nome da verdade, da justiça — e da liberdade de expressão franca e pública.

O que ela exige politicamente aos judeus no momento mais sombrio da sua história é, para usar um termo de Beauvoir, uma «solidariedade metafísica» com todos os povos oprimidos do mundo — e isto no interesse da sua própria liberdade. Uma exigência tremenda já só de um ponto de vista meramente filosófico. Mas numa visão de *real Politik* era claramente excessiva. Pelo menos, dadas as relações de forças da época.

PEQUENOS CÍRCULOS

O que Arendt — como também Beauvoir, Weil e Rand — visa alcançar como filósofa numa missão de *real Politik* seria difícil de alcançar em qualquer tempo: eficácia política e simultaneamente fidelidade aos seus princípios, uma análise filosófica profunda e acutilante e a sua concretização prática. Por volta do ano 1941/1942, era uma empresa inteiramente desesperada. Fosse em Paris ou em Nova Iorque. Fosse em nome do verdadeiro socialismo, do cristianismo, do sionismo ou da América; fosse em nome da solidariedade existencialista, do Senhor Jesus, de um cosmopolitismo kantiano ou de um libertarismo radical. Precisamente por quererem em primeira linha pensar a política, eram politicamente empurradas para a margem. Para os filósofos, compulsando a história da guilda, essa não é uma experiência nova. Nem sequer é uma experiência de perda necessária de liberdade. De onde se via mais claramente os acontecimentos: do seu centro para fora ou à distância, das margens mais longínquas e dos abismos?

O pensamento digno do nome é socialmente isolador. O que talvez se prenda com o facto de ser uma atividade que exige uma concentração

[485] Por exemplo, *Aufbau*, p. 82: «Poucas coisas são hoje mais importantes para a nossa política do que manter as lutas pela liberdade dos povos oprimidos longe da peste fascista. Esta guerra só pode ser ganha se, no seu decurso, todos os povos forem libertados, e isso significa converter todas as "raças" em povos.»

incondicional que só pode ser alcançada sem terceiros. Por regra, o filósofo não tolera a companhia de mais de uma, duas pessoas de confiança. Esta é também uma convicção de Arendt, que a manteve a vida inteira.

Em novembro de 1942, a coluna de Arendt no *Aufbau* é terminada. Por esta altura, o Grupo de Jovens Judeus também já passou à história. Por essa razão, quando Arendt continua a falar meses mais tarde ao amigo Scholem do seu prolongado *culture shock*, não podemos entender isto exclusivamente como uma queixa (mas entretanto já se conseguiu despedir do trema alemão[486]): «Sentimo-nos muito sozinhos neste país; isso tem que ver com o facto de toda a gente ter muito que fazer e de a maioria das pessoas simplesmente já não precisar de ócio passado algum tempo. Isto comporta uma certa ausência (*absent mindedness*, mais precisamente), que dificulta muito o contacto entre pessoas.»[487]

Permanecer alerta em tempos de ausência da mente. Cultivar a necessidade de ócio e de abrandar. Ser ativa, mas não demasiado *busy*. A clássica atitude existencial de uma europeia no Novo Mundo. Porém, não podia cair no abismo, típico deste país, entre «liberdade política» e «servidão social».[488] Tinha de moldar esta liberdade reconquistada segundo a sua vontade: encontrar-se outra vez, no melhor sentido, «entre» — e, acima de tudo, continuar a procurar.

Logo no início do verão, surge uma nova oportunidade, relacionada com o seu primeiro cargo académico como *adjunct lecturer* no New Yorker Brooklyn College. Título do curso: «História Europeia Contemporânea». Concretiza-se, assim, um modelo de vida ao mesmo tempo novo e antigo: publicista e académica. Bem como um programa de investigação estreitamente relacionado com ele: a exposição dos elementos que conduziram às trevas de então: a celebração mórbida do totalitarismo na Europa, a sua vontade de opressão de motivação racista, a sua ideia obsessiva de um único corpo unindo povo e país, a sua lógica do campo de concentração como lugar de progressiva desumanização... antissemitismo, imperialismo, totalitarismo. Tudo isto tinha as suas raízes no século XIX. Era preciso seguir este rastro.

Arendt possui já aquilo de que realmente precisa: a liberdade interior para pensar autonomamente, a pessoa que lhe é mais querida no mundo como contraparte dialógica e a liberdade exterior de um país

---

486 Porque na citação que se segue Arendt escreve *haengt* em vez de *hängt*, que seria a forma correta em alemão. (*N. da T.*)

487 Arendt/Scholem, p. 39.

488 Young-Bruehl, E. (2018/1982), p. 240.

que admite a tenacidade na prática e não apenas na teoria. Servindo-nos de uma daquelas expressões idiomáticas que o bom *Monsieur* Heinrich continua a registar diariamente no seu caderno, Hannah Arendt era, no final do ano de 1942, não apenas uma *nifty chick* (miúda refinada) que sabia orientar-se de um lado e outro do Atlântico, mas também, e sobretudo, *very much her own woman.*

A MALDIÇÃO DE NIETZSCHE

Em retrospetiva, não deixa de ser pena que Ayn Rand ignorasse os projetos políticos que Arendt e Beauvoir edificavam quase ao mesmo tempo. Isso poderia tê-la inspirado no difícil processo de encontrar um nome para o seu círculo. Qualquer coisa como «Egoístas Metafísicos», «Grupo de Jovens Libertários» ou porque não, sem mais delongas, «Liberdade sem Socialismo».

Estas designações eram, em todo o caso, melhores do que as propostas discutidas no outono de 1941, como «Vizinhos Americanos» (Rand: «As pessoas vão pensar que tem qualquer coisa que ver com a América do Sul»[489]) ou aquela que foi avançada pela própria fundadora: «Aristocratas Intelectuais». Pois também esta não era exata. Pelo contrário, acentuava um problema central do programa libertário no seu todo: a tensão difícil de transmitir entre elitismo declarado e populismo desejado — a maldição de Nietzsche: como se poderá convencer democraticamente a maioria de que o grosso da população tende por natureza para a idiotia? Que a coragem iluminista de se servir da própria razão já era e continuaria a ser um ideal da minoria?

Fora precisamente nesta linha que Albert Jay Nock se pronunciara no primeiro encontro do grupo: em vez de lutar em nome de todos pela visão de um individualismo político, seria melhor que cultivassem em pequenos círculos o ideal da autossuficiência liberal. No que dizia respeito ao convívio com as massas, só havia uma receita para garantir a autonomia: distância social e independência quotidiana, sobretudo económica. Bem vistas as coisas, mais não se podia alcançar nem esperar, fosse em que época fosse, fosse em que país fosse. Incluindo na América. Querer agraciar o mundo inteiro com

[489] *Letters*, p. 59.

uma visão própria da vida como deve ser vivida, uma visão apresentada como não tendo alternativa — não era esse o impulso totalitário em si?[490]

Também a crítica literária Isabel Paterson — colunista no *Herald Tribune* de Nova Iorque há mais de uma década — declinou com benevolência. Mesmo que entre ela e Rand tivesse nascido ao longo dos anos uma amizade tão profunda e íntima como a última só conhecera em São Petersburgo com Olga Nabokov (uma irmã de Vladimir Nabokov). Essa amizade não mudava nada na filosofia de vida libertária de Paterson, de acordo com a qual nunca faria parte de um grupo ou de uma organização.

ESPECIALISTA AMERICANO EM DEMOLIÇÕES

Ainda antes do arranque do projeto, já os «Aristocratas Intelectuais» se viam reduzidos a meia dúzia de pessoas bem-intencionadas, oriundas da classe média e do Middle West, bem como a alguns nova-iorquinos da velha direita profundamente desiludidos com os republicanos. Em vez de começarem com uma elite funcional individualista, que poderia encarregar-se de educar a população *in loco*, teriam primeiro, no parecer de Rand, de se educar a si mesmos. Os cavalheiros nem sequer queriam dar uso liberal ao livro de cheques, com o que o movimento planeado não dispunha sequer do capital inicial necessário.

O mesmo se verificava numa frente estritamente privada. Com exceção do trabalho pago à hora como leitora de guiões para a Paramount Pictures, Rand há cerca de um ano que, por ser ativista libertária a tempo inteiro, não tinha rendimentos próprios. E era preciso acrescentar ainda as recusas de oito editoras quanto ao projeto de romance. Para cúmulo do azar, Frank também perdera o seu trabalho a meio tempo numa loja de charutos, um trabalho que conseguira obter a muito custo. O trabalho bem pago ainda rareava. Com a pertinácia do catarro de um fumador, a recessão perdurou mesmo nos oito anos do New Deal de Roosevelt, de tal modo que mesmo uma isolacionista convicta como Ayn Rand porventura terá saudado em silêncio a entrada dos EUA na guerra, em dezembro de 1941.[491]

---

490 Cf. Burns, J. (2009), p. 71 sqq.

491 Cf. Heller, A. C. (2009), p. 143 sqq.

Este evento poupou-a pelo menos à necessidade de reconhecer expressamente o fiasco das suas ambições políticas. Por entre o ardor do patriotismo bélico, vozes a defender *America first* teriam de se calar por algum tempo. A mesma sorte teriam os princípios libertários no contexto de uma economia de guerra agora implementada a todo o vapor.[492] O projeto comunitário dos «Aristocratas Intelectuais» passou, portanto, à história antes ainda de ter começado. O mesmo já não se podia dizer do projeto «Howard Roark».

Pelo contrário. Como um presente caído do céu (mas na verdade graças à influência de Isabel Paterson), a editora Bobbs-Merril, sediada em Indianapolis, demonstra um interesse concreto pelo livro, em particular um seu leitor recentemente contratado: Archie Ogden, que luta pelo manuscrito não obstante o risco de ser imediatamente despedido. E que, por fim, consegue levar a sua avante.

Logo a 10 de dezembro de 1941, o contrato é assinado. É verdade que o *advance* é mínimo (mil dólares) e o prazo de entrega do manuscrito, uma vez mais, irrealista (1 de janeiro de 1943), mas pelo menos Rand tinha agora um objetivo concreto. E um caminho direto para a única liberdade que — exatamente como Simone Weil, Simone de Beauvoir e Hannah Arendt — considerava ser incondicional: a liberdade da escrita como criação.

A assinatura do contrato, três dias após Pearl Harbor, e apenas um dia antes da entrada oficial dos EUA na guerra, coincide com o ano mais feliz e mais produtivo da sua vida.

SOCIAL DISTANCING

No que toca ao romance, «estive e estou numa orgia da escrita», anuncia Rand ao seu novo leitor de eleição a 19 de fevereiro de 1942. «Trabalho literalmente noite e dia. O meu recorde até agora era um turno que começava às quatro da tarde e só terminava à uma da manhã do dia seguinte (com apenas um intervalo para comer). Muitas vezes, não consigo ter este ritmo, mas o que escrevi nestas horas foi o meu melhor trabalho desde sempre. Às vezes, acontece-me não mudar de roupa durante dois ou três dias, deito-me apenas um par de horas no

---

[492] Cf. Burns, J. (2009), p. 71 sqq.

sofá para dormir e depois continuo.»[493] Praticamente não sai do apartamento, evita todos os contactos sociais, com exceção dos encontros ao domingo com Isabel Paterson, e reduz ao mínimo os cuidados com o corpo, incluindo o sono. Desde que esteja garantida a provisão necessária de energia: cigarros, chocolates, bonbons.

No decurso do ano de 1942, Rand, produzindo 25 páginas prontas a imprimir por semana, estava a caminho de se tornar, em vez de pessoa, uma máquina de escrever viva — exatamente o ideal que concebera dez anos atrás. Ei-la, a existência que desejara: autónoma, única responsável por si mesma, única criadora de si mesma — e criadora de valores num sentido eminente. Os eventuais leitores, a sociedade, os *críticos* para nada interessavam. A única coisa que interessava neste processo era a solidariedade metafísica com a própria obra. A existência focada de autora enquanto personificação paradigmática de um egoísmo produtivo de *Übermensch*. Quem precisa de um mundo exterior quando o consegue criar a partir do seu interior? (E enquanto o marido se encarrega das tarefas diárias.)

Nem mesmo o ano passado como ativista política fora inteiramente desperdiçado. As convicções alimentadas havia muitos anos exibiam agora contornos mais claros, novas perspetivas permitiam uma discriminação mais fina. Sobretudo no tocante à questão fundamental, que Rand já formulara no seu diário filosófico do ano de 1934, de saber se «a Ética é um conceito social necessário e fundador». «Existirão sistemas éticos que se dirijam proeminentemente ao indivíduo?»[494]

Se, nos anos 1930, a tensão entre «individualismo» e «coletivismo» fora terminologicamente o mais determinante, Ayn Rand introduzia agora o conceito de «altruísmo» como verdadeiro inimigo da liberdade. Um altruísta era alguém que queria compreender-se enquanto agente ético à luz dos outros. Uma pessoa, portanto, que alinhava o seu pensamento, ação e criação pela existência e interesses de outros: fosse com um objetivo de submissão ou de manipulação que traía uma fome pelo poder, fosse com o objetivo sacrificial de sustentar ou mesmo de «salvar» um terceiro. Em última instância, tudo dependia de saber quem deveria ser o verdadeiro destinatário da ação ética: eu própria ou o outro. Por essa razão, Rand anota no seu diário filosófico de 1942: «Quando as pessoas julgam que a sua principal virtude são os outros,

---

[493] *Letters*, p. 63 sqq.

[494] *Journals*, p. 69.

restam apenas duas alternativas: agir segundo as crenças de terceiros (atitude de escravo) ou forçar as próprias crenças aos outros para o seu bem.»[495] Por conseguinte, o outro, enquanto destinatário da ação ética, só podia ser ajudado numa modalidade de submissão. Fosse sob a forma da própria submissão ou da opressão do outro. Não havia uma terceira alternativa.

Uma ética orientada para os outros — Sartre não teria conseguido dizê-lo com igual contundência — era, assim, uma ética necessariamente orientada para o assentimento e, logo, associada a uma perda de autonomia para os dois pólos da díade. Por conseguinte, a única saída desta situação consistia em recusar, no ato de autodeterminação ética, qualquer envolvimento do outro na busca da vontade própria. Não uma liberdade *para*, *através* ou sequer *com* o outro, mas liberdade *do* outro: «Egoísmo [*selfishness*] — não para esmagar os outros, mas para ser *independente* deles.»[496] Precisamente porque um egoísta randiano reconhece incondicionalmente a existência dos outros, precisamente porque essa existência se manifesta em sentido eminente — com a mesma presença e valor do próprio eu —, é necessário ignorar a sua existência e eventuais necessidades, no que diz respeito à determinação da vontade própria.

Assim, a única coisa que a liberdade recíproca realmente possibilita e garante é uma atitude consequentemente assumida de «independência metafísica», não de «solidariedade metafísica». A única forma realmente não violenta de entrar em contacto com o outro e de o reconhecer incondicionalmente como pessoa livre é a forma contratual — como um bom *deal. My word is my bond. Take it or leave it. And live with the consequences.* Porém, a maneira socialmente mais flexível de concretizar um objetivo de troca mútua era claramente a monetária: através do dinheiro. E a única configuração da economia que possibilitava uma troca não violenta entre indivíduos era o capitalismo do absoluto *laissez-faire.* O único sistema de governo legítimo desse ponto de vista era a democracia cujas intervenções estatais fossem reduzidas ao mínimo e cujos governantes fossem escolhidos por eleições diretas.

Para Rand, este conjunto de características da vida social livre não era apenas o modo de vida mais fácil de preservar na prática ou o mal menor comprovado, era sobretudo um mandamento transcendental.

---

[495] *Ibid.*, p. 221.

[496] *Ibid.*

Não funcionava apenas bem, era o bem entre as pessoas! Ou seja, o bem tão-só. Pois não havia outra fonte de valores além do ser humano (e, mesmo que houvesse, o indivíduo teria de se decidir livremente por ela).

Contudo, qualquer desvio voluntário deste ideal significava encetar, de olhos abertos e com culpa própria, o caminho da servidão: da servidão ética enquanto altruísmo, da servidão económica enquanto socialismo, da servidão religiosa enquanto fundamentalismo, da servidão política enquanto totalitarismo. Claro que algumas pessoas desejavam esse caminho. Precisamente aquelas que não conseguiam atear ou alimentar em si mesmas o fogo criador da liberdade. E que, por conseguinte, em vez de seguirem a árdua aventura da sua própria *pursuit of happiness*, preferiam ver todos os outros cercados em nome de todos os outros. O «princípio Toohey» em todas as suas variedades civilizadoras.

Mesmo que nada disto fosse fundamentado de um ponto de vista lógico rigoroso, mesmo que nem todas as transições conceptuais fossem suaves, estes princípios fundamentais servem a Rand, em 1942, de matriz interpretativa que lhe permite estruturar o romance em curso de acordo com três níveis simultâneos: como representação de uma luta supratemporal de ideais de evolução radicalmente opostos na psique do indivíduo; como interpretação do lapso de tempo específico que precedeu a Segunda Guerra Mundial na América; como uma doutrina em forma de romance que prometia uma saída do inferno dos outros em tempos sombrios — com Howard Roark religiosamente exaltado como figura redentora.

Em dezembro de 1942, doze meses depois do êxtase criativo ininterrupto, Rand atinge o verdadeiro ponto alto e último da sua obra na apologia de Roark diante dos doze jurados. Como um Sócrates da verdadeira América, ele apresenta-se em nome do povo diante do júri, para personificar exemplarmente, perante todos e para todos, precisamente aqueles valores sobre os quais a Declaração de Independência e a Constituição dos EUA realmente assentavam.

A DEFESA DE ROARK

O crime de que Roark é acusado não é nem o de seduzir os jovens nem o de blasfemar contra os deuses. É um crime que à primeira vista parece mais banal, mas que a um olhar mais atento se revela ainda mais perigoso para a coesão do tecido social. Roark dinamitara o projeto-modelo do edifício de habitação social que ele próprio projetara, apenas poucos dias antes da sua conclusão. E fizera-o apenas porque um comité público que acompanhava a obra (sob a direção de Toohey) exigira que se fizessem alterações mínimas ao desenho original e, sem autorização explícita, as implementara. O que cabia ao júri decidir não era o crime nem as suas circunstâncias, pois Roark não os contesta, mas apenas o valor e, logo, a justificação do motivo do crime.

Nas palavras do procurador do Ministério Público, este motivo estava claramente «para lá do domínio das emoções humanas normais. Para a maioria de nós, parecerá monstruoso e inconcebível. [...] Assim como a dinamite arrasou um edifício, o motivo do crime arrasou todo o sentimento de humanidade na alma deste homem. Estamos a lidar, senhores jurados, com o mais pérfido explosivo da Terra: o egoísta [*egotist*]!»[497]

Agora, chegava a vez de Roark se explicar. Renunciara a um advogado. Vai falar por si próprio. Divinamente cego a tudo o que pudesse apontar para a sua situação eventualmente arriscada, apresenta-se diante do júri, logo ao primeiro olhar, como um «homem inocente do medo» («*a man innocent of fear*»[498]). Uma fórmula notável que se segue logicamente da convicção de Rand de que a vida das emoções se submete perfeitamente à razão. Existem, portanto, emoções e afetos irracionais de que uma existência humana pode ser culpada: o medo em primeiro lugar. E também o arrependimento. A falta de iniciativa. Todos eles são trilhos para o vazio interior e, logo, portas de entrada do outro. São, é claro, emoções e afetos por natureza alheios a Roark. Ele não é senão pura vontade de agir e plenitude, guiado pela sua força de imaginação e criação, inflamado pelo fogo do seu génio.

É então apenas lógico que a sua defesa comece com Prometeu, o primeiro de todos os criadores humanos: «Milénios atrás, o primeiro homem descobriu como fazer fogo. Provavelmente, foi queimado na pira que ensinou os seus irmãos a atear.»[499]

Com o que está estabelecida a altura da queda, bem como o tema condutor: o indivíduo inovador como verdadeira força propulsora de todos os progressos da civilização — em conflito com a horda invejosa das massas. A luz da razão criadora contra o pensamento vácuo

---

[497] *Ursprung*, p. 980. [Traduzido do original inglês, *The Fountainhead*. (*N. da T.*)]
[498] *Fountainhead*, p. 677.
[499] *Ursprung*, p. 985.

e obscuro de quem nega o ego. O eu corajoso e ávido de progredir contra a nostalgia da estagnação do «homem comum» alimentada pelo medo.

Mas o que impele o verdadeiro criador, quais são os fundamentos dos verdadeiros motivos das suas ações? Segundo Roark, não é de modo algum a vontade de ser útil ou prestável aos seus semelhantes. É antes única e exclusivamente a busca, empreendida com perfeita consciência e lucidez, da solução para um problema. Ou seja, a vontade de verdade da obra em si.

Se o problema é novo, a solução não pode advir de regras e de procedimentos previamente estabelecidos por outros. A criatividade significa assim necessariamente uma vontade intencional de desvio — também e sobretudo na esfera social. Os verdadeiros criadores, enquanto impulsionadores de todo o progresso humano, são assim solitários, e são-no necessariamente. Por esta razão precisa são condenados, ostracizados, amiúde simplesmente linchados pelas massas. Ou também, mais raramente, por elas celebrados, postos num pedestal, até mesmo endeusados. Todas estas reações são nocivas ao indivíduo criador, todas são de igual forma perigosas na prática. Nem contra os outros, nem a favor deles — ser antes *independente* deles. Quando isso acontece, eles prezam a obra.

Nos termos em que Roark explica ao júri a situação, a fonte da verdadeira criatividade e a fonte da razão pragmática são idênticas. Em última instância, só existe uma forma de pensamento e de inferência. E ela é a mesma para toda a gente. Mais ainda do que uma faculdade passível de comandar conscientemente, ela é a característica distintiva do ser humano. Sem a qual o ser humano seria incapaz de sobreviver. Com ela, pode alcançar potencialmente tudo.

No entanto, pensar, sobretudo no sentido eminente de criar, é algo que cada um só pode fazer por si:

> Um cérebro coletivo é coisa que não existe. Um pensamento coletivo é coisa que não existe. [...] Ninguém pode usar os seus pulmões para respirar por outro homem. Nenhum homem pode usar o seu cérebro para pensar por outro. Todas as funções do corpo e do espírito são privadas. Não podem ser partilhadas nem transferidas.[500]

[500] *Ibid.*, p. 987.

Para Roark, uma consequência importante desta tese é que os direitos de autor têm de ser protegidos e preservados a todo o custo. São uma parte essencial da integridade de uma pessoa — como unidade criadora de corpo e espírito. Quem violenta esses direitos dá uma machadada nos fundamentos de uma civilização da liberdade e do progresso. Por conseguinte, uma sociedade boa e justa protege incondicionalmente aquela integridade da apropriação violenta da parte de terceiros.

Protege-a desde logo da apropriação da parte daqueles que não conseguem criar e, sobretudo, daqueles que não o querem fazer. Daqueles que, enquanto pessoas, preferem refugiar-se na aparente segurança do «homem comum» e da sua «boa sociedade». Daqueles que, pelos mais mesquinhos motivos — muitas vezes, numa propaganda perversa, em nome de todos —, são um obstáculo e um oponente ao criador. Ou seja, os *second-handers* e a sua ideologia dominante da dependência, da interpermutabilidade dos indivíduos e, logo, da abnegação obrigatória do indivíduo em nome de todos. Dos altruístas, portanto: «O altruísmo é a doutrina que exige que o homem viva para os outros e os considere mais importantes do que ele.»[501]

O que, segundo Roark, faz com que esta doutrina seja tão destruidora não é apenas a sua profunda distorção psicológica, mas, mais fundamentalmente, o facto de ser impraticável. O altruísmo exige literalmente o impossível:

> Nenhum homem pode viver por outro. Não pode partilhar o seu espírito, tal como não pode partilhar o seu corpo. Mas o *second-hander* tem usado o altruísmo como arma de exploração e inverteu a base dos princípios morais da humanidade. Os homens aprenderam todos os preceitos que destroem o criador. Os homens aprenderam que a dependência é uma virtude. O homem que tenta viver para os outros é dependente.[502]

A verdadeira escolha com que se confronta qualquer pessoa dotada de razão a respeito dos seus semelhantes não é entre «servidão» e «dominação», mas entre «dependência» e «independência». E esta vontade declarada de independência — culturalmente tão próxima dos americanos — não se prende com talentos ou capacidades intelectuais. Nenhuma pessoa é estúpida a ponto de não conseguir ser ela própria.

---

[501] *Ibid.*, p. 989.

[502] *Ibid.*, p. 989.

Prende-se, antes de mais, com a coragem declarada para se servir de forma autónoma da própria razão; é a vontade de dizer confiantemente «*eu* quero», «*eu* posso e alcançarei». Este ato, porém, não tem nada de elitista em si; pelo contrário, enquanto opção existencial é o mais possível igualitário, digno e democrático:

> Os graus de capacidade variam, mas o princípio básico permanece: o grau de independência, iniciativa e amor de um homem pelo seu trabalho determina o seu talento como trabalhador e o seu valor como homem. A independência é a única bitola da virtude e do valor humanos. O que um homem é e faz de si mesmo; não o que fez ou não fez por outros. Nada substitui a dignidade pessoal. A independência é a única medida da dignidade pessoal. Em todas as relações legítimas, ninguém se sacrifica por ninguém.[503]

Por esta razão, só uma comunidade fundada nesta mesma coragem, que protege incondicionalmente através da Constituição, pode crescer e prosperar como nação. Exatamente como a «terra da liberdade». Longe de um nacionalismo de massas do grande coletivo, Roark fala à consciência dos jurados enquanto patriota americano defensor da Constituição:

> Observem agora os resultados de uma sociedade edificada sobre o princípio do individualismo. Este nosso país. O mais nobre país na história da humanidade. O país dos maiores feitos, da maior prosperidade, da maior liberdade. Este país não se baseou no serviço abnegado, no sacrifício, na renúncia, em nenhum preceito do altruísmo. Baseou-se no direito de cada homem de procurar a felicidade. A sua felicidade. Não a felicidade de outros. Um motivo privado, pessoal, egoísta. Olhem para os resultados. Olhem para a vossa própria consciência.[504]

Não ceder um milímetro ao altruísmo. Não ceder um milímetro às exigências do altruísmo. Não ceder um milímetro à sabotagem dos únicos direitos que, em nome da independência e da integridade de todas as pessoas racionais, mulheres ou homens, têm de ser salvaguardados incondicionalmente e sem cedências: os seus direitos de propriedade intelectual e física!

---

[503] *Ibid.*, p. 991.

[504] *Ibid.*, p. 993 sqq.

A demolição de moto próprio do projeto-modelo Cortlandt, que ele e só ele concebera, era assim não apenas um direito legítimo de Roark, mas o seu dever distintivamente americano. Era um ato de resistência e de salvaguarda de valores essenciais em tempos sombrios. Sem dúvida, ele agia em última instância apenas para si, por motivos — neste ponto o procurador tinha toda a razão — meramente egoístas. Mas agia como representate de todas as pessoas dotadas de razão e, logo, de todas as pessoas que desejavam a liberdade do seu país — aliás, do mundo:

> Agora já sabem porque dinamitei Cortlandt. [...]
>
> Vim aqui para vos dizer que não reconheço a ninguém o direito a um minuto da minha vida. Nem a nenhuma parte da minha energia. Nem a nenhum feito meu. Quem quer que seja que reivindique esse direito, qualquer que seja o seu número, por grande que seja a sua necessidade. [...]
>
> Quis vir aqui e dizer que a integridade da obra criativa de um homem é mais importante do que qualquer obra de caridade. Aqueles entre vós que não percebem isto são os homens que estão a destruir o mundo.
>
> Quis vir aqui e enunciar as minhas condições. Não quero existir segundo as condições de mais ninguém.
>
> Não reconheço nenhumas obrigações perante os homens exceto uma: respeitar a sua liberdade e não participar numa sociedade de escravos. Quero dar ao meu país os dez anos que passarei na cadeia, se o país já não existir. Passá-los-ei recordando com gratidão o que o meu país já foi. A minha recusa de viver ou de trabalhar no país que tomou o seu lugar será o meu ato de lealdade.[505]

O VEREDICTO

A sentença cabe agora ao júri. A cada jurado, um a um. E, claro, nesta conjuntura, tem o seu encanto a ideia de imaginar Hannah Arendt, Simone Weil e Simone de Beauvoir, em carne e osso, no ano de 1942, como membros deste júri fictício. Qual teria sido a sentença delas sobre os motivos de Roark? Como teriam avaliado a sua defesa? Como teriam dissecado a sua argumentação? Como se teriam sentido com a sua entrada em cena?

---

[505] *Ibid.*, p. 994 sqq.

Seria realmente o ato autoconfiante representado pelo enunciado «eu quero» aquilo que conferia ao ser humano o seu valor último e a sua dignidade? Ou encontrar-se-ia a fonte destes fora do ser humano — possivelmente, até fora deste mundo? Poderia um ego de carne e osso determinar-se livremente apenas sendo independente dos outros? Ou, pelo contrário, apenas através deles e com eles?

E o que dizer acerca da espontaneidade e da obstinação da vida das emoções? Teriam mesmo de se submeter incondicionalmente à razão? E, se sim, com que consequências para a eventual individualidade do próprio devir? Seria Roark de facto o pária criador que dizia ser? Não seria antes o protótipo de um novo-rico narcísico e ofuscado? Estaria ele, como pessoa, para lá do culto clássico ao génio? Ou quereria antes que os outros o elevassem precisamente a este pedestal?

E quanto à identidade, por ele defendida, entre o pensamento rigorosamente lógico e a atividade criadora? Existiria de facto apenas uma lógica da investigação, apenas uma forma lógica do conhecimento e do juízo? O que dizer das origens dos processos criativos? Em que medida se podia afirmar que uma ideia era propriedade privada quando, muito claramente, ela não era nada que um indivíduo criador conseguisse gerar graças à sua simples vontade?

Estaria o mundo, como argumentava Roark, a colapsar por causa de uma orgia de abnegação e de sacrifício do eu pelos outros? O colapso não se deveria antes ao poder incondicional do ego de uns quantos indivíduos maníacos? O fardo inteiro do progresso da civilização recairia de facto sobre os ombros de Atlas de uns poucos? Não assentaria antes nas espinhas eternamente vergadas daqueles que são sistematicamente explorados por esses poucos?

E, não menos importante, o que dizer acerca da natureza da linguagem com que Roark se dirigiu ao júri? Seria também esta linguagem, na sua origem, a obra de um génio egoísta primordial de uma pré-história longínqua? E, se sim, seria certo que esse génio era um ser humano? Seria possível sequer conceber a linguagem, o *medium* do entendimento mútuo e do pensamento, como uma coisa moldada que ganhou vida independentemente da existência de outras pessoas?

As discussões relevantes entre Beauvoir, Arendt e Weil teriam decerto durado vários dias, talvez anos (ou séculos). E não convergiriam necessariamente num veredicto unânime. Que outra coisa seria de esperar da parte de filósofas autónomas? Só os tolos ou os ideólogos julgam que o consenso é um objetivo do pensamento.

Na ficção com existência real de Ayn Rand, o júri, constituído maioritariamente por representantes do *common sense* americano — executivos, engenheiros, motoristas de pesados, eletricistas, pedreiros —, só precisou de poucos minutos para chegar a um veredicto.

> — Senhor Presidente do júri, já têm um veredicto?
> — Temos, sim.
> — Qual é o vosso veredicto?
> — Consideramos que o réu não é culpado.[506]

Quando Rand escreve estas linhas, tem atrás de si doze meses de isolamento social e um êxtase criativo ininterrupto. A 31 de dezembro de 1942, entrega em mãos o manuscrito final a Archibald Ogden. Com o que cumpria a sua parte do contrato. Não ficara a dever nada a ninguém. Sobretudo não a si mesma. Doravante, a obra estaria nas mãos de outros. E, qualquer que fosse o seu veredicto, ela sabia neste momento com perfeita precisão o que fizera e criara. Era uma sensação divina.

---

[506] *Ibid.*, p. 998.

VIII

FOGO

1943

Rand e Beauvoir estão no céu,
Arendt contempla o abismo
e Weil transpõe o último limiar

EM GREVE

«Não sou nenhuma altruísta. Disse o que tinha a dizer. Se os leitores não gostam, por que razão haveria de me esforçar por os esclarecer?»[507] Apenas seis semanas após a publicação, o destino do seu segundo romance parecia também ele selado. Nenhuma publicidade. Poucas vendas. Nem sequer críticas negativas. Também não ajudou que Isabel Paterson lhe contasse ao telefone dos seus fiascos. Oito romances até à data. Nenhum deles um êxito. Apenas algumas semanas antes da publicação de *The Fountainhead*, surgira o livro de não ficção mais ambicioso de Paterson até à data: *The God of the Machine* — um hino histórico-cultural à livre iniciativa privada e à criatividade do indivíduo. Uma vez mais sem eco. O que esperava então a amiga? Cem mil exemplares vendidos, a sério?[508] Por um romance filosófico? Na América de Roosevelt?

Rand trabalhara dezasseis meses seguidos. Até abril, dedicara cada dia à revisão das provas. Na reta final, já precisava da ajuda de estimulantes.[509] Estava simplesmente demasiado exausta para conseguir descansar. Uma cultura que permanecia surda até mesmo a um livro como este merecia o declínio: «O que aconteceria, Pat, se eu entrasse em greve?

[507] Heller, A. C. (2009), p. 165.

[508] *Ibid.*, p. 55.

[509] Por estes meses, Rand dá início a um consumo regular (ao longo de uma década) de benzedrina, um preparado na base de anfetamina à época muitas vezes receitado nos EUA.

E não apenas eu, mas todas as cabeças criativas do mundo?»[510] E se simplesmente desligássemos a «máquina» na tomada? Ou seja, uma revolta concertada dos criadores até que mesmo o mais casmurro coletivista se visse forçado a reconhecer em público que era sobre os ombros daqueles que na verdade assentava o peso do mundo. Esta ideia — acrescentou Rand após uma breve pausa na conversa — até daria porventura um bom romance. Mas já ninguém o escreveria. Em todo o caso, não seria ela a fazê-lo. Pelo contrário, amanhã de manhã começaria logo a procurar um trabalho o mais insignificante possível. Exilar-se-ia para dentro de si mesma, exatamente como Frank, e escreveria à noite. Mas já não para o tempo presente, apenas para a posteridade. Estava farta.

Porém, em vez de permitir que a amiga, claramente desencorajada, lançasse a toalha ao chão em tempo de vida, Paterson ainda conseguiu convencê-la da necessidade de uma outra espécie de intervalo. Convidou o casal para duas semanas na sua quinta no Connecticut durante o mês de junho. Dormir. Passear. Comer.

NÃO FICÇÃO

Enquanto Rand, em julho de 1943, pela primeira vez desde a sua chegada aos EUA, não faz literalmente nada, *The Fountainhead* ganha uma enorme tração nos EUA. Graças apenas ao boca a boca, a primeira edição (com uma tiragem de 8000 exemplares) está quase esgotada. É, portanto, altura de aumentar a parada. De continuar a alimentar a ténue chama. Sentindo-se agora revigorada, Rand, logo em meados de agosto, informa o leitor da sua editora acerca do novo projeto.

26 de agosto de 1943

Caro Mr. Ogden,

Trabalho de momento num pequeno livro de não ficção. [...] O título provisório é *O Fundamento Moral do Individualismo*. [...] Este livro irá apresentar, numa forma simples e concreta, as teses de *The Fountainhead* — ou seja, a integridade essencial e a força de autopreservação do homem, a exposição do altruísmo como falácia e como mal moral fundamental,

[510] Heller, A. C. (2009), p. 165.

> a definição de uma lei moral correspondente que não assente nem no sacrifício do eu em nome dos outros, nem na dominação dos últimos, mas sim na independência espiritual. [...] E traçará as linhas principais do sistema social, político e económico que se pode deduzir da sua natureza moral — ou seja, o sistema capitalista: o seu significado, os seus princípios e a sua aptidão para ser o único sistema *moral* de uma sociedade.
>
> O capitalismo existe até hoje sem um verdadeiro fundamento moral [...] edificámos uma civilização inteira sobre este fundamento [...] tem sido ensinado como o único sistema praticável e realista, mas não como um sistema ético.[511]

Segundo Rand, nenhum homem vive apenas do pão, sobretudo se desejar a liberdade. Vive desde logo, e acima de tudo, de ideias. Se quiser viver bem, estas ideias deverão ser verdadeiras e bem fundamentadas. A tarefa era assim clara: estabelecer o capitalismo como única expressão verdadeira da coexistência moral com os outros, como única verdadeira forma de luta pela liberdade e pela autodeterminação. A sua promessa de lucro não era de natureza eminentemente material, mas espiritual. O seu ideal condutor não era a prosperidade, mas a autonomia. O seu objetivo não era a riqueza, mas a realização pessoal. O seu ideal não era a exploração, mas a independência. Longe de ser apenas «o mal menor», era antes a expressão consequente do bem em si! «Temos de entender e de aceitar o individualismo como lei *moral*, e o capitalismo como a sua expressão adequada na aplicação dessa lei. Se não o fizermos, o capitalismo não pode ser salvo. E, se ele não puder ser salvo, será o fim — para todos nós. A América, o mundo — cada homem, cada mulher, cada criança. Então, já não sobrará nada além da caverna e da moca. Veja só o ritmo da destruição atual. A culpa é de uma ideia — de uma doutrina falsa e fatal. Uma outra ideia poderá fazer-lhe frente — uma ideia verdeira.»[512]

DEAL!

O livro nunca chegou a ser escrito. Volvido um mês, as forças do mercado livre — bem como, e sobretudo, as do espírito de Rand — já queriam outra coisa. Inesperadamente, Ogden deixa a editora em

---

[511] *Letters*, p. 87 sqq.

[512] *Ibid.*, p. 88.

setembro. Ao mesmo tempo, *The Fountainhead* surge pela primeira vez nas listas de *bestsellers* nas costas leste e oeste. Em outubro, é impressa a quarta edição. O departamento de *marketing* anuncia uma campanha publicitária reformulada e de alcance nacional para aproveitar as vendas de Natal. Rand compreende perfeitamente a sua sorte. Fora exatamente isto que imaginara! Fora exatamente isto que profetizara à sua família! Já não subsistia um resquício da exaustão de junho. Pelo contrário, descobre em si novas energias. Isabel Paterson é a primeira a ser informada:

> 6 de outubro de 1943
>
> *Darling*, obrigada por tudo o que disseste. Sobretudo por me teres chamado tua irmã. [...] Sei que tenho de escrever *A Greve* [*The Strike*] agora. Noto que estou a pôr de lado tudo o resto e que só penso no fio da ação — coisa que, na verdade, não devia fazer. Tudo isto são sinais de que já fui apanhada. [...] Comigo é assim que começa, feralmente. Deus me acompanhe então — e tu e Frank.[513]

Até Hollywood seguia com atenção o fenómeno *Fountainhead*. Em meados de novembro, Rand recebe uma chamada dos estúdios Warner Brothers, que ela reencaminha de imediato ao seu novo agente, Alan Collins. Collins quer pedir 25 000 dólares pelos direitos de adaptação cinematográfica e aceitar 20 000. Com estas cifras, a sua cliente estaria a jogar na mesma liga de autores como Dashiell Hammett e John Steinbeck. Acima de tudo, porém, teria a sua vida assegurada anos a fio. Na perceção de Rand, *The Fountainhead* só agora ganha realmente tração. Ela conhece o negócio, as margens, e diz a Collins que peça 50 000 dólares. Nem um cêntimo menos. Caso contrário, não havia negócio.[514]

É Frank quem recebe a chamada decisiva. Deverá ser Rand ela própria a escrever o guião, pelo menos uma primeira versão. E, para isso, deverá mudar-se expressamente para Hollywood com todos os custos pagos — 500 dólares mensais. E, sim, 50 000 pelos direitos!

Para celebrar, os dois vão a um restaurante na esquina (desta vez pedindo os menús mais caros) e depois ficam toda a noite acordados — a sonhar, a concretizar. Como bem insistira a sua mãe: «Mesmo em

---

[513] *Letters*, p. 174.

[514] Segundo Burns, J. (2009), p. 96.

Hollywood, mais tarde ou mais cedo, se reconheceria que "branco é branco".»[515] — Havia anos que não tinha notícias da família. O cerco a Leninegrado ia já no terceiro inverno.

No dia em que assinou o contrato, Rand foi levada pelo marido a uma peleteria na Fifth Avenue: «Agora, escolhes um casaco, um qualquer, mas tem de ser de marta!» Rand escolhe um modelo de 2400 dólares, veste-o no momento e vai a correr mostrá-lo na redação onde trabalha Paterson.[516]

Só os tristes são modestos! Mesmo que, como declara à maneira de uma nova-iorquina de gema, por causa do «repugnante calor californiano», não se pudesse prever quando voltaria a usá-lo. Em dezembro, já iria para Hollywood. Frank, sobretudo, mal pode esperar. A primeira etapa da viagem é percorrida de comboio, até Chicago. Em primeira classe, comendo bifes a sério no vagão-restaurante![517] Muito perto do seu ideal, portanto — pelo menos por ora.

Mal chega a Hollywood, Rand senta-se a trabalhar no guião. A primeira entrada, de 13 de dezembro de 1943, diz o seguinte: «*Leitmotiv:* a integridade humana.»[518]

UM OUTRO COMBOIO

«Ontem, portanto, acabei de me mudar e comi batatas assadas, depois segui viagem de comboio. Meu querido pequeno, reserve um lugar dê lá por onde der, estes corredores são terríveis.»[519] Sartre ainda tem de trabalhar num guião, principescamente pago, nos quartos que recentemente ocupou no Hotel Louisiane, razão pela qual Beauvoir vai sozinha de férias em julho, para Roanne, no Norte. Tem de reunir forças e de se recriar. Pois, o que quer que a esperasse em Paris no outono, um regresso à sua vida antiga era agora impossível. Por decisão do ministério, Beauvoir está suspensa das suas funções letivas desde 17 de junho de 1943. É verdade que a acusação apresentada pela mãe de Sorokin, de sedução sexual de pessoas sob tutela, não fora provada durante o ano e meio da investigação, mas o resultado desta fora o suficiente para lhe

---

[515] Cf. Heller, A. C. (2009), p. 79.

[516] *Ibid.*, p. 160.

[517] *Ibid.*, p. 161.

[518] *Journals*, p. 234.

[519] Beauvoir/Sartre 2, p. 311.

retirar a licença de professora. Com o que Beauvoir passara a apresentar-se oficialmente como aquilo que, desde a mais tenra juventude, sempre quisera ser: escritora independente e filósofa.

No fim de agosto, a Gallimard iria publicar o seu primeiro romance. Intelectualmente, essa obra remontava a anos atrás, mas o mesmo não se podia dizer das relações que lhe subjaziam. Sem dúvida que estes aspetos ficariam em primeiro plano na receção da obra. Desde logo por causa da fama de Sartre.

Como para ilustrar o que significava ser um autor na esfera pública, durante a viagem de comboio desenrola-se no compartimento de Beauvoir uma disputa entre críticos, uma disputa que se estendia, sob esta ou outra forma, um pouco por todo o país: «Diverti-me bastante... Eles estabeleceram uma comparação entre *O Estrangeiro* e *A Náusea*, a favor de Camus, porque *A Náusea*, não obstante alguns bons parágrafos, lhes pareceu aborrecida, e depois o que tinha a palavra declarou que *As Moscas* tinha algumas boas qualidades e que era estranho que a peça não tivesse sido bem recebida [...].»[520]

Era verdade: a mais recente peça de Sartre fora um fiasco em junho. As razões eram um mistério até para Beauvoir. Apresentar temas políticos recorrendo a materiais da Antiguidade estava na moda, na verdade, era a única maneira de os fazer passar pela censura. Ou ter-se-ia levado a mal em relação a Sartre precisamente isso: a própria encenação? Para mais, no Théâtre de la Cité, o antigo teatro de Sarah Bernhardt. Não faltava quem o invejasse. Incluindo alguns que suspeitavam que ele era colaboracionista.

TRANSCENDÊNCIA CRIADORA

Não obstante, Camus elogiara liberalmente a peça. Depois do ensaio-geral, tinham ido beber um copo e discutido ideias noite fora — e gracejado: *O Estrangeiro*, *A Náusea* e *A Convidada* — o novo trio do novo existencialismo! Porque não?

Apesar da simpatia espontânea e mútua, as diferenças filosóficas entre Camus e Sartre eram evidentes mesmo nesta noite. Mas o que significava esta tensão para o pensamento dela, Beauvoir? Acima de tudo, para a questão de saber como se poderia desenvolver a «solidariedade

[520] *Ibid.*, p. 312.

metafísica» tendo como pano de fundo a interpretação existencialista da liberdade?

O que fundava precisamente a vinculação com o outro? Que espécie de responsabilidade comportava a existência dele? Em que medida era esta existência uma ameaça e em que medida era uma condição da minha liberdade?

Como se eletrizado por estes novos impulsos, o ensaio prometido a Jean Grenier, o leitor da Gallimard, escrevera-se em poucas semanas. Cem páginas ao todo, e o título também seguia a moda do recurso à Antiguidade: *Pyrrhus et Cinéas*[521]. Beauvoir estava contente com o ensaio. A ideia nuclear parecia bem fundada: era necessário, justamente em nome da liberdade de um projeto próprio, querer e promover incondicionalmente também a liberdade dos outros. Pois: «A liberdade dos outros não pode fazer nada por mim salvo se os meus próprios objetivos puderem, por seu turno, servir-lhes de ponto de partida; é usando a ferramenta que fabriquei que um outro lhe prolonga a existência.»[522]

A publicação iminente de um livro era um exemplo paradigmático. Afinal, não se escrevia um livro para outras pessoas. Tal como não se escrevia para um eu já existente. Escrevia-se, sim, para renovar o eu no processo de escrita e para transcender criadoramente os seus limites anteriores.

> Assim, não é *por* outrem que uma pessoa se transcende; ela escreve livros, inventa máquinas que ninguém pediu; também não é *por* si, pois este «si» só existe por via do projeto que o lança no mundo; o facto da transcendência precede todo o fim, toda a justificação.[523]

No que toca ao impulso humano fundamental para o projeto criador, é preciso então evitar duas interpretações erradas: assim como ele não é empreendido para satisfazer ou ir ao encontro das necessidades de outrem (quaisquer que elas sejam), também não o é em nome de um eu cuja natureza se pudesse determinar ou apreender de forma exata antes do ato de se projetar. Pelo contrário, a existência de uma pessoa — como alguém que permanentemente se reinventa — precede sempre a sua essência, sem que esta alguma vez a consiga alcançar.

---

[521] In *Drei Essays*, p. 193–264.

[522] *Ibid.*, p. 259. [Traduzido do original francês. (*N. da T.*)]

[523] *Ibid.*, p. 248.

A importância de outras pessoas para este processo de contínua dinamização do eu consiste antes de mais em testemunhar este movimento e em atribuir aos seus resultados um lugar que assegure o seu significado num mundo partilhado por todos. E em providenciar assim, para cada existência, um ponto de partida para um novo eventual projeto:

> Eis, portanto, a minha situação perante os outros: os homens são livres, e eu fui lançada ao mundo por entre estas liberdades alheias. Preciso delas, pois, uma vez transcendidos os meus próprios objetivos, os meus atos recairiam sobre si mesmos, inertes, inúteis, se não fossem conduzidos por novos projetos rumo a um novo futuro.[524]

A existência humana surgia aos olhos de Beauvoir como um movimento contínuo que se reencontra e reinventa sempre perante os outros. Sem a aceitação autónoma das suas obras por parte dos outros, essa dinâmica depressa sucumbiria. Sem o seu sopro vital, o fogo da liberdade depressa se extinguiria.

Pouco tempo antes da publicação do seu primeiro romance, Beauvoir define, no seu ensaio *Pyrrhus et Cinéas*, a relação com os outros, uma relação preservadora da liberdade, em termos de uma escada humana, como as crianças fazem entre si para treparem um muro ou contornarem um obstáculo que não conseguiriam trepar ou contornar por um impulso próprio. Uma pessoa sustenta, apenas com o peso da sua existência livre, o projeto da outra. Mas cada uma é responsável apenas pelas suas próprias ações no seu próprio caminho. Empregando uma metáfora apenas ligeiramente mais estática, que ao mesmo tempo pode ser lida como uma descrição (muito idealizada) daquela dinâmica que ao longo de anos determinara a vida da «família» de Beauvoir e de Sartre, diz ela: «As nossas liberdades sustentam-se umas às outras como as pedras de uma abóbada, mas de uma abóbada que não é sustentada por nenhum pilar.»[525]

FUTURO EM ABERTO

No final de agosto, Sartre e Beauvoir estão de novo a caminho da casa de *Madame* Morel em La Pouëze, onde pretendem passar o resto do verão a escrever. Beauvoir, o início de um terceiro romance cujo título,

---

[524] *Ibid.*, p. 256.
[525] *Ibid.*, p. 262.

O Sangue dos Outros, já lhe paira na mente há algum tempo. Sartre, uma peça de teatro com um elenco reduzido que se chamará *Os Outros*. Mais para treinar a mão — mas sobretudo para dar o primeiro papel a Wanda, que, à semelhança de Olga, agora também representa. (A peça será mais tarde intitulada *Huis Clos* [*À Porta Fechada*].)

Em Angers, o comboio de ligação tarda em chegar. Enquanto Beauvoir faz uma pausa num café, Sartre aproxima-se, vindo da estação, «brandindo um jornal». Chegara o momento: «a primeira crítica d'*A Convidada* acabava de sair no *Comoedia* [...]. Esta crónica, redigida por um verdadeiro crítico, impressa num jornal a sério, assegurava-me, preto no branco, que eu tinha feito um livro de verdade, que era verdadeira e subitamente uma escritora. Não escondi a minha alegria.»[526]

Sartre também só recebeu boas notícias. Os seus guiões foram aceites, e o dinheiro estava assegurado: «Não tenha medo [...] vamos passar confortavelmente o ano que vem.»[527] Além de que, numa breve passagem pela capital, conseguira arranjar um cargo bem remunerado para Beauvoir como redatora na Radiodiffusion Nationale (uma emissora estatal que, por esta razão, também era popularmente conhecida como Radio Vichy).

Quando regressam a Paris em outubro, o romance de Beauvoir é assunto de conversa não apenas na cena literária de Montparnasse. Como seria de esperar, o que mais titila os leitores é o *ménage à trois* que sustenta a ação: «Não comprometi o meu prazer com perguntas indiscretas; não me pus a perguntar qual era o valor absoluto do meu romance, se ia resistir ao tempo: o futuro o diria. Por agora, chegava-me ter dado vitoriosamente o primeiro passo: *A Convidada* existia para os outros e eu tinha entrado na vida pública.»[528]

O livro figura até na *short list* do Prix Goncourt. Era mais do que um primeiro passo. Era o reconhecimento que chegava. E quem soubesse ouvir corretamente as notícias da BBC aperceber-se-ia de que a libertação de França estava cada vez mais próxima desde o desembarque dos Aliados na Sicília: «O que importava é que havia de vir um dia em que de novo o futuro se abriria: agora, já não duvidávamos disso e pensávamos até que não faltaria muito tempo.»[529]

---

[526] *BJ*, p. 475 sqq. [*A Força da Idade*, p. 468. (*N. da T.*)]
[527] Cf. Wroblewsky, V. v. (ed.) (2004), p. 329.
[528] *BJ*, p. 477. [*A Força da Idade*, p. 470. (*N. da T.*)]
[529] *Ibid.*, p. 470. [*Ibid.*, p. 463. (*N. da T.*)]

MENSAGEM NUMA GARRAFA

Também Hannah Arendt, no outono de 1943, aguardava com crescente impaciência o dia em que o espetáculo do inferno chegaria ao fim. Mas não tem a apresentar êxitos pessoais comparáveis. Pelo contrário. A par das suas discórdias com os círculos sionistas da cidade, também o contacto com a *intelligentsia* alemã no exílio se revela cada vez mais desagradável. Os visados são em primeira linha Theodor Wiesengrund Adorno e Max Horkheimer e o seu Instituto de Investigação Social. A antipatia remonta a Frankfurt nos anos 1930, quando Günther Stern, com quem Arendt se casara recentemente, se esforçara em vão por obter um grau no Instituto, no círculo de Adorno. A única coisa que os ligava no Novo Mundo era a preocupação com o espólio de Walter Benjamin. Como combinado, Arendt, assim que chegara aos EUA, levara os últimos escritos deste para serem arquivados no Instituto, mas nunca mais ouvira nada sobre o seu paradeiro nem, acima de tudo, sobre eventuais publicações. Já se tinham passado mais de dois anos. Também Scholem, em Jerusalém, o amigo mais antigo e próximo de Benjamin, se mostrava cada vez mais irritado: porque não se fazia nada com o material? Porque não havia publicações? Porque ficavam todos os pedidos de esclarecimento sem resposta?

«Envio-lhe também as teses de Benjamin — apesar de só ter um exemplar», escreve Arendt a 4 de novembro de 1943 numa carta cuja frontalidade nova-iorquina Ayn Rand teria sabido apreciar: «Lidar com Wiesengrund não é só mau, é absurdo. Não sei o que fizeram nem o que pretendem fazer com o espólio. Falei com Horkheimer, que esteve aqui no verão: sem resultado. Diz que a caixa está num cofre (isto é decerto mentira) e que ainda nem se ocupou dela. [...] Estou aqui completamente sozinha, sem nenhum apoio, e não estou de modo algum à altura da tarefa. [...] Acresce que o Instituto está próximo do ponto de extinção. Ainda têm dinheiro, mas são cada vez mais da opinião de que com ele devem assegurar uma reforma tranquila. A revista já não sai, e os poucos que sabem da sua existência não a consideram propriamente de primeira categoria. Wiesengrund e Horkheimer vivem na Califórnia em grande estilo. O Instituto é meramente administrativo. O que administra ele além de dinheiro, ninguém sabe. Com agentes e intrigas, aliviaram o American Jewish Committee de cerca de 10 000 dólares para fazerem um trabalho sobre o antissemitismo.»[530]

[530] Arendt/Scholem, p. 37 sqq.

Era esta, portanto, a situação de Arendt: sem rede de contactos, sem emprego e sem bolsa, tem de ver precisamente Adorno e Horkheimer a ganhar uma principesca bolsa de investigação sobre o tema que é o foco do seu trabalho há anos. E isto apesar de «todos eles se terem queixado de que nunca se interessaram pelos judeus nem pelos seus inimigos e de se terem de ocupar de coisas tão "secundárias" e extravagantes. Wiesengrund e os seus consortes escrevem entretanto a "mensagem numa garrafa para o futuro", parto do princípio de que encontrarão no "cofre" várias inspirações»[531].

A dita «mensagem numa garrafa» de Adorno e Horkheimer será publicada apenas um ano mais tarde com o título *Dialektik der Aufklärung* [*Dialética do Iluminismo*] (que se tornaria uma das mais influentes obras filosóficas do século XX). No entanto, a história e, sobretudo, os efeitos do antissemitismo na Europa ocupavam cada vez mais o centro do interesse público, mesmo na América.

À BEIRA DO ABISMO

Já um ano antes, em novembro de 1942, o Congresso Judeu Mundial transmitira aos jornalistas os primeiros relatos sobre o assassínio em massa de judeus. Por monstruoso que fosse o conteúdo destas informações, não se aproximava sequer dos acontecimentos factuais dessa fase. Como se sabe hoje, apenas entre agosto de 1942, quando as tropas da Wehrmacht entraram em Estalinegrado, e outubro de 1942, as SS mataram mais de um milhão e quatrocentos mil judeus. Entre eles, mais de um milhão nos campos de Belzec, Sobibor e Treblinka durante a Operação Reinhardt. Catorze mil pessoas por dia. O terror diminuiu no final de outubro, mas apenas por razões logísticas. Faltavam suprimentos de pessoas a matar.[532]

Não obstante, mesmo considerando apenas as informações que circulavam na altura, o procedimento dos nazis suscitava incredulidade. Até da parte de especialistas e jornalistas. Desde logo porque, de um ponto de vista exterior, não parecia ter nenhum sentido. Nem militarmente nem de nenhuma outra perspetiva. A menos que, no ponto

---

[531] *Ibid.*, p. 39.

[532] Cf. a este respeito Lewi Stone, «Quantifying the Holocaust: Hyperintense kill rates during the Nazi genocide», in *Science Advances* de 2 de janeiro de 2019, Vol. 5, N.º 1, eaau7292.

culminante da guerra, os nazis só se interessassem por provar factualmente que podiam e sobretudo queriam agir assim.

Arendt e Blücher também tinham precisado de meses para se convencerem interiormente da verdade dos relatos. Porém, no início na primavera de 1943, Arendt começou a expressar em conferências a sua convicção de que «desde o início da guerra, e mesmo antes, existiu uma conspiração de silêncio a respeito do sofrimento e das perdas do povo judeu»[533].

Todavia, ninguém a conseguia convencer a participar em eventos solidários que pudessem influenciar a opinião pública, como o concerto *We Shall Never Die* de março de 1943, em Madison Square Garden, organizado por Ben Hecht e por Kurt Weill. Era demasiado profunda a sua desconfiança em relação a qualquer forma de envolvimento de inspiração sionista.

Por ora, não havia em Nova Iorque nada de mais relevante a fazer do que continuar a trabalhar na sua mensagem na garrafa. «Trabalhei muito», escreve ela a Scholem numa carta de novembro de 1943. «Quando tiver escrito o meu livro sobre o antissemitismo[534], ele conterá coisas muito curiosas. Entretanto, como já antes acontecia, escrevo partes dele que publico algures em periódicos locais.»[535]

ELEMENTOS E ORIGENS[536]

Foi assim uma feliz coincidência que o judaísta Scholem, no seu mais recente livro *Die jüdische Mystik in ihren Hauptströmungen*[537] [*As Principais Correntes da Mística Judaica*], tivesse seguido os seus próprios caminhos. Tanto a respeito das fontes quanto dos métodos. No ano anterior, Scholem fizera chegar pessoalmente um exemplar a Arendt. Arendt escreve uma resenha da obra (que acompanhou a carta de novembro de 1943) segundo a qual a investigação conduzida por Scholem consegue escapar, de forma visionária, a um esquema interpretativo que determinou e foi

533 Cf. Young-Bruehl, E. (2018/1982), p. 262.

534 Este livro planeado viria a constituir a segunda parte de *Elemente und Ursprünge totaler Herrschaft.* (= EuU) [*As Origens do Totalitarismo*, em português. (*N. da T.*)]

535 Arendt/Scholem, p. 39.

536 Alusão ao título alemão de *As Origens do Totalitarismo.* Cf. nota acima.

537 Scholem, G. (1951/1941).

um obstáculo por demasiado tempo à moderna historiografia judaica na Europa:

> Os historiadores do judaísmo do último século costumavam [...] ignorar todos os factos da história judaica que não se adequassem à sua tese fundamental da história da diáspora, de acordo com a qual os judeus não teriam uma história política, teriam sido antes constantemente as vítimas inocentes de um ambiente hostil e violento. [...] Porém, o pensamento místico judeu, que no movimento sabatianista desembocava, como se sabe, na ação política, era para esta interpretação um obstáculo tão sério que só podia ser superado desacreditando-o apressadamente ou ignorando-o totalmente. A exposição e apreciação inovadoras que Scholem faz da mística judaica não só colmatam estas lacunas, como mudam efetivamente a imagem geral da história judaica.[538]

Sobretudo o sabatianismo mencionado na citação — um movimento místico de salvação do século XVIII que remonta a Sabbatai Zevi como presumível Messias — marcava, segundo Scholem, a verdadeira origem da tragédia dos judeus na Europa, na medida em que a sua supressão enquanto movimento político distinto deitou também a perder toda a esperança na busca de uma identidade que fosse além da assimilação ou do papel de vítima. O malogro do movimento sabatianista representava, assim, o início de uma profunda crise identitária e de uma era de agonia política que, atiçada pelo antissemitismo moderno e pelo nacionalismo do século XIX, batera no fundo no presente, nas quatro décadas anteriores. Com efeito, a campanha nacional-socialista de aniquilação dos judeus ia muito além de mero desespero acerca da definição interior de um povo. Tinha que ver com o terror indizível da sua extinção total através do assassínio industrializado. Tinha que ver com a ameaça de perda de qualquer esperança num futuro digno do nome.

Muito à semelhança do anjo da história de Benjamin, também Scholem e Arendt começarão por virar as costas a esse futuro, para trazerem à luz do dia, com o seu olhar autónomo, o modo como fora possível chegar aos montes de ruínas e de cadáveres do presente. À semelhança de Benjamin, também eles estão convencidos de que o chamado passado está na verdade tão pouco determinado como o futuro. E de que, nesta fase mais negra e chocante, importava antes de mais abarcar as

---

[538] Arendt/Scholem, p. 469.

constelações específicas que tinham conduzido a este presente e a nenhum outro. Pois, tomando de empréstimo as palavras de Benjamin em *Sobre o Conceito da História*, «Articular historicamente o passado significa [...] apoderarmo-nos de uma recordação (*Erinnerung*) quando ela surge como um clarão num momento de perigo»[539]. Significa coligir os elementos e origens nos quais o terror presente se cristaliza.[540] Esta era uma descrição precisa do projeto de investigação que Arendt então levava a cabo sobre a história do antissemitismo. E, tal como ela o entendia, também do projeto de Scholem como judaísta visionário.

Arendt conclui os seus apontamentos em novembro de 1943 com a seguinte citação da mais recente obra fundamental de Scholem: «Falar do destino e da mudança mística que, com a grande catástrofe, se abateram nesta geração sobre o povo judeu mais fundamente do que alguma vez na sua longa história — e creio que essa mudança ainda está por vir — é coisa de profetas, não de professores.»[541]

Arendt apõe logo a esta citação a sua objeção, segundo a qual não é de modo algum «a tarefa dos profetas pronunciarem-se sobre a nossa vontade política última»[542]. Como não é a dos professores.

SEM DESTINO

Nesta conjuntura, a sua missão perfilava-se claramente: não escreveria como profeta nem como professora. Não trairia os ideais do Iluminismo kantiano em nome de uma dialética obscura, nem se perderia em murmúrios místicos. Não acreditaria ingenuamente no «progresso», nem abdicaria para sempre da esperança num futuro melhor. Não narraria a história ingenuamente, nem tentaria explicá-la de forma redutoramente causal. Pelo contrário, em nome de um pensamento atual — em nome de uma filosofia cosmopolita[543] —, procuraria aquelas perturbações chocantes que abrem os olhos para abismos silenciados ou apenas camuflados. Estar entre — caminhar entre. Arendt conclui os seus apontamentos sobre o livro de Scholem no ano de 1943 com uma intimação que a acompanhou ao longo de toda a vida: «Mas o que [...]

---

[539] Benjamin, W. (2003), p. 695. [*O Anjo da História*, p. 11. (*N. da T.*)]
[540] Arendt/Benjamin, p. 30.
[541] Arendt/Scholem, p. 482.
[542] *Ibid.*
[543] Cf. Kant, I. (1983/1798).

não podemos esquecer é que, em última instância, cabe a cada pessoa decidir acerca do seu destino político.»[544]

Não havia melhor momento para desbravar novos caminhos neste trabalho da memória do que naquele que se percebia claramente ser a origem de uma nova era da política mundial. Mesmo em privado, começam a brilhar algumas centelhas de esperança. Era certo que o seu bom marido ainda não falava bem inglês; não obstante, lecionava agora numa universidade americana verdadeiramente de elite. Tinha por missão proferir conferências a um público de oficiais de língua alemã do exército americano sobre a organização e estrutura dos exércitos alemão e francês.[545] Nas palavras de Arendt numa carta a Scholem de novembro de 1943: «*Monsieur* é *visiting lecturer* em Princeton e, pela primeira vez há vários anos, não tenho preocupações financeiras.»[546] Já quase a liberdade.

FRUTOS LOUCOS

«*Darlings*, regressaram os dias quentes, sempre interrompidos por chuvadas. Não por muito mais tempo. Diz-se que setembro é muitas vezes seco e soalheiro.»[547] Há já quatro meses que Simone Weil está no Hospital Middlesex. O seu estado tem-se deteriorado continuamente. Já quase não tem força para empunhar os talheres. Só encontra energia para escrever cartas. Mas, em vez de dar notícias sobre a sua saúde a «Mime» e a «Biri» no outro lado do Atlântico, a 4 de agosto de 1943 Weil prefere efabular sobre a vida nas ruas de Londres no verão, sobre parques e *pints*, raparigas e rapazes, primeiros beijos e encontros falhados; sobre as alegrias quotidianas de jovens quotidianos. Precisamente como se ela fizesse parte desta vida. Como se alguma vez tivesse feito.

Pressente que é a última carta que escreverá aos pais. Por essa razão, é para ela imperativo corrigir uma observação que fizera meses antes: a sobremesa a que os Ingleses chamam *fruit fools* na verdade não leva fruta, é quase exclusivamente feita de gelatina e de químicos. É assim muito diferente do que acontece em Shakespeare, em cujos dramas são precisamente os bobos (*fools*) que dizem a verdade — enquanto todas as

---

544 *Ibid.*

545 Cf. Young-Bruehl, E. (2018/1982), p. 264.

546 Arendt/Scholem, p. 39.

547 Gabellieri, E. e L'Yvonnet, F. (eds.) (2014), p. 195.

outras personagens apenas dizem falsidades confusas sobre si mesmas. Para Weil, revela-se aí uma ideia profunda:

> Neste mundo, só os seres mais humilhados, que sofrem uma humilhação muito maior do que a indigência, que não têm nenhuma relevância, nem sequer social, que, pelo contrário, se veem privados aos olhos de todos da primeira dignidade do ser humano — a razão —, só eles podem de facto dizer a verdade. Todos os outros mentem.[548]

Mas, como estes loucos (*les fous*) não tinham título de professor nem condecorações, ninguém prestava atenção às suas verdades — não eram ouvidos nem entendidos. «*Darling* M[ime], pressentes a afinidade, a analogia essencial, entre estes loucos e eu — a despeito da universidade de elite, do diploma e dos hinos de louvor à minha "inteligência"? [...] No meu caso, estes elogios serviram um *objetivo* apenas, o de evitar a pergunta: ela diz a verdade ou não?»[549]

INSOLÚVEL

Quando Weil escreve estas linhas, já pedira várias vezes que a transferissem para um sanatório. À revelia do conselho dos médicos, ela rejeita todos os tratamentos.[550] Já não quer lutar mais. Por louco que isso pareça aos outros, já não quer querer. Afinal, existem outras formas de salvação, de anseio pela libertação. Precisamente trilhando os caminhos do espírito. Precisamente trilhando os caminhos da filosofia. Pois os seus métodos consistem, como Weil escreve no seu caderno de Londres:

> [...] em apreender os problemas insolúveis na sua insolubilidade, em os observar então, nada mais, perseverantemente, incansavelmente, anos a fio, sem esperança alguma, à espera.
>
> Há poucos filósofos de acordo com este critério. Poucos é dizer muito.
>
> A passagem para a transcendência ocorre quando as faculdades humanas — a mente, a vontade, o amor humano — embatem num limite e a pessoa se detém neste limiar, para lá do qual não consegue dar um passo,

[548] *Ibid.*

[549] *Ibid.*, p. 196.

[550] Os pormenores biográficos desta fase da vida de Weil foram retirados de Pétrement, S. (1973), pp. 673–693.

e isto sem virar costas a esse limiar, sem saber o que ela própria deseja e esperando em tensão.

Este é um estado de humilhação extrema. Impossível para quem não conseguir aceitar a humilhação.[551]

Depois de anos a percorrer o caminho, Weil reconheceu a sua existência terrena — o seu simples *Dasein* — como um problema da espécie acima descrita. Para ela, é tempo de se demorar no limiar. Sem oferecer resistência. Sem frente estrangeira. Sem outros inimigos. Apenas exercendo a mais perfeita atenção, esvaziada do eu. O caminho do misticismo. O caminho da redenção. Falta apenas superar o mais primordial, o mais animal impulso da vontade: o impulso de se alimentar.

DEMISSÃO

O médico da enfermaria recordar-se-á dela como «a paciente mais difícil que alguma vez teve»[552]. Desde o dia do seu internamento que Weil recusa categoricamente qualquer tratamento especial. Recusa um quarto privado mesmo quando lhe é dito que a sua tuberculose ainda é contagiosa e que, por isso, pode pôr em perigo os outros pacientes. Ambos os pulmões estão afetados. Não obstante, o prognóstico é promissor. Mas ela precisa de repouso absoluto. E, sobretudo, de comer o suficiente.

Weil, no entanto, não quer comer nada salvo pequeníssimas porções de papas de aveia. Por solidariedade, diz ela, com o povo da sua pátria que passa fome. Sobretudo as crianças. Repetidas vezes, diz às enfermeiras que lhe oferecem leite que o enviem diretamente para França. Passa as primeiras semanas do seu internamento a escrever e a estudar o *Bhagavad-Gita* no original em sânscrito.

Em junho, está já tão débil que o padre militar francês é chamado. Mas Weil não quer falar com ele, menos ainda que ele a batize. O bom homem, sentado na cadeira das visitas à escuta, não consegue acompanhar as cadeias de associações que Weil sussurra sobre o dom da graça e sobre seguir o caminho da alma em direção à luz. Também durante a última visita do seu antigo camarada Maurice Schumann, sua pessoa

---

[551] *Cahiers 4*, p. 317.

[552] Pétrement, S. (1973), p. 680.

de confiança no Estado-maior de de Gaulle, Weil já só fala por alusões proféticas, longe de qualquer expectativa de diálogo.

Também aqui Weil corta as últimas amarras que lhe prendiam o espírito. A 26 de julho de 1943, ainda consegue reunir forças para expor numa longa carta à direção da França Livre as razões da sua profunda desilusão. Em vez de a terem enviado numa missão para França, como era seu desejo expresso, haviam-lhe confiado, quatro longos meses a fio desde que chegara a Inglaterra, tarefas que ou eram formuladas tão vagamente que nem sentido tinham ou que eram para ela impossíveis de cumprir. Em vez de lhe terem permitido lutar no local e morrer pelo seu povo, quiseram aproveitar a sua presumível inteligência (*intelligence*). «As inteligências utilizáveis abundam no mercado. A minha — asseguro-vos de que falo sinceramente e de que sei bem do que falo — não tem nada de excecional. Sempre foi mediana. [...] Não tenho a possibilidade de utilizar a minha inteligência; como poderia eu pô-la à disposição de outros?» Por esta razão, ela demitia-se irrevogavelmente do serviço e, acima de tudo, queria que ficasse claro para o futuro que «nunca tive nenhuma relação — direta ou indireta, nem sequer muito indireta — com a Resistência francesa...».

«P.-S. Não é uma grande perda para si. [...] Estou acabada, quebrada, para lá de qualquer possibilidade de reparação, e isto independentemente dos bacilos de Koch. Estes apenas aproveitaram a ausência de resistência e, bem entendido, laboram para demolir um pouco mais.»[553]

A carta aos pais é a última que escreve pelo próprio punho. À margem da quarta folha, Weil escreve a sua despedida: «Mil beijos, *darlings*. Tenham esperança, mas com moderação. Sejam felizes. Abraço-vos muitas, muitas vezes.»

A 17 de agosto de 1943, Weil é transferida para um sanatório em Ashford, no condado de Kent.

LIGAÇÃO À TERRA

Apesar da febre alta, as enfermeiras que a recebem encontram-na bem-disposta e perfeitamente lúcida. Os olhos são claros e vivos. A vista da janela dá para árvores e campos («Ah, que bonito quarto para

---

[553] Cf. Pétrement, S. (1973), p. 684 sqq.

morrer»[554]). Declara-se pronta até para comer. De preferência, puré de batata à maneira francesa. Seria possível?

A Dr.ª Broderick, a médica de serviço, quer saber quem é a sua nova paciente e o que faz na vida. Simone Weil responde, sorrindo, com uma única frase: «Sou filósofa e interesso-me pela humanidade.»[555]

---

[554] *Ibid.*, p. 689.

[555] Cf. *ibid.*, p. 691.

TRILHOS

Em Hollywood, Ayn Rand escreve o guião para *The Fountainhead*, que virá a ser filmado em 1949 com Gary Cooper no papel principal. O seu quarto e último romance, *A Revolta de Atlas* [*Atlas Shrugged*], é publicado em 1957, após mais de dez anos a trabalhar no manuscrito, e, a par de *The Fountainhead*, é a sua segunda obra mais importante.

Ostensivamente ignorada pela academia, nos anos 1960 Rand começa a elaborar a sua filosofia também sob a forma de ensaios e de livros de não ficção, criando um sistema global de ontologia, epistemologia, filosofia da linguagem, ética, filosofia política e estética. Rand dá ao seu sistema o nome «objetivismo» — inicialmente quisera chamar-lhe existencialismo.

Em 1982, o ano da sua morte, é publicado o seu último livro. Tem o título: *Philosophy: Who Needs It*. Por esta altura, já é há décadas um ícone cultural nos EUA, cuja influência na vida política e social dificilmente pode ser sobrestimada, sobretudo nos círculos conservadores que defendem o mercado livre e também nos círculos libertários.

Entre os discípulos mais influentes de Rand, que quando regressa para Nova Iorque em 1951 atrai um círculo de adeptos fiéis, conta-se Alan Greenspan, presidente da Reserva Federal dos EUA (FED) — o banco central americano. Foi Ronald Reagan quem nomeou Greenspan. Logo em 1974, Greenspan torna-se presidente do Council of Economic Advisers do presidente americano. Rand está presente na tomada de posse.

Em retrospetiva, o ano de 1943 — no qual, a par de *The Fountainhead*, também foram publicados *The God of the Machine*, de Isabel Paterson, e *The Discovery of Freedom*, de Rose Wilder Lane — é o ano em que nasce o movimento libertário, que desde 1971 existe nos EUA também como Partido Libertário e que apresenta candidaturas presidenciais até aos dias de hoje.

Com a crise financeira de 2008, a influência de Rand recebeu um novo ímpeto, sobretudo sob a forma do chamado movimento Tea Party, que incorpora no seu programa e nas suas ações de protesto impulsos centrais dos romances de Rand.

Só no mundo anglófono, os livros de Rand venderam até hoje (2020) mais de 25 milhões de exemplares, entre eles 8 milhões só de *The Fountainhead. A Revolta de Atlas* é, a seguir à Bíblia, o livro mais vendido nos EUA desde os anos 1960.

Simone de Beauvoir e Jean-Paul Sartre contam-se, em 1945, entre os redatores fundadores da revista *Les Temps Modernes*, acompanhados por Raymond Aron e por Maurice Merleau-Ponty. No mesmo ano, o casal lança, sob a forma de séries de artigos e de conferências, uma «ofensiva existencialista». Como consequência, o existencialismo desenvolve-se, irradiando de Paris, até se tornar uma das mais influentes correntes filosóficas do mundo ocidental, quer na vertente política quer na vertente de uma estética de vida.

No ano de 1949, Beauvoir publica a sua obra *Le deuxième sexe* [*O Segundo Sexo*], que é considerada até aos dias de hoje um documento fundador do feminismo moderno e que constituiu um impulso essencial para o movimento das mulheres a partir de 1968. Nela, Beauvoir descreve ser mulher, longe do essencialismo e do biologismo, como uma «situação» socialmente construída e assente em condições fisiológicas específicas. Com o que abre caminho para a distinção, mais tarde muito influente, entre sexo e género. O livro é um êxito mundial, e Sartre e Beauvoir tornam-se definitivamente ícones intelectuais globais.

Em 1954, Beauvoir recebe o Prix Goncourt, o prémio literário mais importante de França, pelo seu *roman à clef* sobre a cena intelectual de esquerda no pós-guerra em Paris, intitulado *Os Mandarins* [*Les Mandarins*]. Nele, Sartre, Albert Camus e Arthur Koestler, tenuemente camuflados, são as personagens principais.

Beauvoir e Sartre assumem cada vez mais, nos anos 1960 e 1970, o papel de ativistas políticos, sobretudo em questões relativas ao anticolonialismo, aos movimentos revolucionários socialistas, bem como à igualdade jurídica e social da mulher.

Ativa até ao fim como escritora e também como redatora de *Les Temps Modernes*, Beauvoir morre a 14 de abril de 1986. É enterrada no Cemitério de Montparnasse, no mesmo túmulo de Jean-Paul Sartre, seu companheiro intelectual de toda a vida.

Hannah Arendt, que, depois da guerra, trabalha para diferentes instituições judaicas de investigação e cultura, publica nos EUA a sua obra *The Origins of Totalitarianism* [*As Origens do Totalitarismo*]. Nesse mesmo ano, recebe a cidadania dos EUA. Em 1955, o livro é publicado em alemão, com muitas modificações e revisões, com o título *Elemente und Ursprünge totaler Herrschaft: Antisemitismus, Imperialismus, totale Herrschaft* [*Elementos e Origens do Totalitarismo: Antissemitismo, Imperialismo, Totalitarismo*]. É considerado um dos documentos fundadores da investigação do totalitarismo e torna Arendt famosa em todo o mundo.

Na passagem de ano de 1949/1950, Arendt regressa pela primeira vez à Alemanha, onde se encontra com Karl Jaspers e com Martin Heidegger. Manterá a amizade com ambos até ao final da vida.

Arendt continua a contribuir para publicações periódicas e, no final dos anos 1950, começa a lecionar também em diferentes universidades americanas, entre elas Princeton, University of Chicago, bem como a New Yorker New School.

Em 1961, é enviada pela revista *The New Yorker* para Jerusalém para cobrir o julgamento de Adolf Eichmann. Em 1963, é publicado (inicialmente em inglês) o seu livro *Eichmann in Jerusalem: A Report on the Banality of Evil* [*Eichmann em Jerusalém: Uma Reportagem sobre a Banalidade do Mal*], que suscita uma enorme controvérsia. A descrição que Arendt faz de Eichmann como alguém cuja culpa maior é a sua «incapacidade para pensar» é vista como uma desvalorização da gravidade dos seus atos. Também a maneira como Arendt problematiza a conduta dos *Judenräte*, os conselhos judeus, causa escândalo e contribui para que a sua relação com os círculos sionistas e com os círculos judeus intelectuais se deteriore ainda mais — desde logo, e acima de tudo, a sua amizade com Gershom Scholem.

Outras obras maiores de Arendt são *Vita activa — Vom tätigen Leben* (1960), bem como a obra em três volumes *Vom Leben des Geistes: Das Denken / / Das Wollen / Das Urteilen* [*Da Vida do Espírito: O Pensamento / A Vontade / / A Faculdade de Juízo*]. A meio do trabalho no terceiro volume, *Das Urteilen*, Arendt sofre um enfarte do miocárdio e morre a 4 de dezembro de 1975 no seu apartamento em Nova Iorque, em Riverside Drive. É enterrada no cemitério do Bard College ao lado de Heinrich Blücher.

Em grande medida ignorado pela filosofia académica, incluindo na Alemanha, ao longo de décadas, o pensamento de Arendt ganha a partir dos anos 1950 uma influência mundial que exorbita largamente as esferas da teoria política e da investigação histórica e que até hoje assume cada vez mais importância.

Simone Weil morre a 24 de agosto de 1943 no sanatório de Ashford, em Inglaterra. O relatório médico aponta como causa da morte «falência cardíaca [...] provocada por inanição e tuberculose». Acrescentando: «Por causa de confusão mental, a falecida recusava-se a comer.»[556]

Apenas sete pessoas estiveram presentes no enterro de Weil, entre elas Maurice Schumann, que disse orações junto à sua cova. Também se tinha pedido a presença de um padre, mas ele perdera o comboio e acabou por não ir.

Em 1947, foram publicados em França os primeiros excertos dos cadernos (*Cahiers*) de Weil, em 1949 *L'Enracinement* [*O Enraizamento*]. No início dos anos 1950, Albert Camus dedicou-se à obra de Weil e publicou vários dos seus mais importantes escritos na editora Gallimard.[557] Em 1951, Camus escreve uma carta à mãe dela: «Simone Weil, percebo-o agora, é o único grande espírito do nosso tempo. [...] No que me diz respeito, ficaria contente se se puder dizer de mim que fiz a minha parte, com os meios modestos de que disponho, para divulgar e tornar conhecida a sua obra; uma obra cuja repercussão ainda temos de aferir.»[558]

Em 1958, a campa de Weil em Ashford recebe uma lápide com a seguinte inscrição: «Os seus escritos estabeleceram-na como uma das mais importantes filósofas modernas.»

A editora Gallimard publicou entretanto as obras completas de Weil numa versão abreviada. A sua influência limitou-se por muito tempo aos campos da teologia — sobretudo da teologia católica —, da pedagogia, bem como da teoria política. A filosofia académica continua em grande medida a ignorar o pensamento de Weil até aos dias de hoje.

Vale muito a pena descobrir a sua obra.

---

556 Pétrement, S. (1973), p. 692.

557 Em alemão, a editora Diaphanes, de Zurique, publicou a partir de 2009 vários destes escritos em novas traduções.

558 Relatado pelo jornal francês *L'Express*, edição de 11 de fevereiro de 1961.

AGRADECIMENTOS

Agradeço a Christiane Braun, ao Dr. Christoph Selzer e ao Dr. Johannes Czaja, que acompanharam este livro como leitores com grande conhecimento técnico e com a mais amável consideração humana.

Agradeço a Tom Kraushaar e a Michael Gaeb o encorajamento decisivo, a confiança e os *quarantinis* revigorantes, bem como a Thomas Meyer pela benevolência e pelas indicações que me permitiram evitar erros.

Agradeço às biógrafas das quatro heroínas deste livro pelo seu trabalho decisivo: Anne C. Heller (*Ayn Rand and the World She Made*), Simone Pétrement (*La vie de Simone Weil*), Kate Kirkpatrick (*Becoming Beauvoir — A Life*) e Elisabeth Young-Bruehl (*Hannah Arendt — Leben, Werk und Zeit*). As suas obras acompanharam-me sempre enquanto escrevia.

Sem uma generosa bolsa da Brost-Stiftung, este livro não poderia ter nascido nestes tempos difíceis — um agradecimento especial a Sonja Villarreal, ao Dr. Boris Berger, assim como ao Prof. Bodo Hombach.

Agradeço à Dr.ª Vera Schmit-Eilenberger os conselhos sempre terapêuticos.

Mas acima de tudo, e uma vez mais, agradeço a Pia, Venla e Kaisa — os fogos da minha vida.

Berlim, 23 de maio de 2020

BIBLIOGRAFIA

BIBLIOGRAFIA PRIMÁRIA

HANNAH ARENDT

KG = Arendt, H. (2018, em curso), *Kritische Gesamtausgabe*, B. Hahn (ed.), Göttingen.

KG3 = Vol. 3 (2019): *Sechs Essays — Die verborgene Tradition*, Göttingen.

Arendt/Anders = Putz, K. (ed.) (2018), *Hannah Arendt und Günther Anders, Schreib doch mal* hard facts *über Dich — Briefe 1939 bis 1975*, Munique.

Arendt/Benjamin = Schöttker, D. e Wizisla, E. (eds.), *Arendt und Benjamin — Texte, Briefe, Dokumente*, Frankfurt am Main.

Arendt/Blücher = Köhler, L (2013), *Hannah Arendt/Heinrich Blücher — Briefe 1936–1968*, Munique.

Arendt/Heidegger = Arendt, H. e Heidegger, M. (1998), *Briefe 1925–1975*, Frankfurt am Main.

Arendt/Jaspers = Köhler, L. e Saner, H. (eds.) (2001), *Hannah Arednt/Karl Jaspers. Briefwechsel 1926–1969*, Munique.

Arendt/Scholem = Knott, M. L. (ed.) (2010), *Hannah Arendt/Gershom Scholem — Der Briefwechsel 1939–1964*, Frankfurt am Main.

Aufbau = Knott, M. L. (ed.) (2004), *Hannah Arendt: Vor Antisemitismus ist man nur noch auf dem Monde sicher — Beiträge für die deutsch-jüdische Emigrantenzeitung «Aufbau» 1941–1945*, Munique.

Aug = Arendt, H. (2018/1929), *Der Liebesbegriff bei Augustin — Versuch einer philosophischen Interpretation*, Hamburgo.

Böse = Kohn, J. (ed.) (2019/2006), *Hannah Arendt, Über das Böse: Eine Vorlesung zu Fragen der Ethik*, Munique.

Briefe Freunde = Nordmann, I. (ed.) (2015), *Hannah Arendt: Wahrheit gibt es nur zu zweien — Briefe an Freunde*, Munique.

Denktagebuch = Ludz, U. e Nordmann, I. (eds.) (2016), *Hannah Arendt: Denktagebuch 1950–1973*, Vol. 1, Munique.

Eichmann = Arendt, H. (2018/1964), *Eichmann in Jerusalem: Ein Bericht von der Banalität des Bösen*, Munique.

EeU = Arendt, H. (1986/1951), *Elemente und Ursprünge totaler Herrschaft — Antisemitismus, Imperialismus, totale Herrschaft*, Munique.

Finst. Zeiten = Arendt, H. (2013/1968), *Menschen in finsteren Zeiten*, Munique.

Flüchtlinge = Arendt, H. (2016/1943), *Wir Flüchtlinge*, Leipzig.

Freiheit = Arendt, H. (2018), *Die Freiheit, frei zu sein*, Munique.

Urteilen = Beiner, R. (ed.) (2017/1982), *Hannah Arendt, Das Urteilen — Texte zu Kants politischer Philosophie*, Munique.

Var = Arendt, H. (1981/1959), *Rahel Varnhagen — Lebensgeschichte einer deutschen Jüdin aus der Romantik*, Munique.

Vita = Arendt, H. (2007/1960), *Vita activa oder Vom tätigen Leben*, Munique.

Wir Juden = Knott, M. L. e Ludz, U. (eds.) (2019), *Hannah Arendt: Wir Juden — Schriften 1932 bis 1966*, Munique.

Traduções para o português:

Arendt, Hannah; Justo, José Miranda (trad.), *Nós, Refugiados*, Lisboa, Antígona, 2021.

SIMONE DE BEAUVOIR

AG = Beauvoir, S. de (2018/1949), *Das andere Geschlecht: Sitte und Sexus der Frau*, Reinbek.

Beauvoir/Sartre 1 = Le Bon, S. (ed.) (2017), *Simone de Beauvoir: Briefe an Sartre, Bd. 1: 1930–1939*, Reinbek.

Beauvoir/Sartre 2 = Le Bon, S. (ed.) (1998), *Simone de Beauvoir: Briefe an Sartre, Bd. 2: 1940–1963*, Reinbek.

BJ = Beauvoir, S. de (2008/1960), *In den besten Jahren*, Reinbek.

Blut = Beauvoir, S. de (2018/1945), *Das Blut der anderen*, Reinbek.

Drei Essays = Beauvoir, S. de (2007/1955), *Soll man de Sade verbrennen — Drei Essays zur Moral des Existentialismus*, Reinbek.

Kriegstagebuch = Beauvoir, S. de (1994), *Kriegstagebuch 1939–1945*, Reinbek.

Lauf = Beauvoir, S. de (2018/1966), *Der Lauf der Dinge*, Reinbek.
Lisa = Beauvoir, S. de (2005/1979), *Marcelle, Chantal, Lisa...*, Reinbek.
Memoiren = Beauvoir, S. de (2018/1958), *Memoiren einer Tochter aus gutem Hause*, Reinbek.
Menschen = Beauvoir, S. de (2019/1946), *Alle Menschen sind sterblich*, Hamburgo.
Skub = Beauvoir, S. de (2017/1943), *Sie kam und blieb*, Reinbek.

Traduções para o português:

Beauvoir, Simone de; Costa, Maria Auta Monteiro (trad.), *A Força da Idade*, Lisboa, Livraria Bertrand, 1976.
Beauvoir, Simone de; Freire, Maria João Remy (trad.), *Memórias de Uma Menina Bem-Comportada*, Lisboa, Bertrand Editora, 1987.

AYN RAND

Anthem = Rand, A. (1938), *Anthem*, Wrockaw.
Atlas = Rand, A. (2007/1957), *Atlas Shrugged*, Londres.
Fountainhead = Rand, A. (1993/1943), *The Fountainhead*, Nova Iorque.
Journals = Harriman, D. (ed.) (1999), *Journals of Ayn Rand*, Nova Iorque.
Letters = Berliner, M. S. (ed.) (1997), *Letters of Ayn Rand*, Nova Iorque.
New Intellectual = Rand, A. (1963), *For the New Intellectual*, Nova Iorque.
Return = Rand, A. (1999), *The Return of the Primitive*, Nova Iorque.
Romantic Manifesto = Rand, A. (1999/1969), *The Romantic Manifesto — A Philosophy of Literature*, Nova Iorque.
Selection = Peikoff, L. (ed.) (1999), *The Early Rand — A Selection from Her Unpublished Fiction*, Nova Iorque.
Three Plays = Rand, A. (1999), *Three Plays*, Nova Iorque.
Ursprung = Rand, A. (2019), *Der Ursprung*, Iena.
Voice = Rand, A. (1990), *The Voice of Reason: Essays in Objectivist Thought*, Nova Iorque.
We the Living = Rand, A. (2010/1936), *We the Living*, Londres.

SIMONE WEIL

OC = Weil, S. (1998, em curso), *Œuvres Complètes, I–VII*, Paris.
OCII-2 = *Écrits historiques et politiques (1991/1934–1937)*, Paris.
OCII-3 = *Écrits historiques et politiques (1989/1937–1940)*, Paris.

OCIV-1 = *Écrits de Marseille (2008/1940–1942)*, Paris.

OCIV-2 = *Écrits de Marseille (2009/1941–1942)*, Paris.

OCV = *Écrits de New York et de Londres (2013/1943)*, Paris.

OCVII-1 = *Correspondance* (2012), Paris.

Abschaffung = Weil. S. (2009), *Anmerkung zur generellen Abschaffung der politischen Parteien*, Zurique.

Cahiers 1 = Weil, S. (2017), *Cahiers/Aufzeichnungen 1*, Munique.

Cahiers 2 = Weil, S. (2017), *Cahiers/Aufzeichnungen 2*, Munique.

Cahiers 3 = Weil, S. (2017), *Cahiers/Aufzeichnungen 3*, Munique.

Cahiers 4 = Weil, S. (2017), *Cahiers/Aufzeichnungen 4*, Munique.

Corr. 1942 = Weil, S. e Bousquet, J. (2019), *Correspondance 1942: Quel est donc ton tourment*, Paris.

Fabrik = Weil, S. (1978), *Fabriktagebuch und andere Schriften zum Industriesystem*, Frankfurt am Main.

KuG = Weil, S. (2011a), *Krieg und Gewalt — Essays und Aufzeichnungen*, Zurique.

Trotski = Weil, S. (2014), *Conversation avec Trotski*, Paris.

UuF = Weil. S. (1975), *Unterdrückung und Freiheit — Politische Schriften*, Munique.

Veneza = Weil, S. (2019), *Venice Saved*, Londres.

Verwurzelung = Weil, S. (2011b), *Die Verwurzelung — Vorspiel zu einer Erklärung der Pflichten dem Menschen gegenüber*, Zurique.

Traduções para o português:

Weil, Simone; Barreiros, Manuel Maria (trad.), *Espera de Deus*, Lisboa, Assírio & Alvim, 2005.

Weil, Simone; Ferreira, Júlia e Cláudio, José (trads.), *Enraizamento*, Lisboa, Relógio D'Água, 2014.

Weil, Simone; Nunes, Maria de Fátima Sedas (trad.), *Reflexões sobre as Causas da Liberdade e da Opressão Social*, Lisboa, Antígona, 2017.

BIBLIOGRAFIA SECUNDÁRIA SELECIONADA

Adamowitsch, A. e Granin, D. (2018), *Blockadebuch — Leningrad 1941–1944*, Berlim.

Adorno, T. W. e Benjamin, W. (1994), *Briefwechsel 1928–1940*, Frankfurt am Main.

Alain (1939), *Convulsions de la force*, Paris.

Alain (1939), *Échec de la force*, Paris.

Applebaum, A. (2003), *Gulag — A History*, Londres.

Applebaum, A. (2017), *Roter Hunger — Stalins Krieg gegen die Ukraine*, Munique.

Bair, D. (1998), *Simone de Beauvoir — Eine Biographie*, Munique.

Bakewell, S. (2018), *Das Café der Existentialisten — Freiheit, Sein und Aprikosen-cocktails*, Munique.

Beauvoir, S. de (ed.), *Jean-Paul Sartre: Briefe an Simone de Beauvoir (1926–1939)*, Reinbek.

Beauvoir, S. de (ed.), *Jean-Paul Sartre: Briefe an Simone de Beauvoir (1940–1963)*, Reinbek.

Benjamin, W. (2003), *Gesammelte Schriften Bd. 1*, Frankfurt am Main.

Benjamin, W. (2010), *Über den Begriff der Geschichte*, Berlim.

Bernanos, G. (1949/1938), *Die großen Friedhöfe unter dem Mond*, Munique.

Blume, D., Boll, M. e Gross, R. (eds.) (2020), *Hannah Arendt und das 20. Jahrhundert*, Munique.

Boehm, O. (2020), *Israel — eine Utopie*, Berlim.

Boschwitz, U. A. (2018), *Der Reisende*, Estugarda.

Bouchardeau, H. (1995), *Simone Weil — Biographie*, Paris.

Bovenschen, S. (2016/1979), *Die imaginierte Weiblichkeit*, Frankfurt am Main.

Branden, B. (1987), *The Passion of Ayn Rand*, Nova Iorque.

Branden, N. (1999), *The Judgment Day: My Years with Ayn Rand*, São Francisco.

Burns, J. (2009), *Goddess of the Market — Ayn Rand and the American Right*, Oxford.

Cavell, S. (2005), *Philosophy the Day After Tomorrow*, Harvard.

Cavell, S. (2006), *Der Anspruch der Vernunft — Wittgenstein, Skeptizismus, Moral und Tragödie*, Frankfurt am Main.

Cohen-Solal, A. (1985), *Sartre 1905–1980*, Paris.

Collado Seidel, C. (2016), *Der spanische Bürgerkrieg — Geschichte eines europäischen Konflikts*, Munique.

Descartes, R. (1965), *Meditationen — Mit sämtlichen Einwänden und Erwiderungen*, Hamburgo.

Eiland, H. e Jennings, M. W. (2014), *Walter Benjamin — A Critical Life*, Harvard.

Eilenberger, W. (2018), *Zeit der Zauberer — Das große Jahrzehnt der Philosophie 1919–1929*, Estugarda.

Espinosa, B. (1986/1677), *Die Ethik*, Leipzig.

Fest, J. (2019/1973), *Hitler: Eine Biografie*, Berlim.

Foessel, M. (2019), *Récidive — 1938*, Paris.
Gabellieri, E. e L'Yvonnet, F. (eds.) (2014), *L'Herne: Simone Weil*, Paris.
Gladstein, M. R. e Sciabarra, C. M. (eds.) (1999), *Feminist Interpretations of Ayn Rand*, Pensilvânia.
Hampe, M. (2014), *Die Lehren der Philosophie — Eine Kritik*, Berlim.
Hegel, G. W. F. (1986), *Phänomenologie des Geistes: Werke 3*, Frankfurt am Main.
Heidegger, M. (1993), *Sein und Zeit*, Tübingen.
Heidegger, M. (2000), *Gesamtausgabe, Ausgabe letzter Hand, Bd. 16: Reden und andere Zeugnisse eines Lebensweges (1910–1976)*, Frankfurt am Main.
Heidegger, M. (2004/1924), *Der Begriff der Zeit*, Frankfurt am Main.
Heidegger, M. (2010/1929), *Kant und das Problem der Metaphysik*, Frankfurt am Main.
Heller, A. C. (2009), *Ayn Rand and the World She Made*, Nova Iorque.
Hobsbawm, E. (1994), *The Age of Extremes: 1914–1991*, Londres.
Homero (1983), *Ilias*, Estugarda.
Jaspers, K. (1932), *Max Weber — Deutsches Wesen im politischen Denken, im Forschen und Philosophieren*, EA Stalling, Oldenburg.
Kant, I. (1983/1798), *Anthropologie in pragmatischer Hinsicht*, Leipzig.
Kershaw, I. (2016), *Höllensturz — Europa 1914 bis 1949*, Munique.
Kirkpatrick, K. (2019), *Becoming Beauvoir — A Life*, Londres.
Kirkpatrick, K. (2020), *Simone de Beauvoir — Ein modernes Leben*, Munique (no prelo durante a escrita deste livro).
Koestler, A. (2018/1937), *Ein spanisches Testament*, Berlim.
Koestler, A. (1941), *Scum of the Earth*, Londres.
Koestler, A. (1971), *Abschaum der Erde*, Frankfurt am Main.
Labatut, B. (2020), *Das blinde Licht: Irrfahrten der Wissenschaft*, Berlim.
Lepore, J. (2019), *Diese Wahrheiten — Geschichte der Vereinigten Staaten von Amerika*, Munique.
Louette, J.-F. (2019), *Sartre et Beauvoir: Roman et Philosophie*, Genebra.
Marx, K. e Engels, F. (1958/1946), *Marx–Engels–Werke*, Vol. 3, Berlim.
Meyer-Moses, H. (2019), *Reise in die Vergangenheit — Eine Überlebende des Lagers Gurs erinnert sich an die Verfolgung während der NS-Diktatur*, Ubstadt-Weiher.
Nieradka-Steiner, M. (2018), *Exil unter Palmen — Deutsche Emigranten in Sanary-sur-Mer*, Darmstadt.
Nietzsche, F. (1999/1888), *Ecce Homo, Gesamtausgabe Bd. 6*, Munique.
Nietzsche, F. (2013), *Philosophische Werke in sechs Bänden*, Hamburgo.
Nye, A. (1994), *Philosophia: The Thought of Rosa Luxemburg, Simone Weil and Hannah Arendt*, Londres.

Ortega y Gasset, J. (1956/1929), *Der Aufstand der Massen*, Reinbek.

Peikoff, L. (1991), *Objectivism: The Philosophy of Ayn Rand*, Nova Iorque.

Pelz, M. (2007), *Simone de Beauvoir*, Frankfurt am Main.

Perrin, J.-M. (2009/1984), *Mon dialogue avec Simone Weil*, Paris.

Perrin, J.-M. (2008), *Attente de Dieu*, Paris.

Perrin, J.-M. e Thibon, G. (1954), *Wir kannten Simone Weil*, Paderborn.

Pétrement, S. (1973), *La vie de Simone Weil*, Paris.

Pétrement, S. (2008), *Simone Weil — Ein Leben*, Leipzig (inédito durante a escrita deste livro).

Poirier, A. (2019), *An den Ufern der Seine — Die magischen Jahre von Paris 1940–1950*, Estugarda.

Prinz, A. (2013), *Hannah Arendt oder Die Liebe zur Welt*, Frankfurt am Main.

Reckwitz, A. (2017), *Die Gesellschaft der Singularitäten*, Berlim.

Redecker, E. v. (2013), *Gravitation zum Guten: Hannah Arendts Moralphilosophie*, Göttingen.

Rees, R. e Moore, H. T. (1978), *Simone Weil: A Sketch for a Portrait*, sul de Ilinóis.

Rhodes, R. (2015), *Hell and Good Company: The Spanish Civil War and the World it Made*, Londres.

Roberts, A. (2019), *Feuersturm — Eine Geschichte des Zweiten Weltkriegs*, Munique.

Rowley, H. (2005), *Tête-à-Tête: Simone de Beauvoir and Jean-Paul Sartre*, Nova Iorque.

Samjatin, J. (2015/1920), *Wir: Utopischer Roman*, Hemmingen.

Sartre, J.-P. (2018/1938), *Der Ekel*, Reinbek.

Sartre, J.-P. (2019/1943), *Das Sein und das Nichts*, Hamburgo.

Sartre, J.-P. (2018/1947), *Der Existentialismus ist ein Humanismus und andere philosophische Essays 1943–1948*, Reinbek.

Sartre, J.-P. (2010/1947), *Die Transzendenz des Ego — Philosophische Essays 1931–1939*, Reinbek.

Scholem, G. (1951/1941), *Die jüdische Mystik in ihren Hauptströmungen*, Frankfurt am Main.

Scholem, G. (2018), *Walter Benjamin/Gershom Scholem — Briefwechsel 1933–1940*, Frankfurt am Main.

Schreiber, G. (2013), *Der zweite Weltkrieg*, Munique.

Sciabarra, C. M. (2013), *Ayn Rand — The Russian Radical*, Pensilvânia.

Seghers, A. (2018/1951), *Transit*, Berlim.

Seymour-Jones, C. (2009), *A Dangerous Liaison: A Revelatory New Biography of Simone de Beauvoir and Jean-Paul Sartre*, Nova Iorque.

Shklar, J. N. (2020), *Über Hannah Arendt*, Berlim.

Smith, T. (2007), *Ayn Rand's Normative Ethics: The Virtuous Egoist*, Cambridge.

Später, J. (2016), *Siegfried Kracauer — Eine Biographie*, Frankfurt am Main.

Sparti, D. e Hammer, E. (eds.) (2002), *Stanley Cavell: Die Unheimlichkeit des Gewöhnlichen und andere philosophische Essays*, Frankfurt am Main.

Stone, L., «Quantifying the Holocaust: Hyperintense kill rates during the Nazi genocide», in *Science Advances* de 2 de Janeiro de 2019, Vol. 5, N.º 1, eaau7292.

Suhr, M. (2015), *Jean-Paul Sartre zur Einführung*, Hamburgo.

Webber, J. (2018), *Rethinking Existentialism*, Oxford.

Weil, Sylvie (2010), *André und Simone Weil: Die Familie Weil*, Leipzig.

Weinstock, N. (1975), *Das Ende Israels? Nahostkonflikt und Geschichte des Zionismus*, Berlim.

Wildt, M. e Kreutzmüller, C. (2013), *Berlin 1933–1945*, Munique.

Wimmer, R. (1996), *Vier jüdische Philosophinnen: Rosa Luxemburg, Simone Weil, Edith Stein, Hannah Arendt*, Leipzig.

Wimmer, R. (2009), *Simone Weil: Person und Werk*, Freiburg im Breisgau.

Winch, P. (1989), *Simone Weil: «The Just Balance»*, Cambridge.

Wittgenstein, L. (1984/1923), *Tractatus Logico-Philosophicus*, Frankfurt am Main.

Wroblewsky, V. v. (ed.) (2004), *Jean Paul Sartre: Briefe an Simone de Beauvoir 1940–1963*, Hamburgo.

Wroblewsky, V. v. (ed.) (2008), *Jean-Paul Sartre: Briefe an Simone de Beauvoir 1926–1939*, Hamburgo.

Young-Bruehl, E. (2018/1982), *Hannah Arendt — Leben, Werk und Zeit*, Frankfurt am Main.

CRÉDITOS DAS IMAGENS

Hannah Arendt: akg-images
Ayn Rand: © picture alliance/Everett Collection
Simone Weil: picture alliance © Whiteimages/Leemage
Simone de Beauvoir: akg-images/Denise Bellon

ÍNDICE ONOMÁSTICO

Os nomes escritos em itálico designam personagens ficcionais.